Simone Hess (Hrsg.)
Grundwissen Zusammenarbeit mit Eltern

Herausgeberin:

Dr. Simone Hess ist Erziehungswissenschaftlerin (M.A.) und lehrt an der Universität Giessen – Abt. Pädagogik der Kindheit und Pädagogische Hochschule Ludwigsburg – Sonderpädagogik (bis 2012), Schwerpunkte: Elternzusammenarbeit, sozio-emotionale Entwicklung von Kindern, Professionalisierung von Erzieherinnen, Leitungsmanagement in Kitas, Hochschuldidaktik/ Theorie-Praxis-Verzahnung.

Frühe Kindheit | Ausbildung & Studium

Simone Hess (Hrsg.)

Grundwissen Zusammenarbeit mit Eltern

in Kindertageseinrichtungen und Familienzentren

Mit Textbeiträgen von:

Angelika Baumann-Klett, Dagmar Hansen, Simone Hess, Lilith König, Daniela Kobelt Neuhaus, Sabine Lingenauber, Claudia Maier-Höfer, Thilo Maria Naumann, Norbert Neuß, Janina L. von Niebelschütz, Jutta Schäfer, Harald Seehausen, Hans Weiß

Bei Fragen und Anregungen wenden Sie sich bitte an unsere Berater:
Marketing, 14328 Berlin, Cornelsen Service Center,
Servicetelefon 030 / 89 78 58 9 29

Weitere Informationen finden Sie im Internet unter:
www.cornelsen.de/fruehe-kindheit

Die in diesem Werk angegebenen Internetadressen haben wir überprüft (Redaktionsschluss 31.02.2012). Dennoch können wir nicht ausschließen, dass unter einer solchen Adresse inzwischen ein ganz anderer Inhalt angeboten wird.

Redaktion: Renate Krapf, Weinheim
Titelfotografie: Heidi Velten/mauritius images GmbH, Mittenwald
Gesamtgestaltung: Claudia Adam Graphik-Design, Darmstadt
Technische Umsetzung: Markus Schmitz, Büro für typographische Dienstleistungen, Altenberge

Bibliografische Informationen: Die Deutsche Bibliothek verzeichnet diese Publikation in der Deutschen Nationalbibliografie; detaillierte bibliografische Daten sind im Internet über http://www.dnb.de abrufbar.

1. Auflage 2012
© 2012 Cornelsen Verlag, Berlin

Das Werk und seine Teile sind urheberrechtlich geschützt. Jede Nutzung in anderen als den gesetzlich zugelassenen Fällen bedarf der vorherigen schriftlichen Einwilligung des Verlages. Hinweis zu den §§ 46, 52a UrhG: Weder das Werk noch seine Teile dürfen ohne eine solche Einwilligung eingescannt und in ein Netzwerk eingestellt oder sonst öffentlich zugänglich gemacht werden. Dies gilt auch für Intranets von Schulen und sonstigen Bildungseinrichtungen.

Druck: freiburger graphische betriebe

ISBN 978-3-589-24745-5

 Inhalt gedruckt auf säurefreiem Papier aus nachhaltiger Forstwirtschaft.

Inhalt

Einleitung — 8

1 Zusammenarbeit mit Eltern als Basis für die kindliche Entwicklung und Bildung — 12
Simone Hess

1.1	Wissenschaftliche Befunde und Konzepte zum Einbezug der Eltern	15
1.2	Der Begriff „Erziehungspartnerschaft"	22
1.3	Forschendes Lernen: Ein Interviewgespräch mit Eltern führen und auswerten	24

2 Bindung und Interaktion — 31
Lilith König

2.1	Grundlagen der Bindungstheorie und -forschung	32
2.2	Bindung in der außerfamiliären Kinderbetreuung	38

3 Gemeinsam spielen – die Beziehung von Kindern und Eltern unterstützen — 46
Jutta Schäfer

3.1	Entwicklung des Spiels beim Kleinkind	47
3.2	Wenn Kinder nicht richtig spielen können	56
3.3	Soziale Benachteiligung und Spiel	59

4 Zusammenarbeit mit Eltern in schwierigen sozialen Lagen — 62
Hans Weiß

4.1	Frühe Bildung und Förderung mit den Eltern	63
4.2	Spannungspotenziale und Differenzen in der Zusammenarbeit	65
4.3	Grundzüge der Zusammenarbeit mit Eltern	67
4.4	Formen der Zusammenarbeit mit Eltern	72

5 Eltern mit Migrationshintergrund — 74
Dagmar Hansen, Simone Hess

5.1	Zahlen und Fakten zu einer sich verändernden Gesellschaft	75
5.2	Interkulturelle Kompetenz	76
5.3	Ansatzpunkte für eine interkulturelle Elternarbeit	79

6 Erziehungspartnerschaft mit Eltern von Kindern mit Behinderung — 84
Daniela Kobelt Neuhaus

6.1	Erziehungspartnerschaft braucht besondere Qualität	84
6.2	Kinder mit Behinderung und ihre Eltern haben eine Geschichte	86
6.3	Kinder mit Behinderung stürzen Eltern in eine Krise	89

7 „Erzählen" als rekonstruktives Element der Elternarbeit — 97
Claudia Maier-Höfer

7.1	Der Rahmen des „Erzählens"	98
7.2	Beispiel: Rekonstruktion einer Spielsituation	102
7.3	Zusammenfassung	107

8 Lebenswelt von Familien erkunden und elterliche Bedarfe umsetzen — 109
Harald Seehausen

8.1	Kinder- und Familienzentren in unterschiedlichen Sozialräumen	110
8.2	Die Lebenssituation von Alleinerziehenden	112
8.3	Bildungsorientierte Eltern unter Druck	114

8.4	Verändertes Vaterbild als Herausforderung	115
8.5	Vereinbarkeit von Familie und Beruf unterstützen	118

9 Eltern-Kind-Gruppe als niedrigschwelliges Angebot 121
Simone Hess, Angelika Baumann-Klett

9.1	Angebotsformate für Eltern in prekären Lebenslagen	122
9.2	Arbeitsweise und pädagogische Haltung	125
9.3	Beispiele im Kontext kindlicher Entwicklung	129

10 Eltern als Gestalter des Übergangs Kindertageseinrichtung – Grundschule 133
Sabine Lingenauber, Janina L. von Niebelschütz

10.1	Stand der Forschung	133
10.2	Partizipation im Übergangsprozess	134
10.3	Umsetzungsbeispiel: Partizipation der Eltern	136
10.4	Zusammenfassung	141

11 Die Arbeit mit der Elterngruppe 142
Thilo Maria Naumann

11.1	Psychosoziale Themen der Elternschaft	143
11.2	Grundlagen gruppenanalytisch orientierter Pädagogik	146
11.3	Elternabend und andere Kooperationsformen	151
11.4	Was brauchen Erzieherinnen?	155

12 Thematische Elternabende 157
Norbert Neuß

12.1	Gemeinsame Erziehungsthemen	158
12.2	Beispiel: Medienerziehung	160
12.3	Fazit: Lernen ermöglichen, statt Rezepte zu verteilen	166

Anhang 167

Autorinnen und Autoren	167
Literatur	168
Abbildungsverzeichnis	176

Einleitung

Ist die Zusammenarbeit mit den Eltern noch immer ein „Stiefkind" in der Elementar- und Frühpädagogik oder gehört die Kompetenzentwicklung für die dialogische Interaktion mit Müttern und Vätern mittlerweile selbstverständlich zur Lehre und Forschung in diesem Fachgebiet dazu? Diese Frage lässt sich auch nach den vielen Gesprächen, die im Verlauf der Entstehung dieses Buches geführt wurden, nicht eindeutig beantworten. Je nachdem, wie die Curricula von Studierenden und Fachschülerinnen aussehen, und je nach (teil-)disziplinbezogener und fachlicher Herkunft der Fachschullehrerinnen, Dozentinnen und Wissenschaftlerinnen, finden sich alle Antwortmöglichkeiten darin. Eindeutige Hinweise zur hohen Bedeutung, die in der Zusammenarbeit mit Eltern liegt, finden sich dagegen in den Aussagen derjenigen wieder, die die alltägliche Praxis „bestreiten".

> Erzieherinnen im Berufsalltag bewerten ihre Beziehung zu den Eltern in den letzten Jahren zunehmend bedeutsamer im Hinblick auf die Entwicklungsmöglichkeiten des Kindes. Sie suchen nach Wegen einer angemessenen Haltung in schwierigen Elternkontakten und sind kreativ bei der Unterstützung von Familien in belasteten Lebenslagen.

Das Buch macht sich deshalb zur Aufgabe, zukünftigen Fachkräften wissenschaftlich gesichertes Wissen zu liefern und sich eigenes Orientierungswissen zu erarbeiten für einen angemessenen Dialog mit den Müttern und Vätern.

Ein weiterer Grund für die Bedeutungsaufwertung der Zusammenarbeit mit Eltern ist die Entwicklung von Kindertageseinrichtungen hin zu Kinder- und Familienzentren. Diese Entwicklung stellt eine einschneidende Veränderung vieler Einrichtungen dar, die Auswirkungen auf die gesamte Organisation, den Betriebsablauf und das pädagogische Handeln hat. Die Entstehung von Familienzentren vollzieht sich mittlerweile über alle Bundesländer hinweg und kommt damit dem Anliegen des 13. Kinder- und Jugendberichts (2009) entgegen. Dort werden Familienzentren als besonders nachhaltiger Ansatz im Hinblick auf Prävention und Gesundheitsförderung genannt. Durch die Erweiterung auf die ganze Familie wird der in den vergangenen Jahren teilweise sehr stark auf Bildung fokussierte Auftrag der frühkindlichen Einrichtungen ausdrücklich um die Aspekte von Gesundheit, Wohlbefinden und Leiblichkeit sowie emotionale Entwicklung ergänzt. Im Kinder- und Jugendbericht wird die dezidierte Bezugnahme auf Eltern auch damit begründet, dass mittlerweile ausreichend Wissen vorliegt, dass „insbesondere bei Kinder(n) aus armen und sozial belasteten Familien viele Bildungs- und Förderangebote nur sehr geringe Effekte zeigen" und deswegen Wege begangen werden müssen, um Eltern zum „Hauptmotor" der Entwicklung ihrer Kinder zu machen (ebd., 201). Um diese Aufgaben bewältigen zu können, brauchen pädagogische Fachkräfte neben kindbezogenen auch elternbezogene Kompetenzen. Dieses Buch soll dazu beitragen, dass angehende Erzieherinnen diese elternbezogenen Kompetenzen bereits in der Ausbildungsphase ausreichend entwickeln können.

Zum Begriff der Kompetenz, welche Kompetenzformen Erzieherinnen benötigen und wie sie diese am besten entwickeln können, ist in den letzten Jahren breit publiziert worden. Für die Entwicklung (nicht nur) elternbezogener Kompetenzen scheint die Erkenntnis von einer notwendigen Unterscheidung zwischen Theorie und Praxis und der entsprechenden „Einsicht in die Differenz zwischen Wissen und Können" (Neuweg 2011, 43) wesentlich. Zugleich – und dies stellt keinen Widerspruch dar – bedarf die Hochschul- wie Fachschulausbildung einer Verzahnung von Theorie und Praxis. Diese Verzahnung soll durch das Wechselspiel von Wissensaneignung, Sich-Einlassen und von professioneller Distanz durch Reflexion dazu beitragen, dass Erzieherinnen eine forschende Haltung ausbilden. Wichtig für die Kompetenzentwicklung ist, dass sich Studierende überhaupt auf pädagogische Situationen einlassen und sich damit auseinandersetzen können. Dazu wurden im Buch Fallbeispiele mit realitätsnahen Problematiken konstruiert, an denen sie Zusammenhänge erkennen, Verständnis entwickeln sowie Lösungsmöglichkeiten erarbeiten können. Zudem geben einzelne Beiträge angehenden Erzieherinnen auch Impulse, den Müttern und Vätern real und damit ganzheitlich zu begegnen. Allerdings geht dieses Lehr- und Arbeitsbuch trotz aller Chancen, die mit der Theorie-Praxis-Verzahnung verbunden werden, nicht davon aus, dass der Prozess der Kompetenzentwicklung und damit das „Erzieherin-Werden" jemals wirklich vollständig didaktisierbar wäre.

Die einzelnen Beiträge im Überblick:

- Kapitel 1 führt das Thema ein und liefert wissenschaftliche Befunde zur Bedeutung der Zusammenarbeit mit Eltern. Über die allgemeine Frühpädagogik hinaus werden Ergebnisse der Sonder- und Heilpädagogik sowie aus dem Bereich Schule vorgestellt. Anhand eines Ausbildungskonzepts zur Durchführung und Auswertung eines Interviewgesprächs mit Eltern inklusive Fallbeispiel wird ersichtlich, wie forschendes Lernen in Fach- und Hochschule aussehen kann und wie dabei Orientierungswissen für eine professionelle Haltung entsteht.
- Kapitel 2 referiert die Grundlagen der Bindungstheorie und Bindungsforschung. Die Ergebnisse sind in ihrer Bedeutung für die Arbeit in der außerfamiliären Betreuung aufgearbeitet. Während das Wissen um die empirischen Ergebnisse dieses Forschungsgebiets Erzieherinnen wichtige Hinweise zur Einschätzung ihrer Beobachtungen liefert, wird zugleich klar, dass eine einfache handhabbare Umsetzung damit nicht gegeben werden kann.
- Über die Bedeutung des Spiels für die kindliche Entwicklung und die damit zusammenhängenden Spielformen hinaus werden in Kapitel 3 Einblicke in um-

weltbezogene Voraussetzungen sowie hindernde Einflüsse auf das kindliche Spiel gegeben. Welche Rolle haben Eltern bei der Entwicklung der Spielfähigkeit ihrer Kinder und wie können Erzieherinnen die kindliche Spielfähigkeit – auch in der Familie – unterstützend begleiten? Zu diesen Fragen liefert der Beitrag Theorien, die dabei helfen, die Kinder und ihre Eltern zu verstehen, und zeigt spielfördernde Ansätze auf.

- Kapitel 4 sensibilisiert für eine besondere Achtsamkeit in der Zusammenarbeit mit Eltern in armutsbetroffenen und sozial prekären Lebenslagen. Gerade bei Eltern in schwierigen Lebenssituationen spielt Ressourcenorientierung eine wesentliche Rolle. Hier werden an die Fachkraft hohe Herausforderungen hinsichtlich der Reflexion der eigenen Erziehungsvorstellungen sowie ihrer Werte und Normen gestellt.
- Kapitel 5 zeigt die anstehenden Veränderung in der Zusammensetzung der Bevölkerung auf. Um Familien mit Migrationshintergrund unterstützend und entwicklungsfördernd begegnen zu können, sind deutliche (selbst-)reflexive Anstrengungen der Erzieherinnen notwendig. Damit die versteckten Bedarfe von Eltern aus anderen Kulturen sichtbar werden, ist ein aktives Auf-sie-Zugehen nötig. So gestärkte Eltern geben ihre Selbstwirksamkeitserfahrung an ihre Kinder weiter.
- Kapitel 6 arbeitet heraus, dass in der Debatte zur Inklusion behinderter Kinder neben den berechtigen Forderungen der Eltern nach gemeinsamen Erlebnismöglichkeiten mit Nichtbehinderten auch die besonderen Situationen, in denen viele Familien leben, nicht außer Acht gelassen werden dürfen. Mit dem Ziel, ein tieferes Verständnis für Eltern behinderter Kinder zu entwickeln, wird mit der Krisenspirale von Schuchhardt ein klassisches Modell vorgestellt, das Erzieherinnen für behutsame Dialoge mit den Eltern sensibilisiert.
- Ein Zusammenwirken von Fachkräften und Eltern, das sich ausgehend von den Wünschen der Kinder entwickelt, ist das Thema in Kapitel 7. Die Mädchen und Jungen werden im Sinne einer akteursbezogenen Kindheitsforschung wahrgenommen. Dies wird beispielhaft an einer ausführlich dargestellten Beobachtung einer Spielszene vorgestellt. Die dabei identifizierten Wünsche der Kinder werden zwischen den Erwachsenen kommuniziert und sind handlungsleitend für das Miteinander und die gegenseitige Achtung zwischen den Generationen sowie Kulturen.
- Kapitel 8 eröffnet einen Einblick in die lebensweltlichen Spannungen, denen verschiedene Elterngruppen (doppelverdienende und hochqualifzierte Eltern, Väter, Alleinerziehende) ausgesetzt sind, und regt zur aktiven Umsetzung deren Bedarfe durch die Fachkräfte an. Ansätze zur Erkundung von Sozialräumen und Ansätze für passgenaue Beteiligungs- und Unterstützungsformen können Erzieherinnen dabei helfen, die Spannungen der Eltern abzumildern.
- In Kapitel 9 werden Eltern-Kind-Gruppen als niedrigschwellige Angebotsform vorgestellt, die den Übergang von der Familien in die Kita unterstützend begleiten. Neben Einblicken in die Arbeitsweise einer Erzieherin mit Eltern-Kind-Paaren werden anhand von rekonstruierten Fallbeispielen zum Thema Sprach-

entwicklung und soziale Kompetenz von Kindern Einsichten in die Lernprozesse von Müttern und Kindern gegeben.
- Dem Übergang von Kita-Kindern in die Grundschule unter Einbezug der Eltern widmet sich Kapitel 10. Die Forschungsanstrengungen zu diesem Thema sind in Deutschland enorm, denn bisher liegt kaum abgesichertes Wissen über elterliche Unterstützungsbedarfe vor. Die Autorinnen stellen Methoden vor, die Mütter und Väter am Übergang ihres Kindes aktiv partizipieren lassen.
- Kapitel 11 behandelt die Arbeit von Erzieherinnen mit einer Elterngruppe auf der Basis eines gruppenanalytischen Konzeptes. Es zeigt auf, welche Faktoren bei der Ausgestaltung und Führung dieser Gruppe eine Rolle spielen. Unter anderem wird dazu die Komplexität, in der sich Elternschaft bewegt, angeführt als Grundlage für das Verständnis von scheinbar schwierigen Eltern. Hinweise zur Weiterentwicklung gruppenbezogener Kompetenzen runden den Beitrag ab.
- Thematische Elternabende sind ein bisher unterschätztes Angebot und eine zukünftig weiter an Bedeutung gewinnende Möglichkeit der Elternbildung. Kapitel 12 zeigt die Potenziale, aber auch Hürden dieses Angebots auf. Am Themenbeispiel „Medienerziehung" liefert es inhaltliche Begründungen wie methodische Ideen für eine interessante Gestaltung, um Eltern zum Nachdenken zu inspirieren und ihre Erziehungskompetenz zu sichern.

1 Zusammenarbeit mit Eltern als Basis für die kindliche Entwicklung und Bildung

Simone Hess

Wie kann ich erfolgreich und konstruktiv mit Müttern und Vätern zusammenarbeiten? Diese Frage stellt sich für die meisten Erzieherinnen spätestens mit dem Eintritt in das Berufsleben. Nach der Ausbildungsphase, dann, wenn sie mit den realen Anforderungen im Alltag der Kindertageseinrichtungen konfrontiert werden, stellen sie vielfach fest, dass eine gelingende Zusammenarbeit mit den Eltern eine hohe Herausforderung ist. Viele Fachkräfte formulieren dann den Wunsch nach Weiterentwicklung ihrer elternbezogenen Kompetenzen. Dies zeigt auch die bundesweite Untersuchung der „Weiterbildungsinitiative Frühpädagogische Fachkräfte" (WIFF 2010, 14) auf: Bundesweit liegt das Themengebiet „Zusammenarbeit mit Eltern" bei den Weiterbildungsanbietern auf dem zweiten Rang. Ein größeres Angebot zu Fort- und Weiterbildung gibt es nur noch zum Thema „Kinder unter drei Jahren" – und dessen Erstplatzierung begründet sich in erster Linie aus dem gesetzlich verankerten Ausbau von Krippenplätzen.

Das Thema Zusammenarbeit mit Eltern wird auch mit Blick auf die Zukunft noch weiter an Bedeutung gewinnen. Nicht nur im Elementarbereich, sondern auch in Schulen erweisen sich erfolgreiche Kooperationen zwischen Lehrkräften und den Müttern und Vätern als wegweisend.

> Es ist die Beziehungsqualität in der Zusammenarbeit mit Eltern, die zur Unterstützung der kindlichen Entwicklung und Bildung wesentlich beiträgt.

Dies belegen viele internationale Langzeitstudien sowie die wenigen nationalen empirischen Befunde, aber auch Erfahrungen von Praktikerinnen in den Bildungseinrichtungen.

Welche gesellschaftlichen Veränderungen und daraus folgenden Bedarfe von Familien machen es notwendig, dass Erzieherinnen verstärkter noch als bisher mit Eltern kooperieren und aktiv auf sie zugehen? Welche organisatorisch-strukturellen Umgestaltungen in den Kindertageseinrichtungen fordern Mitbestimmung von Müttern und Vätern? Und welche neuen konzeptionellen und didaktischen Entwicklungen im Elementarbereich sind für die Zunahme von Elternkontakten verantwortlich?

Familienzentren: Die Öffnung der Kindertageseinrichtungen für Familien ändert die Einstellung gegenüber den Eltern. Während im traditionellen Verständnis Kindertageseinrichtungen Eltern eher im Rahmen der Kita-Belange einbezogen haben („Die Sonnengruppe macht einen Ausflug in den Zoo – wir brauchen dazu freiwillige Eltern, die uns begleiten!", „Ein Elternsprecher muss gewählt werden, das verlangt unsere Konzeption – bitte, liebe Eltern, melden Sie sich dafür!"), sind in Familienzentren die diversen Bedarfe von Eltern die Richtschnur für die Zusammenarbeit („Wir suchen noch andere Eltern, die sich mit uns treffen und über Alltagssorgen und Erziehungsthemen beraten!", „Die Mütter aus dem Neubaugebiet Sonnenberg möchten den Turnraum gerne für einen Yoga-Kurs verwenden, geht das?", „Die Väter werden aktiv angesprochen, um an einem Projektwochenende mit ihren Kindern teilzunehmen"). Diese Bedarfe können sehr unterschiedlich sein und auch in Konkurrenz zueinander stehen.

Heterogene Elternschaft: Die unterschiedlichen Bedarfslagen der Familien verlangen unterschiedliche Antworten und Angebote wie

- verschiedene Unterstützungsformen bei der Vereinbarkeit von Familie und Beruf (längere Öffnungszeiten, Vermittlung von Tagesmütter für Randzeiten)
- Beratung und begleitende Weitervermittlung bei Erziehungsfragen (die Erziehungsberatungsstelle kommt in die Kita; thematische Elternabende zu speziellen Entwicklungsphasen)
- individuell nachgehende Ansprache für Familien, die im Spannungsfeld unterschiedlicher Kulturen leben (Hausbesuche durch Erzieherinnen; Angebote für Mütter)
- spezifische Hilfen für Alleinerziehende (Vernetzung zu Selbsthilfeverbände; Informationen zur finanziellen Unterstützung)
- Arrangements, die die Einbindung neu zugezogener junger Familien ermöglichen (Kennenlern-Feste, Vernetzung mit Lokalen Bündnissen für Familien, Gespräch als Bedarfsermittlung).

Übergänge: Die Wechsel von einer Struktur in eine andere werden in den letzten Jahren zunehmend als risikobehaftete Phasen erkannt, die der besonderen Einbindung auch der Eltern bedarf, z. B.

- bezogen auf Bildungsinstitutionen der Eintritt in eine Tageseinrichtung, der Übergang vom Kindergarten in die Schule oder von der Primar- in die weiterführende Schule und
- in biografischer Hinsicht die Trennung der Eltern, ein Umzug oder eine Krankheit.

Fokus „Frühe Kindheit": Die Ausgestaltung der frühen Kindheit und gegebenenfalls damit verbundene Anliegen wie Sucht-, Gewalt-, oder Gesundheitsprävention haben größere gesellschaftliche Beachtung gefunden. Entwicklungsgespräche von Erzieherinnen mit Eltern sind deswegen von neuer und erheblicher Bedeutung. Erzieherinnen nehmen unter anderem durch die intensivere Nutzung von Beobachtungsmethoden die kindlichen Entwicklungsverläufe und Verhaltensausprägungen verstärkt wahr. Diese Beobachtungen wollen mit Eltern besprochen werden. Aus Elternsicht laden die Beobachtungen dazu ein, mehr Informationen von der Erzieherin darüber zu erfragen, was ihr Kind in der Einrichtung am Tag erlebt und erlernt hat.

Partizipationswünsche und -notwendigkeiten: Auf der einen Seite gibt es Eltern – beispielsweise kommunikationsstarke gut ausgebildete Mütter aus der Mittelschicht –, die von sich aus vielfältige Wünsche in der Kindertageseinrichtung äußern. Ihnen fällt es leicht, bei den Tür- und Angelgesprächen ihre Bedarfe zu artikulieren. Auf der anderen Seite gibt es Mütter und Väter, die von den Erzieherinnen bewusst angesprochen und zur Teilnahme an Festen, Kursen oder Gruppen aktiviert werden müssen, damit sie beispielsweise nicht weiter der isolierenden Anonymität einer Großstadt ausgesetzt sind. Beides erfordert von Erzieherinnen ein hohes Maß an Einfühlungsvermögen, Kommunikations- und Kooperationskompetenz.

Inklusion: Im Allgemeinen ist es im Elementarbereich, im Gegensatz zur Schule, für Kinder mit Behinderungen und Kinder aus Familien in sozial prekären Lagen sehr viel selbstverständlicher, an Bildungsangeboten für alle teilzunehmen. Das heißt, es gibt kaum Sondereinrichtungen für sie und die für alle zugänglichen Kindertageseinrichtungen bieten Behinderten und Benachteiligten viel eher die Chance, mit Nichtbehinderten zusammen zu spielen und Freundschaften mit Mädchen und Jungen zu schließen, die die deutsche Sprache fließend sprechen. Dennoch zeigen sich bei genauer Betrachtung aber erhebliche länderspezifische Unterschiede; auch gehen durchschnittlich nur 50 Prozent aller Kinder mit Behinderungen in Regel- oder Integrationseinrichtungen (Prengel 2010, 13). Kinder aus Familien in sozial prekären Lebenslagen und Kinder mit Migrationshintergrund partizipieren insgesamt weniger an öffentlichen Bildungsangeboten und sind, auch wenn sie zunehmend mehr Kindertageseinrichtungen besuchen, sehr viel stärker in homogene Gruppen eingebunden (ebd. 14), in denen sie kaum Vorbilder beispielsweise für das Erlernen der deutschen Sprache finden.

Die von der UN-Behindertenrechtskonvention vorangetriebenen Bemühungen, dass auch Behinderte und Benachteiligte an allen Angeboten teilnehmen können, werden in ihrer praktischen Umsetzung innerhalb Deutschlands länderspezifisch und regional zeitlich variieren. Mit zunehmendem Inklusionsgrad, d.h. wenn sich die Einrichtungen für Behinderte und Benachteiligte noch stärker öffnen, werden Erzieherinnen noch differenzierter auf die individuellen Bedarfe der Kinder in ihrer körperlichen, sozial-emotionalen und kognitiven Heterogenität einzugehen haben. Sie werden dann auch vermehrt mit Eltern in Kontakt kommen, deren Wünsche und Bedarfe überhaupt erst einmal erkannt werden müssen, um sie erfüllen zu können, oder auf Eltern treffen, die neuartige Bedarfe selbstbewusst artikulieren.

Diese Entwicklung verlangt von der einzelnen Erzieherin sowie vom Team entsprechende Kommunikationsformen und Lösungen. Sie müssen sich neues Wissen über die Lebenshintergründe, Belastungsformen und Ressourcen der Familien gemeinsam erarbeiten und auf die Werte und Kommunikationsstile aller Eltern eingehen.

Zeitliche Ausdehnung von Kita-Aufenthalten: Mit dem bundesweiten Ausbau von Krippenplätzen, regionalen Initiativen für mehr Ganztagesplätze in Kindertageseinrichtungen und für mehr Hortplätze sowie mit der Einführung von Ganztagsschulen verlängert sich der Aufenthalt der Kinder in den Institutionen. Dies führt auch zu einer Verlagerung weiterer Pflege- und Erziehungsaufgaben in die Einrichtungen: Die körperliche Versorgung von Säuglingen und Kleinstkindern stellt ein neues Aufgabenfeld dar, das an die Gewohnheiten und Rituale, die Eltern zu Hause praktizieren, anknüpfen sollte; Eltern, die ihre Kinder nur an wenigen Abendstunden zu Hause erleben, wollen von den Erzieherinnen mehr über die Alltags- und Lernerlebnisse der Kinder erfahren. Dies fordert einerseits erhöhte Kompetenz zur Abstimmung der Pädagogen mit den Eltern sowie andererseits die Bereitschaft der Eltern für dahin gehende Gespräche. Denn „(f)rühe Bildungsprozesse bedeuten für das Kind auch Mühe und bringen Gefahren der Entfremdung mit sich" (Schwarzburg-von Wedel/Weiß 2010, 253).

1.1 Wissenschaftliche Befunde und Konzepte zum Einbezug der Eltern

Wie bedeutsam eine stärkere Zusammenarbeit mit Eltern ist, zeigt nicht nur der Blick auf Kindertageseinrichtungen. Auch die Schule ist für Erzieherinnen in Vorschulklassen, Horteinrichtungen und Ganztagsschulen ein wichtiger werdendes Feld. Um die soziale Partizipation von Kindern mit Behinderung und Benachteiligung durch Elternkooperation kompetent zu unterstützen, können Erzieherinnen von den wissenschaftlichen Erkenntnissen der Sonder- und Heilpädagogik profitieren.

Frühe Bildung

Da eine Krippe oder ein Kindergarten für ein Kind die erste öffentliche Bildungseinrichtung ist, wird die bisherige familiäre Erziehung eines Kindes hier erstmals sichtbar. Zunehmend fallen Erzieherinnen dann solche Kinder bzw. ihre Eltern auf, die aufgrund von diversen Belastungen ihren Mädchen und Jungen nicht die Beziehung und damit Erziehung bieten können, wie es für eine gesunde Entwicklung eigentlich notwendig wäre. Aus gesamtgesellschaftlicher Sicht sprechen soziologische Studien hier von einer „tendenziell geschwächte(n) Erziehungskompetenzen eines Teils der Eltern und Familien" (Schwarzburg-von Wedel/Weiß 2010, 255).

> Erzieherinnen kommt die Aufgabe zu, eine „geschwächte Erziehungskompetenz" der Eltern aufzufangen, zu kompensieren und gegebenenfalls dabei mit Erziehungsberatungsstellen und Psychologen zu kooperieren.

Erziehungsberatungsstellen und Psychologen können den Erzieherinnen dabei helfen, das Kind in der Einrichtung besser zu verstehen und zu fördern. Auch können Erzieherinnen Eltern dafür gewinnen, Beratung oder Elternbildungsangebote wahrzunehmen.

Elternwünschen begegnen: Während Mittelschichtfamilien sich von der Kindertageseinrichtung intellektuelle, kreative und soziale Vorteile in der kindlichen Entwicklung erhoffen, zugleich aber auch gelassener mit nicht erfüllten Erwartungen umgehen, zeigen empirische Befunde, dass auf die Wünsche der Eltern aus prekären sozialen Gruppen in wesentlich geringerem Maße eingegangen wird (Betz 2010). Der Hoffnung gerade solcher Familien nach einer gezielten Schulvorbereitung steht vielfach die Sichtweise von Erzieherinnen gegenüber, die dem schulvorbereitenden Aspekt in Kindertageseinrichtungen bewusst eine geringere Bedeutung zumessen. Gleichzeitig wird aber aus Erzieherinnensicht betont, dass Kindertageseinrichtungen ein hohes Potenzial haben, um familiale und insbesondere sprachliche Defizite auszugleichen (ebd.). Auch der Gebrauch des Heftes für vorschulisches Lernen wird oftmals von Erzieherinnen kritisiert und steht damit dem Wunsch mancher Eltern entgegen, die damit die Ausbildung schulischer Vorläuferkompetenzen deutlicher von den Elementareinrichtungen einfordern. Die Wahrnehmungen von Eltern und Erzieherinnen liegen hier nicht selten deutlich auseinander; aus wissenschaftlicher Sicht ist hier insgesamt eine größere Sensibilisierung für die Elternwünsche bei den professionellen Pädagogen notwendig (ebd.). Teams von Kindertageseinrichtungen könnten dem beispielsweise begegnen, indem sie zu Themen wie Sprache oder Schulvorbereitung eine Teamfortbildung organisieren. Sie könnten sich Experten einladen, gemeinsam Texte zu wissenschaftlichen Ergebnissen lesen und diskutieren, um das eigene Wissen zu erweitern und anschließend ein neues Konzept zum Thema für die Einrichtungen zu entwickeln, das die Elternwünsche aufnimmt und den Entwicklungsanforderungen der Kinder begegnet.

Verzahnung von Bildungseinrichtung und Familie: Auch die Gesamtauswertung (Mayr 2000) amerikanischer Studien aus dem letzten Viertel des zwanzigsten Jahrhunderts – „CARE", „Milwaukee-Project", „Perry-Preschool-Project" und „Head Start" – zur Wirksamkeit früher Hilfen bei armen und sozial benachteiligten Kindern kommt zu dem Ergebnis, dass eine öffentliche Betreuung gerade für diese Kinder besonders wichtig ist. Sie erhalten in den Einrichtungen Anregungen, die sie für ihre Entwicklung benötigen, die sie aber in der eher anregungsarmen familialen Umwelt nicht erhalten. Langzeitstudien zeigen, dass frühe Interventionen mehr als 25 Jahre später noch sichtbar sind. Allerdings setzen diese lang anhaltenden und robusten Effekte eine integrierte und verzahnte Intervention mit der Familie voraus. Dann zeigen sich Effekte besonders auch an den Übergängen in die Schule und am Einfluss auf den weiteren Bildungsweg.

Den Anforderungen nach Verzahnung von Bildungseinrichtung und Familie werden Familienzentren gerecht, die nach dem englischen Early-Excellence-Concept (EEC) arbeiten und mittlerweile auch in Deutschland weit verbreitet sind. Sie arbeiten mit einem positiven, ressourcenorientierten Blick auf die Eltern und berücksichtigen deren Individualität sowie die der Kinder. Die Studien „Effective Provision of Pre-School Education" (EPPE) und „Sure Start Programme" (Sylva u. a. 2010) weisen die hohe Wirksamkeit dieses Eltern einbindenden Konzepts nach.

> Die besten Erfolge von Bildungs- und Betreuungseinrichtungen werden erzielt, wenn die Erzieherinnen die Familien der Kinder aktiv mit einbeziehen, sie als Partner mit Experten-Status für ihre Kinder anerkennen und sie gleichzeitig in ihrer eigenen Weiterentwicklung unterstützen.

Dokumentierte Lernerfahrungen als Gesprächsanlass: In den Familienzentren, die nach dem Konzept der EEC arbeiten, werden die dokumentierten Lernerfahrungen der Kinder als Anlass für nicht-problemorientierte (Entwicklungs-)Gespräche mit den Eltern verwendet (Durand/Eden/Staege 2011, 194 ff.). Dieses Vorgehen haben mittlerweile auch viele Einrichtungen übernommen, die sich noch immer „nur" Kindertagesstätte nennen. Viele Erzieherinnen berichten, dass sie dieses relativ einfache Vorgehen stets als sehr gewinnbringend für ihre Zusammenarbeit mit den Eltern erleben. Teams, die diese Form der Einbindung von Eltern in die kindliche Entwicklung noch nicht praktizieren, sind dazu zu ermuntern, sich damit vertraut zu machen. Denn die Gespräche über die Lernerfahrungen des Kindes fördern die elterliche Reflexion über ihr Kind. Wenn Eltern auf diese Weise Einblicke in das Lernen ihres Kindes erhalten sowie die Wertschätzung der eigenen Person erfahren, werden sie zu einer intensiveren Kommunikation mit ihrem Kind angeregt. Geachtete Eltern sind dialogoffener und werden selbstbewusster; sie geben diese Stärke an ihre Kinder in Form von gemeinsamen familialen Aktivitäten weiter. Dieses gemeinsame Tun erweist sich in den englischen Langzeitstudien (Sylva u. a. 2010) als wichtiger als die (soziologischen) Hintergrundmerkmale der Eltern.

Die Stärkung der Kinder zeigt sich auch entsprechend in den Erfahrungsberichten Berliner Grundschullehrer, die Kinder aus dem EEC aufnehmen: Die Lehrkräfte beobachten, dass diese Kinder deutlich stabiler und kommunikativer sind und über eine ausgeprägte Selbstkompetenz verfügen (EEC-Newsletter 2009).

> **Aufgabe:** Informieren Sie sich über das „Early Excellence Concept – Zentrum für Kinder und ihre Familien e. V." im Internet. Auf dessen Homepage finden Sie Hintergründe zu den Merkmalen, der Entstehung und Verbreitung dieses Konzepts und seinen besonderen Chancen. Tragen Sie die Informationen zusammen und tauschen Sie sich über die Besonderheiten des EEC im Vergleich zum traditionellen Kindergarten aus.

Schule

Die Ergebnisse aus dem Bildungsort Schule, die Sacher (2011) in Deutschland erhoben hat und die sich in internationalen Befunden ebenfalls finden, sind für Erzieherinnen in Horteinrichtungen und anderen Formen der schulbegleitenden Betreuung interessant. Diese Befunde weisen – wie die Ergebnisse aus den Studien zur Frühen Bildung – auf die positive Wirkung hin, die der Einbezug der Eltern hat. Allerdings stehen die Schülerinnen und Schüler in der Sekundarstufe dem engen Kontakt von Eltern und Pädagogen entwicklungsbedingt zunehmend skeptischer gegenüber. Erklärbar durch die zunehmenden entwicklungstypischen Ablösungswünsche betrachten sie „ihr häusliches und außerschulisches Leben einerseits und ihr Schülerdasein andererseits als zwei Segmente ihrer Privatsphäre, die sie voneinander getrennt halten möchten" (Sacher 2011). Auf die elterliche Unterstützung möchten jedoch auch diese Schüler nicht ganz verzichten, wenn es zu schulischen Problemen kommt.

Leistungsverbesserungen sind besonders dann erkennbar, wenn die Elternarbeit in unmittelbarem Zusammenhang mit dem Lernen der Kinder in den Schulen steht. Die nachfolgenden Aspekte erfolgreicher Elternarbeit sollten auch auf ihre Relevanz für Kindertageseinrichtungen hin diskutiert werden, da es keine vergleichbar differenzierten Befunde für den Elementarbereich gibt. Auch wenn sich nicht jeder Punkt auf Kindertageeinrichtungen übertragen lässt, so könnte ein Engagement in manchen Bereichen eher gedrosselt und anderes dafür verstärkt werden:

- Vielfältige Beteiligungsmöglichkeiten der Eltern werden arrangiert.
- Elternarbeit setzt frühzeitig ein, nicht erst bei Problemen.
- Elternarbeit ist durch ein Konzept gestützt unter Beteiligung der Eltern und Schüler und wird vom Schulleiter getragen.
- Elternarbeit wird regelmäßig evaluiert – am besten vom Organisationsteam selbst und vom gesamten Kollegium.
- Für Kontakt mit Eltern müssen vielfältige Kommunikationswege möglich sein. Das Vier-Augen-Gespräch wird allem anderen vorgezogen.
- Eltern werden mit „konkreten, wirklich handlungsanleitenden Informationen" versorgt, die sich auf das Lernen des eigenen Kindes beziehen.
- Elternarbeit umfasst Elternbildung und Elterntraining, bezieht ausdrücklich alle Eltern ein und enthält Strategien für schwer erreichbare Eltern.
- Sie beschränkt sich nicht darauf, nur zu größerem Engagement in der Schule zu bewegen (z.B. Hilfe beim Schulrenovieren, mehr Mitbestimmungsmöglichkeiten) und gemeinsam Feste zu feiern.

Elternarbeit, die diese genannten Aspekte berücksichtigt, beeinflusst das Verhalten und die Einstellungen von Schülern in folgenden Bereichen:

- Die Schüler haben eine positivere Einstellungen zur Schule und zu den einzelnen Fächern.
- Sie machen regelmäßiger und sorgfältiger ihre Hausaufgaben.
- Es gibt weniger Unterrichtsstörungen.

- Die Motivation und Aufmerksamkeit der Schüler verbessern sich.
- Die Beziehungen zwischen Schülern und Lehrkräften und zwischen den Schülern untereinander werden positiver.
- Grundsätzlich verbessert sich ihr allgemeines Sozialverhalten.
- Weniger Gewalt- und Drogenprobleme lassen sich erkennen.
- Die Schüler haben ein verbessertes Selbstkonzept und sehen ihre Zukunftsperspektiven positiver (ebd.).

Heil- und Sonderpädagogik

Die Blickrichtung der pädagogischen Fachkräfte ist sowohl auf Eltern von Kindern mit (drohenden) Behinderungen gerichtet als auch auf Familien in sozial benachteiligten Lebenslagen, bei denen Benachteiligung und erschwerte Teilhabe auch zu „Behinderungen" in der Entwicklung ihrer Kinder führen können.

Familien mit behinderten Kindern: Diese Familien sind besonderen Belastungen ausgesetzt. Zahlreiche Befunde zeigen auf, welche Herausforderungen sie zu bewältigen haben. Ausgewählte Aspekte wurden von Weiß (2010) sowie von Helfer und Fries (2010) zusammengestellt: Es lassen sich Belastungen bzw. Stressoren auf der realen, faktischen Ebene und im Hinblick auf die emotionale Dimension unterscheiden. Weiß (2010) hebt hervor, dass die elterlichen Erschwernisse durch die besonderen Erfordernisse erklärt werden können, die die Umsorgung eines behinderten Kindes mit sich bringt wie ein erhöhter Betreuungsaufwand, mehr Pflege, mehr Zeit für Arzt- und Klinikbesuche sowie Therapie- und Fördermaßnahmen.

Herausforderungen für die Eltern können sich auch durch Verhaltensauffälligkeiten des Kindes ergeben wie etwa hohe Ängstlichkeit und niedrige Frustrationstoleranz oder ausgeprägte Stereotypien sowie diverse Formen von selbstverletzenden Verhaltensweisen. Oftmals stehen Eltern vor der Schwierigkeit, kindliches Verhalten nicht interpretieren zu können, insbesondere wenn ihnen die kindlichen Kommunikations- und Ausdrucksweisen fremd und unverständlich sind, sodass es zu Interaktionsstörungen in der Eltern-Kind-Beziehung kommen kann.

Der erhebliche Zeitaufwand beeinflusst die Eltern in ihrer Paarbeziehung: Diese wird vielmals hintangestellt, und nur wenige Paare rücken in der schwierigen Situation enger zusammen, wie die explorativ-qualitative Befragung von Helfer und Fries (2010) aufzeigt. Auch die Beziehung der Eltern zu den Geschwisterkindern wird häufig vernachlässigt, zudem fehlt eigene Entlastungszeit vor allem für die Mütter, aber auch für die Väter. Bei institutionellen Übergängen ihrer Kinder, wie dem vom Kindergarten in die Schule und von der Schule in Berufsbildungs- und Arbeitsverhältnisse, mangelt es den Eltern oftmals an Informationen und an Vorbildern bzw. Mustern, die ihnen und ihrem behinderten Kind Orientierung geben könnten. Der Übergang in den Beruf zeigt sich ebenfalls oft als besondere Belastungsprobe für die Familien, da hier einerseits Selbstständigkeit bei den Jugendlichen vorhanden sein muss und von den Eltern zugleich ein ausreichendes Maß an „Loslassen-Können" gefordert ist.

Diese besonderen Belastungen, denen Eltern ausgesetzt sind, drohen in den Forderungen zur Inklusion behinderter Kinder oftmals unterzugehen. Wenn sich Erzieherinnen diese besondere Lebenssituation von Müttern und Vätern mit behinderten Kindern bewusst machen, fällt es ihnen möglicherweise leichter, Verständnis für manche unbefriedigende Kommunikationssituation aufzubringen (→ Kap. 6). An dieser Stelle können keine befriedigenden Lösungsvorschläge für die Belastungsarten gegeben werden. Allein schon ein Gespräch, arrangiert von der Erzieherin, kann als Entlastung erlebt werden, zumal wenn es die Eltern z. B. dazu ermuntert,

- sich Selbsthilfegruppen anzuschließen oder
- bei Bedarf Entlastungsdienste, die die Kinder tageweise betreuen, ohne schlechtes Gewissen zu nutzen, um aus der gewonnen „Zeit für sich" neue Kraft zu schöpfen.

Neben den möglichen Belastungen darf der Hinweis auf die hohen Bewältigungsleistungen vieler Familien mit einem behinderten Kind nicht fehlen. In vielen Familien werden die Herausforderungen zufriedenstellend bis hervorragend gemeistert. Deswegen ist zu beachten, dass es zu keiner „fürsorglichen Belagerung" durch Fachkräfte kommt.

> In der Zusammenarbeit mit Familien mit behinderten Kindern ist auf eine behutsame Balance im Spannungsfeld von Zurückhaltung und unaufdringlichem Hilfsangebot an die Eltern zu achten.

Eltern in sozial schwierigen Lebenslagen: Von Eltern in sozial schwierigen Lebenslagen wird gesprochen, wenn Mütter und Väter eine Vielzahl von Schwierigkeiten zu bewältigen haben wie Arbeitslosigkeit, Alleinerziehendenstatus, Überschuldung, niedriger Bildungsabschluss, Suchterkrankung, chronische Krankheiten und andere Belastungen; vielfach haben die Eltern Migrationshintergrund. Durchgängig wird in empirischen Befunden und von sensiblen Experten kritisiert, dass in allen Bildungsbereichen gegenüber diesen sozio-ökonomisch marginalisierten Elterngruppen eine zu große kommunikative Zurückhaltung und mangelnde Ansprache bei Pädagogen zu beobachten ist (Fürstenau/Gomolla 2009).

Die Befunde (ebd.) zeigen aber auch, dass es andererseits eine distanzierte Zurückhaltung der betroffenen Eltern gibt und viele nur ungern mit den Einrichtungen kommunizieren. Eine wichtige Ursache liegt darin, dass Erzieherinnen oftmals vorwiegend dann Kontaktangebote machen, wenn ein Problem vorliegt. Wenn also Erzieherinnen verstärkter noch als bisher auch Kommunikationsangebote machen, die nicht nur an Defiziten orientiert sind, könnte dies, so die Erwartung, zu häufigeren Kontakten führen.

> Bildungs- und Lerngeschichten, die von der Erzieherin auf der Basis von Beobachtungen des kindlichen Tuns und Verhaltens entwickelt werden, können ein Ansatz für Gespräche mit Eltern sein (Viernickel 2009). Sie bieten die Möglichkeit, dass die Erzieherin den Eltern wertschätzend und sehr persönlich vom Lernen ihres Kindes berichtet. Diese Geschichten wirken aus der Erfahrung vieler Erzieherinnen wie ein „Türöffner" und sind die Basis für den Dialog mit den Eltern. Ebenso können die Geschichten bewusst ein Ausgangspunkt für die spätere Ansprache von Problemen bei den Eltern sein.

Ein weiteres Problem ist der oft einseitige Informationsaustausch in Bildungseinrichtungen. Es dominiert im Grunde nur der Informationsfluss von der Einrichtung zum Elternhaus: Von der Elternseite werden nur wenige Informationen über und Einblicke in die häusliche Seite der Kinder angeboten. Erzieherinnen sollten Eltern vermehrt zu Erzählungen über das Kind im familiären Umfeld ermuntern.

Im internationalen Vergleich gibt es in Deutschland zwar ein sehr gut entwickeltes kollektives Mitbestimmungsrecht der Eltern, so Sacher (2011), der dies empirisch für die Schule belegt, doch Bildungsungewohnte und Migranten sind zu wenig in den Elterngremien vertreten. Praxiserfahrungen aus dem Bereich Kindertageseinrichtungen bestätigen dies: Im Elternbeirat einer Kita sind diese Elterngruppen nur marginal vertreten. Andererseits zeigen Befunde aus der Schule, dass diese Art der kollektiven Mitbestimmung wenig Einfluss auf die konkreten Bildungsprozesse und die Persönlichkeitsentwicklung der eigenen Kinder hat (ebd.).

> Kindertageseinrichtungen können die individuelle kindliche Entwicklung gezielter unterstützen, in dem sie niedrigschwellige Bildungsangebote (→ Kap. 9.1) für die Mütter und Väter in sozial schwierigen Lebenslagen in der eigenen Kita organisieren oder ihnen einen Weg zu Angeboten anderer Anbieter weisen.

Kita-Leiterinnen sollten sich mit den entsprechenden Bildungsanbietern vernetzen oder in Kooperation mit diesen Angebote entwickeln, z. B.

- Elterncafés,
- Vorträge zu Themen wie Bewegung, Sprachentwicklung, Impfen oder die Trotzphase sowie
- Events und Exkursionen, die den bisher üblichen Sozialraum für die Familien erweitern, wie der Besuch von Bibliotheken und Streichelzoos oder Naturerlebnisse.

Als Kooperationspartner sind hier neben Familienbildungsstätten, gesundheitsbezogenen Einrichtungen oder dem Kinderschutzbund zunehmend häufiger auch die Jugendämter interessant, die mit einem neuen Image und entsprechenden Programmen präventiv-unterstützend wirken wollen. Eltern sollten beim Abholen ihrer Kinder direkt auf ihre Teilnahmemöglichkeit z. B. an Vorträgen oder Gesprächsgruppen angesprochen werden. Je nach Einzugsgebiet der Kita könnte eine Abholkette gebildet oder die Kita als Treffpunkt für den gemeinsamen Weg dorthin in Begleitung einer Erzieherin arrangiert werden.

Abb. 1.1: Gespräch über die Bildungs- und Lerngeschichte eines Mädchens

Um Eltern in schwierigen Lebenslagen gezielt unterstützen zu können, bedarf es spezieller niedrigschwelliger Konzepte wie das der „Eltern-AG" (Armbruster 2011) oder der „Elternschule" (Hess 2008). Dort setzen in Trainings geschulte Mentoren aktivierende Lernformen ein, die das Verhaltensrepertoire der Eltern verändern oder erweitern sollen. Mütter und Väter werden mit speziellen Methoden ermutigt, ihr eigenes Leben in die Hand zu nehmen und neue Wege in der Erziehung zu gehen. Mögliche Themen sind z. B. der Respekt vor dem Kind, die Förderung des Kindes oder das Grenzen-Setzen. Den Eltern tut es in der Regel gut zu erfahren, dass andere Eltern ähnliche Sorgen und Probleme haben. Sie erlernen Problemlösefertigkeiten, Entspannungsverfahren und Impulssteuerungen für die Anwendung im Erziehungsalltag. Auf der Basis von Freiwilligkeit und Niedrigschwelligkeit bauen einige Eltern – möglicherweise erstmals – Vertrauen zu professionellen Beratern auf. Das Vertrauen kann zur Überwindung einer Hemmschwelle dienen, um andere individuellere Beratungsformen wie Erziehungs-, Paar- oder Familienberatung aufzusuchen (Hess 2008).

1.2 Der Begriff „Erziehungspartnerschaft"

Bereits seit über zwanzig Jahren wird die Beziehung zwischen professionellen Pädagogen und dem Elternhaus mit dem Begriff „Erziehungspartnerschaft" bezeichnet (Textor 2011). In Pädagogik, Soziologie und Psychologie gibt es eine Vielzahl an Theorien für die besondere Bedeutung der Zusammenarbeit von Pädagogen und Eltern. Die in diesem Kontext häufig angeführte sozialökologische Theorie Bronfenbrenners (1981) nennt folgende Begründung für die Zusammenarbeit: Die Kinder machen in beiden Lebensfeldern, der Bildungseinrichtung und der Familie, unterschiedliche Erfahrungen. Diese müssen sie beide bewältigen und in sich vereinen. Dazu benötigen sie erwachsene Verantwortliche aus beiden Lebensfeldern, die sich verständigen, damit sie ihnen den täglichen Übergang von einem Feld ins andere erleichtern (Thiersch 2006, 86). Dieses Argument gilt umso stärker, je jünger die Kinder sind. In der psychoanalytischen Theorietradition wird die gute persönliche Beziehung zwischen der

Mutter und der Beziehungsperson, die das Kind außerhalb der Familie betreut, ähnlich begründet und zusätzlich noch als schuldentlastend für das Kind angesehen. Die gute Beziehung beider Erwachsener verhindere potenzielle Loyalitätskonflikte des Kindes, so Dornes (2006, 268).

Mittlerweile wird der Begriff Erziehungspartnerschaft inflationär für jegliche Bezugnahmen auf Eltern verwendet und er droht, zu einer Worthülse ohne Fundierung und Präzisierung zu verkommen. Vielfach wird das Konzept der Erziehungspartnerschaft dahin gehend kritisiert, dass es per se in naiver Weise von zwei Partnern „auf gleicher Augenhöhe" ausgeht. Stattdessen wird die strukturelle Unterschiedlichkeit von Erzieherinnen in ihrer jeweiligen institutionellen Einbindung mit einem staatlichen Auftrag und den häufig überforderten, hilflosen oder kommunikationsungewohnten Eltern zu wenig beachtet. (Eine andere Form der Ungleichheit liegt vor, wenn akademisch gebildete, kommunikationsstarke Eltern unsicheren Fachkräften gegenüberstehen.)

Wiezorek (2006) mahnt, dass nur dann das Wohl des Kindes gewährleistet ist, wenn im Kontakt zu den Eltern die Aspekte Gleichheit und Ungleichheit unabdingbar mit Bezug auf deren Anerkennung verbunden sind. Dabei bezieht sie sich auf die Anerkennungstheorie von Axel Honneth (1992). Grundlage für eine gelingende Elternarbeit sind demnach grundsätzlich die Achtung der Erziehungsbemühungen und der universelle Respekt vor den Müttern und Vätern.

Damit elterliche Erziehungsvorstellungen und Werte von den professionellen Pädagogen erkannt und nicht herabgewürdigt werden – und schlimmstenfalls auch, um bestimmen zu können, ob eine Gefährdung des Kindeswohls vorliegt –, ist es notwendig, „dass sich Pädagoginnen selbst reflexiv mit ihren eigenen Wertvorstellungen gerade im Bezug auf ihre Familienbilder" oder „was sie für gute (Familien-)Erziehung halten" (ebd., 57 f.), auseinandersetzen.

> Notwendig ist daher, dass die Begegnung mit den Eltern die Erzieherin zu einem mal mehr und mal weniger intensiven Nachdenken und Nachspüren führt, bei dem sie sowohl die Beweggründe für die eigene Position bzw. das eigene Verhalten als auch die möglichen Begründungen für die Elternposition bzw. deren Verhalten ergründet.

Gespräche mit anderen Erzieherinnen können beim Perspektivwechsel, d. h. sich gedanklich in die Elternposition hineinzuversetzen, sehr hilfreich sein. Insgesamt ist es ein Prozess des „Für und Wider", bei dem die Erzieherin abwägen und sich letztlich positionieren muss. Ein solches Aushandeln bedeutet oftmals große Mühe. Diese Mühe steht konträr zur manchmal geradezu naiv scheinenden vereinfachenden Vision einer partnerschaftlichen Zusammenarbeit mit den Eltern, wie sie vielfach in programmatischen Texten beschrieben wird, kritisiert auch Kalicki (2010, 197 f.).

1.3 Forschendes Lernen: Ein Interviewgespräch mit Eltern führen und auswerten

Um in einen Dialog mit Eltern zu kommen, bedarf es einer Haltung gegenüber den Eltern, die alltagssprachlich als „Offen-Sein"' bezeichnet wird. Die hier gemeinte Offenheit ist Voraussetzung für eine Beziehungsaufnahme und vergleichbar mit der Haltung, wie sie eine Forscherin benötigt. Nentwig-Gesemann (2007) spricht deshalb von einem „forschenden Habitus", der als grundlegendes Ziel in der Ausbildung von Erzieherinnen gilt. Allerdings unterscheidet sich das „Forschen" einer Erzieherin vom Forschen einer Wissenschaftlerin: Während die eine wissenschaftliches Wissen produziert, muss die andere kompetent und vorurteilsbewusst in der Praxis handeln und flexibel interagieren. Die Interaktion mit den Eltern ist diesen Vorstellungen nach ein offener Prozess, der nach Neuem sucht, bewusst auch nach den Stärken der Eltern, und der nicht ausschließlich nach den Defiziten Ausschau hält.

Dem Praxishandeln einer Erzieherin liegt im günstigen Fall ein hermeneutisches Wissen zugrunde, das sich im Gegensatz zum wissenschaftlich abgesicherten Wissen eher als ein interpretatives Wissen darstellt. Hermeneutisches Wissen ist Wissen über das Verstehen nicht nur von Texten, sondern hier vor allem von menschlichen Handlungsweisen. Hermeneutisches Wissen geht davon aus, dass in alle menschlichen Handlungen ein Sinn (= ein Ziel) eingegangen ist, den es herauszulesen gilt.

Auf die Zusammenarbeit mit Eltern bezogen heißt das: Mütter und Väter haben spezielle Erziehungsziele, die das Kommunizieren und Handeln gegenüber ihren Kindern unbewusst oder bewusst bestimmen. Es erleichtert die Kommunikation mit den Eltern, wenn Pädagoginnen diese Erziehungsziele der Eltern (er-)kennen. Darüber hinaus ist es auch für die Eltern wichtig, wenn die Kindertageseinrichtung bzw. die Erzieherin ihre eigenen Erziehungsziele offenlegt. In schwierigen Situationen, in denen die Erziehungsziele der Eltern und der Kita in Konflikt geraten, können so Probleme konkreter besprochen und gemeinsam Lösungen gefunden werden. Diese elternbezogene Interaktions- und Kooperationskompetenz sollte bereits in der Ausbildung angebahnt und entwickelt werden.

Da Kompetenzen in der Regel nicht im abstrakt-theoretischen Bereich aufgebaut werden, empfiehlt es sich, mit dem realen Fall, also direkt mit Eltern, in Kontakt zu treten. Realsituationen gehen über die bloße Programmatik hinaus, die viele schriftliche Abhandlungen zur Erziehungspartnerschaft kennzeichnen.

> In der Realität mit Eltern in Kontakt zu kommen, ermöglicht es Fachschülern und Studierenden, die Bedarfe, Werte und Erziehungsziele der Eltern zu erkunden sowie die eigenen Reaktionen und Verhaltensweisen selbstbezüglich zu reflektieren.

Über die Kontakte zu Eltern in Praktika hinaus können auch im Rahmen von Seminaren mit dem Konzept des forschenden Lernens Elternkontakte angestoßen werden, beispielsweise in Form von thematisch fokussierten Interviewgesprächen.

Fachschüler und Studierende können Kontakte zu Eltern, mit denen sie ein Interview führen wollen, z. B. über Praktika, ehrenamtliche Tätigkeiten oder über die Mitarbeiterinnen von Einrichtungen herstellen. Bei solchen Interviewgesprächen, die im Rahmen eines Seminars bereits mehrfach durchgeführt und ausgewertet wurden (Hess 2011), erwies sich der Hinweis auf das Pädagogikstudium oder auf die Teilnahme an einem Seminar, das auf die Zusammenarbeit mit Eltern vorbereiten will, bei Anfragen an die Eltern nach einem Interviewgespräch als „Türöffner". Die Eltern reagierten auf die Anfrage ausnahmslos positiv. Sie nahmen sich in fast allen Fällen Zeit für ein Gespräch, das durchschnittlich etwas über eine Stunde dauerte, digital aufgenommen wurde und größtenteils bei den Eltern zu Hause oder alternativ in einem ruhigen Café oder in den Räumen einer Bildungseinrichtung stattfand.

Exkurs zum Thema Hausbesuch: Das Interview, das im Rahmen des „Forschenden Lernens" durchgeführt wird, kann idealerweise bei den Eltern zu Hause stattfinden, wenn diese dazu bereit sind. Das Aufsuchen der Eltern in den privaten Räumen, in denen sie mit den Kindern zusammen leben, wird zunehmend häufiger auch von Erzieherinnen als eine Form von Elternarbeit genutzt. Im pädagogischen Diskurs gelangt aktuell der Hausbesuch – eine bisher umstrittene Methode – als niedrigschwelliges Kooperationsangebot vor allem an Eltern mit Migrationshintergrund zunehmend stärker als Chance in den Blick (Senatsverwaltung für Bildung, Wissenschaft und Forschung, Berlin 2009). Von Angehörigen vieler Ethnien und Kulturen wird der Besuch in ihrer Familie als Wertschätzung erlebt und bietet Eltern mit geringen Erfahrungen in formellen Kommunikationsformen eine ungezwungene Gesprächsatmosphäre, die wesentlich zur Vertrauensbildung beitragen kann. Allerdings ist der Hausbesuch nur dann zu empfehlen, wenn der Anlass nicht problemorientiert ausgerichtet ist. Ein Hausbesuch kehrt die Situation der üblichen Kontakte von Pädagogen mit Eltern in der Bildungseinrichtung um: Die Positionen des Vertrauten und des Fremden sind vertauscht.

Durchführung eines Interviewgesprächs

Zur Vorbereitung eines Interviews entwickelt jede Studierende auf der Basis der jeweiligen Vorabinformationen über die Eltern und ihr Kind einen rudimentären bis sehr ausführlichen Leitfaden für das Gespräch. Der Leitfaden stellt eine Art Fragenkatalog in einem Umfang von etwa einer DIN-A4-Seite dar. Themen- und Fragebeispiele sind:

- **Allgemeine Fragen:** Beruf, Alter, familiäre Situation (z. B. verheiratet, wie viele Kinder?)
- **Themenbeispiel „Übergang in die Schule":**
  - Wie verlief der Übergang vom Kindergarten in die Schule?
  - Wie wurde Ihnen die Thematik der Einschulung in der Kita nahegebracht?
  - Wie verlief die Einschulungsdiagnostik? Was wurde mit Ihrem Kind gemacht?
  - Wie wurde Ihr Kind behandelt? Wie wurde mit Ihrem Kind gesprochen?
  - Wie wurden Sie beraten und unterstützt? Wie fühlten Sie sich dabei?
- **Themenbeispiel „Frühförderung":**
  - Hatten Sie schon vor dem Kita Besuch Ihres Sohnes Kontakt zu Frühförderstellen oder anderen unterstützenden Einrichtungen?
  - Wie sieht die Frühförderung konkret aus? Kommt sie in die Kita?
  - Haben Sie selbst auch Kontakt zur Frühförderin in der Kita?
- **Themenbeispiel „Inklusion":**
  - Besuchen auch behinderte Kinder den Kindergarten Ihrer Tochter?
  - Wenn ja, was machen Sie damit für Erfahrungen und wie reagiert Ihre Tochter darauf?
  - Was halten Sie von der Debatte über die Eingliederung von behinderten Kindern in Regelkindergärten und Schulen?
- **Themenbeispiel „Geschwisterbeziehung":**
  - Spielen Lukas und Svenja oft zusammen?
  - Welche Spiele spielen sie dann? Helfen sie sich auch gegenseitig?
  - Welche Konflikte nehmen Sie bei den beiden wahr?
  - Wie reagieren Sie? Je nach Antwort: Warum greifen Sie ein? Meinen Sie, die Kinder könnten den Konflikt auch alleine lösen? Was befürchten Sie?
  - Welche Erfahrungen haben Sie selbst als Mutter mit Konflikten in der Kindheit?
- **Weitere Themenbeispiele könnten sein:**
  - Eltern mit Migrationshintergrund zu ihren Erfahrungen, Bedarfe und Wünsche erzählen lassen
  - Eltern über ihre Erfahrungen in der Zusammenarbeit mit der Kindertageseinrichtung befragen

Der Leitfaden soll im Gespräch eher als vorbereitende gedankliche Auseinandersetzung mit dem „Fall" dienen, durch den sich die angehende Erzieherin vorab in das Thema und die Eltern einfühlt, als dass er eine genau abzufragende Checkliste darstellt. Ziel ist, in ein Gespräch mit den Eltern zu kommen.

Das Elterngespräch verfolgt zwei Ziele: Die Schulung der Selbstreflexionskompetenz der angehenden Erzieherinnen im Elternkontakt sowie das Erkennen und Achten von elterlichen Werten und Bedarfe. Beide Aspekte sind für den notwendigen Perspektivwechsel wichtig.

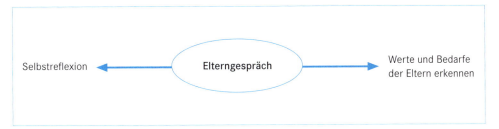

Abb. 1.2: Blickrichtung der Gesprächsanalyse

Das folgende anonymisierte Fallbeispiel wurde einer Klausur entnommen und beschreibt eine reflektierte Interviewsituation einer Studierenden mit Eltern (Hess 2011).

Fallbeispiel: *Die Studentin Anja Müller ist zu einem Gespräch mit der Mutter eines Jungen in der ersten Klasse einer Schule für Lernhilfe verabredet. Sie wird wie vereinbart von dem Vater der Familie mit dem Auto am Treffpunkt abgeholt. In der Wohnung der Familie angekommen, bittet der Vater sie, wenige Minuten zu warten, da er noch seine Frau abholen müsse. Frau Müller wartet alleine und ihr gehen folgende Gedanken durch den Kopf: „Wenn die Mutter bzw. Familie noch nicht einmal pünktlich sein und einen Termin einhalten kann, dann ist es kein Wunder, dass der Sohn Probleme beim Lernen hat, denn damit fehlt es ihm an vorgelebter Struktur." Sie reflektiert aber auch (hier ist unklar, ob dies beim Warten oder in der anschließenden Reflexion geschah), welch großes Vertrauen diese Eltern in sie haben, da sie, ohne sie zu kennen oder sie jemals gesehen zu haben, ihr quasi freien Zugang zu ihren privaten Räume gewähren. Nach zwanzig Minuten treffen beide Eltern ein. Anja Müller nimmt wahr, dass die Mutter dunkelhäutig ist. Sie erfährt später, dass sie von einer karibischen Insel stammt und ihr Mann südamerikanischer Herkunft ist. Beide sprechen gebrochen Deutsch. Die Mutter entschuldigt sich bei der Studentin für die Wartezeit und erklärt ihr, dass sie in der Elternarbeit des Kindergartens ihrer Tochter aktiv ist und hier einen Termin wahrnehmen musste.*

Die Studentin hatte an das im Nachfolgenden geführte Interview die Erwartung, so viele Informationen wie möglich von der Mutter in Erfahrung zu bringen. Allerdings wird ihr im Gespräch sehr schnell bewusst, dass sie sich – entgegen ihrer eher zurückhaltenden und als spröde empfundenen Art – auf eine Offenheit, besser noch auf einen emotionalen Kontakt zu dieser Frau einlassen muss. Die kommunikationsbereiten Signale der Mutter ließen dies erwarten. Schließlich gelingt es der Studierenden auch, sich auf sie einzulassen. Die Mutter kommt nun in den angestrebten Redefluss: Sie berichtet von damals, als die Lehrerin der Grundschule, die ihr Sohn in den ersten Wochen vor der Lernhilfeschule besuchte, ihr mitteilte, dass er in eine Sonderschule gehen müsse. Diese Information wussten die Mutter wie auch ihr Mann nicht einzuordnen. Sie beschreibt sich als ratlos und fühlte sich alleine gelassen. Die Zeit der Unklarheit wird als Krise beschrieben. Ohne dass von Anja Müller (oder von der Mutter) die Personen bzw. Institutionen genannt wurden, die Orientierung gaben und das Informationsdefizit auflösten, wurden Informationen über das deutsche Schulsystem rückblickend als entlastender Faktor genannt.

Auswertung eines Interviewgesprächs

Selbstreflexion ist die Basis, auf der sich Professionalität in der Elternkooperation bei Erzieherinnen herausbildet. Oevermann (2008) betrachtet die Professionalisierung als Entwicklungsweg, der im Wesentlichen aus dem Aufbau von persönlich-sachlichen Denkschemata für die Steuerung, Kontrolle und Bewertung des eigenen Handelns besteht. Fehlt es an Selbstreflexion, besteht die Gefahr, dass vorgefertigte und zu allgemeine Handlungskonzepte, die nicht die Bedarfe der spezifischen Eltern ansprechen, an die Stelle individueller Lösungen gesetzt werden.

> Ein auf Leitfragen basierendes Gespräch mit Eltern stellt ein Lernfeld dar, in dem Selbstreflexion genutzt und eine zunehmende Steuerung des eigenen Verhaltens erprobt werden kann.

Dabei ist der Ausgangspunkt des Reflexionsprozesses die persönliche Wahrnehmung der Gesprächssituation der Studierenden. Es ist davon auszugehen, dass jeder Kontakt zwischen einer angehenden Erzieherin und einer Mutter oder einem Vater hoch komplex ist, das heißt, dass es unendlich viele Facetten des Gesprächs gibt. Für eine Gesprächsauswertung ist es hilfreich, den Reflexionsprozess zu strukturieren.

Reflexions-Dimensionen: Unter Verwendung einer Untersuchung über Elterngespräche von Sozialpädagogen im Rahmen von Erziehungshilfemaßnahmen (Köngeter 2009) wurden mögliche Reflexions-Dimensionen im Seminar als Vorbereitung auf das Interview, insbesondere aber für die Phase der Auswertung zusammengestellt. Diese im Folgenden aufgelisteten Dimensionen und zugehörigen Reflexionsfragen können dabei helfen, das Reflektieren über das Elterngespräch zu strukturieren:

- **Milieu:** Welchem Milieu, sozialen Schicht sind die Eltern zuzuordnen? Aus welchem Milieu komme ich selbst? Gibt es diesbezüglich wahrgenommene Ängste, Voreingenommenheiten bei den Eltern/bei mir? Welche Sprache verwenden die Eltern? Welche Sprache ist mir vertraut? Erlebe ich das Interview als Gespräch „auf gleicher Augenhöhe"?
- **Gender:** Welcher „Typ Frau" ist die Mutter, die interviewt wird? Welchem „Typ Frau" gehöre ich selbst an? Wie fühle ich mich als Interviewerin dem Vater gegenüber in seiner spezifischen Männlichkeit? Was heißt für mich Frau-Sein und Mann-Sein? – Was bin ich gewohnt?)
- **Emotionen:** Welche Grundstimmung bildet sich in der Erzählung ab? An welchen Stellen war die erzählende Mutter emotional „auffällig", d. h. wo hat sie gelacht? Wo war sie wütend? An welcher Stelle erschien Trauer? Wie habe ich mich gefühlt? Konnte ich mich richtig einlassen? – Warum nicht?)
- **Offenheit vs. Verschlossenheit:** Musste ich den Eltern alles „aus der Nase ziehen" oder hatten sie Vertrauen, dass ich die persönlichen Aussagen wirklich vertraulich behandle? Haben sie mir wirklich Persönliches anvertraut oder haben sie oberflächlich erzählt? Kamen die Eltern in einen wirklichen Redefluss?

- **Vertrauen:** s. o.
- **Grenzziehung:** Gab es Punkte, an denen die Mutter meine Fragen als zu persönlich sah? Gab es Punkte in der Erzählung, die auf ein nachvollziehbares oder nicht nachvollziehbares Abgrenzungsverhalten des erzählenden Vaters hinweisen? Sind die Eltern mir als Interviewerin zu „nahe" getreten, fand ich manche Situationen unangenehm? – Warum?)
- **Prozesshaftigkeit:** Wie war die Dynamik im Gespräch? Welchen Verlauf, welche Entwicklung hat die Beziehung zwischen mir und der/dem befragten Mutter/Vater genommen? Wird sie zunehmend vertrauter? Kam Misstrauen auf? Wirkte alles eher unengagiert und das Gespräch „plätscherte dahin"?
- **Externalisierung vs. Veränderungsbereitschaft:** Weisen die Eltern die „Schuld" stets von sich? Sind es immer die anderen – Kita, Erzieherin, Schule, Lehrer, Jugendamt? Oder: Zeigen sich Veränderungen, berichten die Eltern von eigenen Lernprozessen, Einsichten u. Ä.?
- **Weitere Qualitätsmerkmale von Beziehung:** Finden Sie über die genannten Dimensionen hinaus andere Qualitätsdimensionen in Beziehungen?

Mit diesen Dimensionen können Erzieherinnen den Elternkontakt in seiner subjektiven Bedeutung herausarbeiten. Denn aus Erleben wird nur dann Erfahrung, die zukünftige Erzieherinnen mit neuen Erkenntnissen angereichert und gesicherter in das nächste Gespräch gehen lässt, wenn sie das Erleben reflektierend aufarbeiten.

Reflexion-Settings: Zur Auswertung der Elterngespräche bieten sich zwei Settings an: Einzelreflexionen wie auch Reflexionen in Kleingruppen. Beide Formen bieten spezielle Chancen wie auch Begrenzungen. Die Betrachtung in der Kleingruppe eröffnet zu den eigenen auch Deutungsangebote von vertrauten Peers oder von einer erfahrenen und sensiblen Gruppenleiterin, die einen eventuell notwendigen Perspektivwechsel auf die Eltern erleichtern. Das Feedback der Gruppenmitglieder sollte jedoch eine unmittelbare, wertschätzende oder konstruktiv-kritische Rückmeldung in Form von Ich-Botschaften sein.

Interpretation des Fallbeispiels: *Die Studierende offenbart im quasi geschützten Rahmen der Klausur ihre kritischen Gedanken zur Familie ausgehend vom verzögerten Prozess der Zusammenkunft mit ihr. Sie ist vermutlich zu dieser Selbstöffnung ermuntert worden durch ihre Einsichten in der zuvor im Seminar behandelten Lerneinheit „Vorurteilsbewusste Pädagogik", die das Ziel hatte, sich der eigenen Voreingenommenheiten und Intoleranz bewusst zu werden, damit diese nicht unbewusst im Elternkontakt der Entwicklung von Vertrauen entgegenstehen. Außerdem wird in diesem Elterngespräch die eigene blockierende, weil eng auf bloßen Informationsgewinn abzielende Erwartungshaltung reflektiert. Die besondere Hürde der Studierenden in diesem Elterngespräch lag im „Sich-emotional-Einlassen". Für diese spezifische Problematik gibt es über den von Frau Müller genannten Grund hinaus weitere Erklärungsmuster: Die Schwierigkeit, eine angemessene Nähe zu finden, könnte auch der spezifischen Situation geschuldet sein, die dieses Gespräch zwischen Eltern und der zukünftigen Pädagogin aufwies: Die Eltern sind in ihrer gewohnten privat-intimen Umgebung und die Gesprächspartnerin mit dem* *institutionellen Hintergrund ist es, die sich als Fremde mit der ungewohnten, privat-intimen Umgebung und den dort sicher(er) agierenden Menschen, zudem mit einem anderen kulturellen Hintergrund, vertraut machen muss.*

Nachdem im Fallbeispiel beide Seiten ihre Berührungsängste überwunden hatten und die Mutter den Grund für ihre Verspätung erklärte – ihre Mitarbeit in der Elternarbeit der Kita der Tochter dürfte für die Studierende als ein weiteres Vertrauensplus gegolten haben –, vertraut sie der zukünftigen Pädagogin ihre Erfahrungen mit der Schulproblematik ihres Sohns an. Die Klausurniederschrift deutet darauf hin, dass die Eltern die Umschulung des Sohns in die Sonderschule als unvorhersehbares Ereignis erlebt haben, das unkontrollierbar über die ganze Familie hereinbrach. Schließlich führte die Erklärungsnot zu einer ausweglosen Situation mit entsprechenden Gefühlen der Hilflosigkeit. Informationen zum deutschen Schulsystem werden als Herauslösung aus dieser inneren Notlage von den Eltern genannt. Inwieweit die Eltern bereits im Kontext ihrer Migrationsgeschichte oder gar als Grund für das Verlassen ihrer Heimat Erfahrungen mit (quasi) staatlicher Willkür gemacht haben, wie es bei vielen Migranten der Fall ist, dazu kann keine Aussage gemacht werden.

Aufgabe: Führen Sie ein thematisches Eltern(-interview-)Gespräch durch.
- Überlegen Sie, welche Person Ihnen interessierte Mütter oder/und Väter für das Gespräch vermitteln können.
- Erstellen Sie einen Leitfaden mit maximal zehn Fragen zu einem Themenbereich (Beispiel aus einem anderen Fachgebiet unter: www.student-online.net/Publikationen/605/Expertenbefragung.pdf, S. 11–13).
- Führen Sie das Gespräch durch (digitale Aufnahme).
- Werten Sie das Interview anhand des Leitfadens und mit Blick auf darüber hinausgehende Gesprächsteile schriftlich aus: a) Welche Anliegen, Themen, Bedarfe, Werte, Erfahrungen und Einstellungen zeigen sich bei den interviewten Eltern? b) Wie haben Sie sich bei dem Gespräch selbst erlebt? Was kennzeichnete Ihr eigenes Handeln in der Interaktion mit den Eltern? Analysieren Sie und nutzen Sie dazu bei Bedarf die oben genannten Reflexionshinweise.
- Stellen Sie Ihr Ergebnis reihum in einer Kleingruppe vor. (Das Feedback sollte in Form von Ich-Botschaften erfolgen („Meinem Eindruck nach...", „Ich denke, dass...").
- Überprüfen Sie in einer abschließenden Einzelarbeitsphase diese Rückmeldungen auf ihre subjektiv empfundene Relevanz.

2 Bindung und Interaktion

Lilith König

Fürsorgeleistungen erfordern eine nicht zu unterschätzende Anstrengung und nehmen vor allem im Kleinkindalter einen großen Teil der elterlichen Zeit in Anspruch. Sie umfassen nicht nur die Befriedigung der physischen Grundbedürfnisse, sondern auch die angemessene Unterstützung der sozial-emotionalen Entwicklung des Kindes. Beides sind auch Grundvoraussetzungen für die Kompetenzentwicklung. Die Qualität der Eltern-Kind-Bindung spielt in diesem Zusammenhang eine zentrale Rolle. Sie wird maßgeblich durch die emotionale Verfügbarkeit und Feinfühligkeit der Bezugspersonen bestimmt und hängt eng mit der elterlichen Fähigkeit zusammen, die Perspektive des Kindes einzunehmen. Eine „sichere" Bindung zu mindestens einer wichtigen Bezugsperson gilt als Schutzfaktor und wirkt sich positiv auf die Entwicklung z. B. des Selbstwertes oder des Sozialverhaltens des Kindes aus.

In Kindertageseinrichtungen übernehmen Erzieherinnen die Betreuung der ihnen anvertrauten Kinder und haben die Aufgabe, ihre Kompetenzen in vielerlei Hinsicht zu fördern. Kinder gehen zu den sie betreuenden Personen bedeutungsvolle Beziehungen ein, die bindungsähnliche Eigenschaften aufweisen können.

> Bindungsverhalten zeigen Kinder z. B., wenn sie sich in fremder Umgebung unsicher fühlen oder bei Trennung von ihren wichtigsten Bezugspersonen. Beim Übergang in eine außerfamiliäre Betreuung ist dies besonders gut zu beobachten, aber auch in alltäglichen Belastungssituationen. Hier liegt denn auch eine wichtige Schnittstelle für die Elternarbeit.

Im Folgenden werden die relevanten Grundlagen der Bindungstheorie zusammengefasst und die Bedeutung der Bindung in der außerfamiliären Kinderbetreuung erläutert. Es werden Möglichkeiten aufgezeigt, wie Erzieherinnen Bindungs- und Explorationsverhalten von Kindern beobachten können und welche Informationen sie dadurch gewinnen. Dies bietet eine wichtige Grundlage, um das eigene pädagogische Handeln und die Zusammenarbeit mit Eltern zu reflektieren.

2.1 Grundlagen der Bindungstheorie und -forschung

Bindung und Exploration

Die Bindungstheorie wurde Anfang der 1970er Jahre von John Bowlby, einem englischen Kinderpsychiater, entwickelt. Sie entstand vor dem Hintergrund seiner Verhaltensbeobachtungen von Kindern, die aus verschiedenen Gründen von ihrer Mutter getrennt wurden. Die Bindungstheorie basiert auf der Annahme zweier biologisch begründeter Verhaltenssysteme, die sich in ihrer Funktion wechselseitig ergänzen:

- **Das Bindungssystem:** Es ist für den Schutz und für die Herstellung emotionaler Sicherheit zuständig.
- **Das Explorationssystem:** Es initiiert das neugierige Erkunden der Umwelt, eine wichtige Voraussetzung für Lernen und Entwicklung.

Bindungsverhalten wird beim Kleinkind unter Stressbedingungen wie Schmerz, Müdigkeit oder entsprechenden Zuwendungs- und Versorgungsbedürfnissen aktiviert sowie durch bedrohliche Reize in der Umwelt wie laute Geräusche oder fremde Personen. Ein Kind zeigt Bindungsverhalten, indem es z. B. weint oder die Nähe und Körperkontakt zu der Bindungsperson sucht. Fühlt sich das Kind (wieder) sicher und wohl, so kann es seiner Neugier folgen und explorieren. Komplementär zum kindlichen Bindungsverhalten wird im Regelfall bei der relevanten Bezugsperson Fürsorgeverhalten ausgelöst, wenn das Kind Bindungsbedürfnisse signalisiert oder die Bindungsperson selbst Gefährdungen des Kindes wahrnimmt. So bewirkt das Weinen eines Kindes, das sich verletzt hat, dass die Bezugsperson es versorgt und tröstet. Sucht ein Kind in einer ihm unvertrauter Umgebung schützende Nähe, reagiert eine einfühlsame Bezugsperson mit beruhigenden Worten und Handlungen und nimmt das Kind beispielsweise auf den Arm.

> Kinder suchen immer dann die Nähe zu erwachsenen Bezugspersonen, wenn sie unsicher oder emotional belastet sind und erkunden ihre Umgebung, wenn sie sich sicher und wohl fühlen. Bindung und Exploration stehen also in einem fortwährenden Wechsel je nachdem, ob ein Kind Unterstützung braucht, um wieder in sein emotionales Gleichgewicht zu kommen (Bindung), oder es neugierig die Welt erkundet (Exploration).

Verschiedene Bindungsstrategien

In der weiteren Erforschung des Bindungsverhaltens brachten vor allem die standardisierten Beobachtungssituationen, wie sie die Kinderpsychologin Mary Ainsworth und ihr Forschungsteam (1978) in ihrer sogenannten „Fremden Situation" (FS) nutzten, neue wichtige Erkenntnisse. Es stellte sich heraus, dass nicht alle Kinder in gleicher Weise ihre Bindungsbedürfnisse ausdrücken, wenn sie durch kurzzeitige Trennung von der Mutter belastet waren. Durch die Untersuchungen mit der „Fremden

Situation" wurden drei Gruppen von Kindern erkannt, die sich durch unterschiedliche Strategien im Umgang mit Belastungen charakterisieren lassen. Unterschiede zeigen sich dahingehend, ob das Kind seine Aufmerksamkeit mehr auf die Bindungsperson oder auf die Sachumwelt richtet und wie bzw. ob es bindungsrelevante Emotionen ausdrücken und mit Hilfe der Bindungsperson regulieren kann.

Sichere Bindung: Einige Kinder richteten in der Belastungssituation der Trennung ihre Aufmerksamkeit auf die Bindungsperson und drückten Bindungsbedürfnisse offen aus, indem sie weinten, die Bezugsperson suchten oder nach ihr riefen. Beim Wiedersehen konnten sie die bindungsbedingten Emotionen wie Angst oder Traurigkeit mit Unterstützung der Bindungsperson regulieren, fühlten sich nach kurzer Zeit wieder wohl und sicher und waren erneut in der Lage, ihre Aufmerksamkeit auf die Exploration bzw. auf das Spiel zu richten. Die Bindungsqualität dieser Kinder wurde als sicher bezeichnet, da sie die Bezugsperson als „sichere Basis" nutzten und sich ihre Strategie durch ein flexibles, der Situation angemessenes Zusammenspiel von Bindung und Exploration auszeichnete.

Unsicher-vermeidende Bindung: Andere Kinder beschäftigten sich in der Trennungssituation sehr intensiv mit der Erkundung ihrer Umgebung und den vorhandenen Spielsachen. Sie ließen dabei meistens nur dezente oder keine offensichtlichen Belastungssignale erkennen, einige Kinder reagierten aber auch mit deutlichen Belastungssignalen. Beim Wiedersehen mit der Mutter vermieden sie aber die Nähe und Kontakt zu ihr – auch die Kinder, die während der Abwesenheit ihrer Mutter ihre Belastung deutlich zeigten. Sie drückten der Mutter gegenüber keine Bindungsbedürfnisse aus und ließen auch keine bindungsrelevanten Emotionen erkennen. Ihre Bindungsstrategie wurde als unsicher-vermeidend eingestuft, da sie in der Stresssituation ihre Aufmerksamkeit von der Bindungsbeziehung und von den bindungsbezogenen Emotionen weglenkten und auf Objekte und Aktivitäten richteten. Ein Kind mit einer vermeidenden Bindungsstrategie versucht also, Belastungssituationen zu überspielen, sie allein zu bewältigen und sich durch Beschäftigung abzulenken. Exploration und das Bestreben, mit allem allein fertig zu werden, dominieren auf Kosten emotionaler Bedürfniserfüllung.

Unsicher-ambivalente Bindung: Es gab aber auch Kinder, die schon vor der Trennung von der Mutter kaum Erkundungsverhalten zeigten und vor allem damit beschäftigt waren, Nähe und Kontakt zur Mutter zu suchen. Diese Kinder waren sehr verzweifelt bei der Trennung, reagierten aber ambivalent beim Wiedersehen der Mutter. Sie äußerten ihre Bindungsbedürfnisse lautstark z. B. durch Weinen oder durch extreme Nähewünsche und ängstliches Anklammern. Sie reagierten gleichzeitig auch ärgerlich oder wütend mit Kontaktwiderstand. So streckten sie etwa weinend die Arme aus, um auf den Arm der Mutter genommen zu werden, schmiegten sich dann aber nicht an diese an, sondern wendeten ihren Kopf ab oder versteiften sich. Teilweise verhielten sie sich auch passiv hilflos und waren durch nichts zu beruhigen. In beiden Fällen waren die Kinder kaum mehr in der Lage, sich wieder von der Mutter zu lösen und die Umgebung zu erkunden oder zu spielen.

Ihre Bindungsstrategie wurde als unsicher-ambivalent bezeichnet. Sie stellt insofern einen Gegenpol zur Vermeidungsstrategie dar, da Nähebedürfnisse übersteigert sind und Gefühle übertrieben dargestellt werden. Die Aufmerksamkeit ist schon bei geringsten Anzeichen von Stress auf Beziehung gerichtet. Bindungsbedürfnisse werden in Form von Hilflosigkeit und Passivität zum Ausdruck gebracht oder ärgerlich wütend gezeigt. Ein Kind mit einer ambivalenten Strategie ist latent immer in Alarmbereitschaft, sucht ständig die Aufmerksamkeit der Bezugsperson und kann auch kurze Trennungen schlecht aushalten. Das Explorationsverhalten ist durch die starke Abhängigkeit eingeschränkt.

Aufgabe: Informieren Sie sich anhand einschlägiger Literatur über den Ablauf der „Fremden Situation". Diskutieren Sie in ihrer Arbeitsgruppe darüber, weshalb die Wiedersehensepisoden für die Einschätzung der Bindungsqualität aussagekräftiger sind als die Trennungssituationen.

Eltern-Kind-Interaktion und Bindungsqualität

Um zu verstehen, wie sich die verschiedenen Bindungsstrategien entwickeln, sind die zugrunde liegenden frühen Interaktionserfahrungen mit den relevanten Bezugspersonen zu betrachten. Auch hierbei konnte die Forschungsgruppe um Ainsworth durch ihre Verhaltensbeobachtungen von Kleinkindern in ihrer natürlichen häuslichen Umgebung wichtige Erkenntnisse gewinnen. Sie stellten fest, dass komplementär zur Bindungsqualität des Kindes, deren Mütter auch unterschiedliche Verhaltensweisen im Umgang mit ihnen zeigten:

- Die Mütter der Kinder mit einer „sicheren Bindung" gingen einfühlsam auf deren Bindungsverhalten ein und gewährten ihnen Schutz und Nähe, wenn sie sie brauchten. Sie unterstützten sie aber ebenso bei ihrem Erkundungsverhalten.
- Mütter von Kindern mit vermeidenden Bindungsstrategien hingegen zeigten sich weniger feinfühlig und reagierten auf negative Gefühlsäußerungen zurückweisend. Sie wehrten Nähe- und Kontaktbestrebungen ihrer Kinder in Situationen, in denen sich ihre Kinder unwohl fühlten, häufig ab und äußerten sich selbst über Körperkontakt eher negativ. Die Kinder schienen sich dem anzupassen, indem sie ihre Aufmerksamkeit vermehrt auf ihre Sachumwelt richteten und den Kontakt zur Mutter in Belastungssituationen weitgehend mieden.
- Mütter deren Kinder eine ambivalente Bindungsstrategie aufwiesen, reagierten inkonsistent und dementsprechend für die Kinder nicht berechenbar. Mal gingen sie feinfühlig auf die Bindungsbedürfnisse ihrer Kinder ein, mal reagierten sie unwirsch und wiesen sie zurück. Da die Kinder sich so nie sicher sein konnten, wann und wie ihre Mutter reagierte, war ihre Aufmerksamkeit meistens auf die Bezugsperson ausgerichtet. Sie zeigten verstärktes Bindungsverhalten, um sich

der Nähe zur Mutter und deren Schutz immer wieder zu versichern, ohne sich jedoch anhaltend beruhigt zu fühlen.

Bindungsdesorganisation

In weiteren Studien fanden sich immer wieder die drei oben beschriebenen Bindungsgruppen, später wurde aber eine weitere Gruppe von Kindern entdeckt, deren Bindungsverhalten sich nicht ohne Weiteres in die bekannten Bindungsmuster einordnen ließ. Sie fielen dadurch auf, dass sie während der Beobachtung in der „Fremden Situation" für kurze Momente kein zielführendes strategisches Verhalten zeigten und stattdessen z. B. erstarrten, begonnenes Verhalten nicht zu Ende führten, in einem Trance ähnlichen Zustand verharrten oder gleichzeitig oder kurz hintereinander widersprüchliche Verhaltensweisen zeigten. Beispielsweise krabbelte ein Kind nach der Trennung sofort auf die Mutter zu, hielt dann plötzlich inne und kroch rückwärts unter einen Stuhl. Die Bindung dieser Kinder wurde als desorganisiert bezeichnet, da keine organisierte Strategie erkennbar war bzw. ihre bestehende Bindungsstrategie bei sehr hoher Belastung zusammenzubrechen schien. Es wird angenommen, dass Kinder mit einer desorganisierten Bindung mit der betreffenden Bezugsperson so problematische Erfahrungen gemacht haben, dass sie bei ihnen Angst auslösen kann (Main/Hesse 1990),

- entweder dadurch dass die Bezugsperson tatsächlich bedrohlich ist, weil sie das Kind z. B. misshandelt
- oder dadurch dass sie in dem Moment, in dem ihr Kind Bindungsbedürfnisse ausdrückt, selbst aufgrund eigener psychischer Belastungen oder Traumatisierungen ängstlich reagiert.

Ein solches Verhalten der Bindungsperson bringt Kinder in eine paradoxe Situation, nämlich die, dass die Person, die eigentlich das Kind schützen soll, selbst zu einer Quelle der Angst wird. Dieses Dilemma lässt sich für das Kind durch keine Strategie auflösen.

Je nach Verhalten der Bezugsperson entwickeln Kinder also unterschiedliche Strategien im Umgang mit Belastungen (Emotionsregulation) und passen ihr Bindungs- und Explorationsverhalten entsprechend an. Entscheidend dabei ist das kindliche Vertrauen in die Erreichbarkeit und emotionale Verfügbarkeit der Bindungsperson.

Spätestens am Ende des ersten Lebensjahrs sind unterschiedliche Bindungsverhaltensweisen zu beobachten, die im Verlaufe der weiteren Entwicklung generalisiert und als innere Arbeitsmodelle des Selbst mit der Bindungsperson gespeichert werden (Bowlby 1973). Diese Arbeitsmodelle werden auch als Bindungsrepräsentationen bezeichnet. Sie beinhalten bewusste und unbewusste Vorstellungen darüber, inwieweit

- ein Kind Nähe und Sicherheit von einer Bindungsperson erwartet, z. B.: „Wenn ich Angst habe, nimmt mich Papa in den Arm und beschützt mich", oder
- sich ein Kind selbst der Zuwendung und Liebe wert fühlt, z. B.: „Ich bin Mama so wichtig, dass sie sich immer um mich kümmert".

Bei Kleinkindern ist das Bindungsmodell personenbezogen, d. h. die Bindungsqualität kann in Bezug auf Vater und Mutter unterschiedlich sein, wenn das Kind unterschiedliche Erfahrungen mit den entsprechenden Elternteilen gemacht hat.

Bindung als Schutz- und Risikofaktor

Sichere Bindung: Wird Bindung unter dem Aspekt einer gelingenden Emotionsregulation betrachtet, ist die sichere Bindungsstrategie optimal. Sie befähigt die Kinder, Stress entweder selbst zu bewältigen oder sich entsprechende Unterstützung zu suchen. Dies hat auch Auswirkung auf die Selbstwirksamkeit und fördert die Kompetenzentwicklung.

> Eine sichere Bindung gilt als Schutzfaktor, sie erhöht die Wahrscheinlichkeit, dass emotionale Belastungen gut bewältigt werden, ohne dass sich negative Folgen für die sozial-emotionale Entwicklung ergeben.

Unsicher-vermeidende Bindung: Die Entstehung einer vermeidenden Strategie beruht auf der Erfahrung des Kindes, dass die Bindungsperson emotional nicht verfügbar ist oder die Bindungsbedürfnisse des Kindes von ihr zurückgewiesen werden. Beides sind für das Kind sehr schmerzhafte Erfahrungen, die es zu vermeiden sucht, indem es die Bezugsperson möglichst wenig beansprucht und Belastungen allein bewältigen lernt. Der Kontakt zur Bindungsperson kann so ohne verletzende Erfahrungen aufrechterhalten werden. Unter der Bedingung, dass die Bezugspersonen wenig emotional zugänglich sind, ist eine Vermeidungsstrategie also durchaus angemessen und adaptiv. Sind Belastungen so groß, dass sie die Fähigkeiten des Kindes, sich selbst zu regulieren, übersteigen, ist das Kind gefährdet, weil es Bindungsbedürfnisse nicht zeigen und auch keine Unterstützung suchen wird.

Abb. 2.1: Eine sichere Bindung gilt als Schutzfaktor

Unsicher-ambivalente Bindung: Diese Bindungsstrategie entwickelt sich vor dem Hintergrund, dass auf die wichtigsten Bindungspersonen kein Verlass ist, weil diese sich inkonsistent und unberechenbar verhalten. Bindungsbedürfnisse werden teilweise unangemessen oder gar nicht beachtet, jedoch manchmal auch adäquat erfüllt. Dadurch dass das Kind schon bei geringsten Belastungen Bindungsbedürfnisse signalisiert und Angst und Hilflosigkeitsgefühle übersteigert ausdrückt, erreicht es Aufmerksamkeit und teilweise auch Unterstützung, aber keine vorhersehbare bzw. nachhaltige Sicherheit. Infolge hoher Belastungen kann sich das Gefühl der Hilflosigkeit verfestigen.

> Die unsicheren, aber organisierten Bindungsstrategien gewährleisten keinen optimalen Umgang mit belastenden Emotionen, sind aber noch ausreichend, um ein Kind emotional zu stabilisieren. Sie erhöhen die Verletzlichkeit eines Kindes, wenn es häufig emotionalem Stress ausgesetzt ist, stellen aber per se noch kein Risiko für die sozial-emotionale Entwicklung dar. Die Bindungsdesorganisation hingegen gilt als Entwicklungsrisiko.

Bindungsdesorganisation: Sie bietet in hohen Belastungssituationen noch nicht einmal ein Mindestmaß an emotionaler Stabilisierung, weil stressbedingte Emotionen nur sehr ungenügend reguliert werden können und Angstzustände fortbestehen. Allerdings können sich auch Kinder mit einer desorganisierten Bindung unauffällig entwickeln, wenn ihre Kontextbedingungen relativ stressarm sind und nicht zusätzlich andere Risikofaktoren wie soziale Benachteiligung, kritische Lebensereignisse oder psychische Beeinträchtigung der Eltern wirksam werden.

Bindungsverhalten bei älteren Kindern

Die bisher beschriebenen Verhaltensweisen beziehen sich auf Kleinkinder, bei denen Bindungsbedürfnisse noch ganz direkt über das Verhalten beobachtbar sind. Bindungsverhalten zeigt sich aber genauso bei älteren Kindern, wenn auch subtiler und seltener, da Kinder mit zunehmendem Alter mehr und mehr lernen, sich selbst zu regulieren. Sie sind dann weniger auf Körperkontakt und räumliche Nähe angewiesen, können Gefühle der Sicherheit verinnerlichen und immer kompetenter mit Belastungssituationen und Herausforderungen umgehen. Auch Jugendliche und Erwachsene kommen in Situationen, in denen sie emotionale Belastungen nicht mehr allein bewältigen können und ihr Handeln von ihren Bindungsrepräsentationen bestimmt wird. Das Bindungssystem ist also über die ganze Lebensspanne von Bedeutung, allerdings sind Säuglinge und Kleinkinder mehr oder weniger vollständig auf die Unterstützung ihrer Umwelt angewiesen, sodass in dieser Zeit die Erfahrungen mit den relevanten Bezugspersonen am einflussreichsten sind.

Aufgabe: Die frühen Bindungserfahrungen mit wichtigen Bezugspersonen in der Kindheit haben Einfluss darauf, wie wir bindungsrelevante Situationen auch im späteren Erwachsenenalter erleben und wie wir mit bindungsrelevanten Gefühlen umgehen. Überlegen Sie sich drei Eigenschaftswörter, die ihre Beziehung als Kind (nicht die heutige) mit ihrer wichtigsten Bezugsperson beschreiben. Tauschen Sie sich mit einer Person Ihres Vertrauens darüber aus oder reflektieren Sie für sich allein, welche eigenen Bindungserfahrungen sich darin widerspiegeln.

2.2 Bindung in der außerfamiliären Kinderbetreuung

Für ein Kleinkind, das außerfamiliär betreut werden soll, spielt die Gestaltung des Übergangs von der Familie zur Kindertageseinrichtung eine entscheidende Rolle. Diese Übergangsphase wird vor allem von Kindern unter drei Jahren als sehr belastend erlebt und aktiviert das Bindungssystem des Kindes.

Es gibt aber auch viele andere alltägliche Situationen in einer Kindertageseinrichtung, die das Kind emotional belasten und Bindungsbedürfnisse auslösen. Neben einer neuen und ungewohnten Umgebung sind dies insbesondere Situationen, die Angst und unangenehme Gefühle oder Körperempfindungen hervorrufen. So kann körperliches Unwohlsein wie Müdigkeit, Schmerzen oder Kranksein ebenso Bindungsverhalten auslösen wie soziale Konfliktsituationen, etwa Streit oder Hänseleien. Je nach Bindungsstrategie des Kindes sind dann in unterschiedlich starker Ausprägung Bindungs- und Explorationsverhalten zu beobachten.

Beobachtungen von Bindung und Exploration

Die Eingewöhnungsphase eignet sich besonders gut zur Beobachtung von Bindungsverhalten in Kindertageseinrichtungen, da während dieser Zeit, das Bindungssystem bei Kindern schnell und häufig aktiviert wird. Durch die zeitweilige Anwesenheit der Bindungsperson lässt sich sowohl das Verhalten eines Kindes ihr gegenüber als auch der Erzieherin oder dem Erzieher gegenüber gut beobachten. Ist das Bindungssystem eines Kindes aktiviert, weil es durch die ungewohnte Umgebung verunsichert ist oder die unvertrauten Erzieherinnen das Kind beängstigen, lässt sich seine Bindungsstrategie daran erkennen, wie es mit dieser Belastung umgeht und inwiefern es seine Bezugsperson als „sichere Basis" nutzen kann. Bei verschiedenen Bezugspersonen kann das Verhalten dabei sehr unterschiedlich sein.

Im Folgenden werden die verschiedenen Bindungsgruppen anhand eines prototypischen Beispiels veranschaulicht. Die Beispiele stellen nur eine Auswahl möglicher Verhaltensmuster dar, viele weitere sind denkbar und tagtäglich während der Eingewöhnungszeit zu beobachten. Auch innerhalb einer Bindungsgruppe gibt es eine große Variationsbreite von Verhalten.

Beispiel: *„Theo (2,6 Jahre) weicht anfangs nicht von der Seite seiner Mutter, er schaut sich um, während er sich bei der Mutter anlehnt, und beobachtet neugierig, aber noch schüchtern das Geschehen im Raum. Nach einiger Zeit nähert er sich mehr und mehr den anderen Kindern und beginnt, in ihrer Nähe Spielsachen zu inspizieren und damit zu spielen. Er schaut aber immer wieder zu seiner Mutter oder zeigt ihr etwas, was sein Interesse geweckt hat. Als die Mutter gehen will, springt er sofort auf und sagt, er wolle mit der Mutter mitgehen. Die Mutter spricht mit Theo und nach eingehender Verhandlung einigen sie sich darauf, dass die Mutter nach einer halben Stunde wiederkommt. Theo wirkt nach wie vor etwas bedrückt, ist aber bereit zu bleiben. Auf Anregung der Erzieherin beginnt er, ein Bild zu malen, was ihm zunehmend mehr Spaß zu machen scheint. Als die Mutter ihn wie vereinbart nach einer halben Stunde abholt, rennt er mit einem strahlenden Lächeln zu ihr hin und zeigt ihr, was er gemalt hat."*

Theo zeigt ein der Situation angemessenes Bindungs- und Erkundungsverhalten. Er verhält sich zunächst zurückhaltend und braucht noch Körperkontakt zur Mutter, um sie als sichere Basis zu nutzen. Er bewegt sich allmählich weg und versichert sich immer wieder durch Blickkontakt, dass die Mutter erreichbar bleibt. Als die Mutter gehen will, drückt er seine Angst und sein Sicherheitsbedürfnis offen aus. Da sie seine Bindungsbedürfnisse ernst nimmt, darauf eingeht und ihm versichert, dass sie nach einer halben Stunde wiederkommt, ist er bereit zu bleiben. Mit Unterstützung der Erzieherin gelingt es ihm, sich zu beschäftigen. Obwohl er sich nach wie vor in der fremden Umgebung noch nicht ganz wohl fühlt, scheint er darauf zu vertrauen, dass seine Mutter wiederkommt. Bei der Rückkehr der Mutter zeigt er spontan und offen seine Freude über ihr Kommen und informiert sie über das, was er während der Trennung gemacht hat, indem er ihr zeigt, was er gemalt hat. Bei Theo lässt sich gut erkennen, wie er seine Mutter als „sichere Basis" nutzt. Er kann auch negative Gefühle offen ausdrücken und verhandelt mit der Mutter die unterschiedlichen Interessen, sodass es zu einer konstruktiven Lösung kommt. Theo akzeptiert es, für eine bestimmte Zeit von der Mutter getrennt zu sein, und vertraut darauf, dass die Mutter ihm nichts zumutet, was er nicht bewältigen könnte.

Beispiel: *„Emma (2,8 Jahre) wirkt für ihr Alter sehr selbstständig, als sie an ihrem ersten Tag in die Kindertageseinrichtung kommt. Sie läuft direkt zu einem Regal, nimmt sich eine Tonne mit Bauklötzen und ist ganz damit beschäftigt, einen Turm zu bauen. Sie scheint ihre Mutter schon bald nicht mehr wahrzunehmen und reagiert auch nicht auf das Weggehen von ihr, sondern bleibt intensiv mit den Bauklötzen beschäftigt. Sobald die Mutter aus der Tür ist, fängt Emma an, vor sich hin zu summen, sie greift nach verschiedenen Spielsachen und legt sie wieder weg und wirkt ziellos. Als die Mutter zur vereinbarten Zeit wiederkommt, schaut Emma nur einmal ganz flüchtig in ihre Richtung, erwidert* *kaum hörbar den Gruß der Mutter und bleibt von ihr abgewendet auf dem Boden sitzen. Sie scheint nun wieder ganz mit den Bauklötzen beschäftigt zu sein."*

Emma richtet in der neuen, ungewohnten Umgebung von Anfang an ihre Aufmerksamkeit ganz auf die Sachumwelt. Sie scheint die An- oder Abwesenheit der Mutter kaum noch zu bemerken und erweckt auch nicht den Eindruck, dass sie die Mutter braucht. Sie reagiert auf die Mutter nur insofern, dass sie nicht unhöflich erscheint, ist ihr aber emotional nicht zugewandt, was sich auch in ihrer Körperhaltung ausdrückt. Geschickt bewegt sie sich so, dass sie immer mit dem Rücken zur Mutter sitzt und wie zufällig interessiert sie sich besonders dann für ein Spielzeug, wenn die Mutter den Raum verlässt oder wiederkommt. Emma ist in ihrer Aufmerksamkeitsorientierung auf Exploration ausgerichtet. Sie zeigt keine Bindungssignale der Mutter gegenüber, es gibt aber Hinweise auf Belastung und Selbstberuhigung während der Abwesenheit der Mutter. Sie summt vor sich hin und ist nicht mehr konzentriert beim Spiel. Emma zeigt vermeidendes Bindungsverhalten.

Beispiel: *„Eva (3 Jahre) wirkt schon beim Kommen und auch im Beisein ihrer Mutter ängstlich und hilflos. Sie klammert sich an der Mutter fest und lässt sich erst nach längerer Zeit dazu überreden, zu den Spielsachen zu gehen, besteht jedoch darauf, dass die Mutter sich dazusetzt. Auch die Initiative zum Spielen überlässt sie der Mutter. Als die Mutter Eva nach einiger Zeit sagt, dass sie mal kurz in den Nebenraum gehe, um etwas mit einer Erzieherin zu besprechen, klammert sich Eva sofort wieder an der Mutter fest, weint und will sie nicht gehen lassen. Es gelingt der Mutter kaum, Eva zu beruhigen, und als sie dann nach langem Hin- und Her relativ abrupt und leicht gereizt in den Nebenraum geht, bleibt Eva laut schluchzend an der Stelle sitzen, an der sie zuletzt mit der Mutter war. Sie rührt sich die ganze Zeit über nicht von der Stelle und lehnt es ab, auf Spielangebote der Erzieherin einzugehen. Als die Mutter zurück in den Raum kommt, läuft Eva ihr sofort weinend entgegen, lässt sich aber nur widerwillig in den Arm nehmen und bleibt quengelig, bis die Mutter mit ihr nach Hause geht."*

Eva orientiert sich ausschließlich an ihrer Mutter, sie weicht ihr nicht von der Seite und drückt auch in den Situationen, in denen die Mutter anwesend ist, übersteigerte Nähewünsche aus. Die Verhandlungen mit der Mutter sind nicht konstruktiv, beide wiederholen immer nur, was sie wollen bzw. nicht wollen, ohne dass sich ein Prozess der Lösungsfindung ergibt. Die Mutter steht dann unvermittelt auf, ist sichtlich genervt und lässt Eva weinend zurück. Eva erlebt ihre Mutter als nicht berechenbar. Letztendlich ist es nicht die Trennung als solche, die sie beängstigt, sondern dass sie sich nicht auf ihre Mutter verlassen kann. Ihr Verhalten beim Wiederkommen der Mutter zeigt dann ihre Ambivalenz, nämlich einerseits wütend auf die Mutter zu sein – deshalb lässt sie sich nur widerwillig auf den Arm nehmen – und sich gleichzeitig hilflos und abhängig von ihr zu fühlen. Sie versucht mit übersteigertem Bindungsverhalten, Aufmerksamkeit zu erzielen, kann sich aber nicht wirklich beruhigen, da es für sie nicht voraussehbar ist, wie ihre Mutter reagieren wird und was genau sie tun kann, um die Mutter als verlässliche „sichere Basis" zu nutzen.

Einschätzung von Beobachtungen

Theo, Emma und Eva stehen jeweils für Kinder, die recht idealtypisch die verschiedenen Bindungsstrategien zeigen. Oft lässt sich das Bindungsverhalten von Kindern aber nicht so eindeutig erkennen und eine Zuordnung der jeweiligen Bindungsgruppe ist schwieriger.

> Lässt sich Bindungsverhalten von Kindern nicht eindeutig erkennen, ist es hilfreich einzuschätzen, in welche Richtung das Kind überwiegend tendiert, und Mischformen in Betracht zu ziehen.

So könnte z. B. ein Kind, welches die Mutter grundsätzlich als „sichere Basis" nutzt, aber übermäßig anhänglich ist und länger braucht, um sich zu beruhigen, als „sicher-ambivalent" eingestuft werden. In diesem Fall wäre zwar die Orientierung an der Bindungsperson etwas überbetont, aber Bindung und Exploration insgesamt noch angemessen ausbalanciert. Ebenso gibt es Kinder, die Vermeidungstendenzen aufweisen – z. B. beim Wiedersehen verzögert reagieren –, aber noch als grundlegend sicher angesehen werden können. Hier wird die Bindungsstrategie als „sicher-reserviert" bezeichnet.

Einschätzungen von Beobachtungen des kindlichen Bindungsverhaltens, wie sie hier beschrieben werden, können nur einen ersten Eindruck vermitteln. Die Beispiele enthalten auch kein „desorganisiertes" Bindungsverhalten, da Kinder mit desorganisierter Bindung für ungeschulte Beobachterinnen sehr schwer einzuschätzen sind und in diesem Rahmen nicht eingehender erörtert werden können.

Generell muss darauf verwiesen werden, dass zur genaueren Differenzierung des Bindungsverhaltens und Bestimmung der Bindungsqualität wissenschaftlich fundierte Verfahren notwendig sind (Näheres zur Bindungsdiagnostik → Gloger-Tippelt 2004). Sie erfordern ein eingehendes Beobachtungstraining und viel Übung. Dies gilt vor allem für Kinder, die Bindungsverhalten nicht in idealtypischer Weise zeigen, und für Kinder mit einer desorganisierten Bindung. Es geht in diesem Rahmen auch nicht um die Bindungsklassifikation als solche, sondern darum, die damit verbundenen Prozesse der Emotionsregulation zu verstehen, d. h. wie Kinder mit Belastungen umgehen und welche Unterstützung sie benötigen. Dies schärft nicht nur die Wahrnehmung der kindlichen Bedürfnisse, sondern liefert auch wertvolle Hinweise für die Zusammenarbeit mit Eltern.

Erzieherinnen-Kind-Beziehungen

Die verinnerlichten frühen Bindungserfahrungen wirken sich auch auf die Haltung des Kindes gegenüber seiner sozialen Umwelt aus: Vertraut es beispielsweise anderen Personen und ist es Beziehungen gegenüber aufgeschlossen oder erlebt ein Kind emotionale Nähe eher als bedrohlich, verhält sich distanziert oder ist misstrauisch? In diesem Sinne können Bindungserfahrungen auch den Beziehungsaufbau mit Gleichaltrigen und anderen Erwachsenen beeinflussen. Dies gilt vor allem für Erzieherinnen in Kindertageseinrichtungen, die in der Regel zu einer wichtigen Bezugsperson für ein Kind werden.

> Im Idealfall kann eine vertrauensvolle Beziehung zwischen Erzieherin und Kind auch zu einer Art Ersatzbindungsbeziehung werden. Gerade bei Kindern unter drei Jahren, die noch mehr auf externe Unterstützung angewiesen sind, können Erzieherinnen für die Zeit, in der die Hauptbezugspersonen nicht zur Verfügung stehen als „sichere Basis" fungieren.

Diese hat zwar eine andere Qualität als die der Hauptbindungspersonen, spielt aber im Hinblick auf das Sicherheitsgefühl des Kindes im Kontext der Kindertageseinrichtung eine wichtige Rolle. In diesem Sinne wirkt sich das Verhalten von Erzieherinnen auch auf die Entwicklung des Kindes und seinen Erwerb von Kompetenzen und Kenntnissen aus. Je nachdem wie feinfühlig eine Erzieherin oder ein Erzieher mit einem Kind umgeht, erlebt das Kind eine Fortführung seiner Erfahrungen mit den familiären Bezugspersonen oder es macht andere – möglicherweise auch günstigere – Interaktionserfahrungen.

Bindungserfahrung und kindliches Verhalten: Kinder verhalten sich entsprechend ihrer bisherigen Bindungserfahrungen und fordern damit häufig auch bei neuen Bezugspersonen Reaktionen heraus, die dem Verhalten ihrer familiären Bezugspersonen entsprechen:

- **Sichere Bindung:** Ein Kind mit einer „sicheren Bindung" wird sehr wahrscheinlich offen für neue Erfahrungen sein und bei entsprechender Zuwendung schnell Vertrauen entwickeln. Es erkundet seine Umgebung und sucht die Unterstützung der Erzieherin oder des Erziehers, wenn es welche braucht. In der Regel erhält das Kind dann auch positive Reaktionen und angemessene Unterstützung, da es für die Erzieherinnen gut ersichtlich ist, welche Bedürfnisse das Kind hat. So setzen sich die Erfahrungen des Kindes mit den Eltern fort und das sichere Bindungsmodell wird bestätigt und die „sichere Basis" gestärkt.
- **Unsicher-vermeidende Bindung:** Ein Kind mit einer „unsicher-vermeidenden" Bindung könnte sehr autonom und selbstständig erscheinen. Es wird kaum (negativ) auffallen und scheint sehr gut alleine zurechtzukommen. Dementsprechend erhalten solche „pflegeleichten Kinder" auch weniger Beachtung und Unterstützung und werden in ihren bisherigen Erfahrungen bestätigt, nämlich dass sie nicht mit Zuwendung und Unterstützung rechnen können. Psychophysiologische Studien haben jedoch gezeigt, dass Kinder mit vermeidender Bindung, obwohl sie äußerlich kaum Anzeichen von Belastung zeigen, dennoch körperliche Stressreaktionen aufweisen.
- **Unsicher-ambivalente Bindung:** Kinder mit „unsicher-ambivalenter Bindung" fordern – im Gegensatz zu den Kindern mit vermeidenden Bindungsstrategien –

sehr viel Zuwendung und Hilfe ein. Sie wirken sehr bedürftig, können herzzerreißend weinen und brauchen wiederholt Aufmerksamkeit. Dies kann dazu führen, dass sich Erzieherinnen zunächst sehr viel mit diesen Kindern beschäftigen und auf ihre Nähewünsche eingehen. Da sie aber meistens keine nachhaltige Beruhigung des Kindes erzielen und die Bindungssignale übertrieben erscheinen, führt dies häufig dazu, dass die Aufmerksamkeit, die diesen Kinder anfangs zuteil wurde, abrupt reduziert wird und die Kinder dadurch erneut die Erfahrung von unbeständiger Zuwendung machen, wie sie sie bereits von ihrer Bindungsperson kennen.

Pädagogisches Handeln und Elternkooperation

Um nicht an den Verhaltensmustern von Kindern mit unsicheren Bindungsmodellen anzuknüpfen, ist es wichtig, dass Erzieherinnen das Verhalten eines Kindes in Belastungssituationen vor dem Hintergrund seiner Bindungserfahrungen verstehen lernen. Erzieherinnen sind in der Regel zwar nicht geschult, solche Hintergrundinformationen über ein bindungsdiagnostisches Verfahren zu erhalten, sie können sich aber mit entsprechenden bindungstheoretischen Kenntnissen an ihren eigenen Beobachtungen orientieren und das kindliche Verhalten in bindungsrelevanten Situationen einschätzen. In diesem Zusammenhang steht auch nicht die Bindungsklassifikation als solche im Vordergrund, es geht vielmehr um das Verständnis für die damit verbundenen Prozesse der Emotionsregulation. In der Zusammenarbeit mit Eltern können zusätzliche Informationen gewonnen werden. Hier bieten sich Gespräche während der Eingewöhnungsphase und vor allem die regelmäßig stattfindenden Entwicklungsgespräche mit Eltern an. Letztere eignen sich auch sehr gut, um gegebenenfalls Videoanalysen einzusetzen, sodass das kindliche Verhalten mit den Eltern zusammen reflektiert werden kann. Dabei kann auch entwicklungspsychologisches und bindungstheoretisches Basiswissen vermittelt werden, beispielsweise welche verschiedenen Möglichkeiten einem Kind je nach Alter- und Entwicklungsstand zur Verfügung stehen, um seine Bedürfnisse auszudrücken und welche komplementären elterlichen Verhaltensweisen förderlich sind.

> Werden konkrete Eltern-Kind- bzw. Erzieherinnen-Kind-Interaktionen reflektiert, ist es besonders wichtig, ressourcenorientiert vorzugehen und an den kindlichen und elterlichen Kompetenzen anzusetzen. Ausgangspunkt ist immer die Perspektive des Kindes und die Frage, was gelingt ihm aus bindungstheoretischer Sicht schon (gut) und wo braucht es noch Unterstützung, um flexibler mit Anforderungssituationen umzugehen.

Bei Kindern mit unsicher-vermeidenden Bindungsstrategien kann z.B. ihre Selbstständigkeit und ihr ausgeprägtes Erkundungsverhalten als Stärke hervorgehoben werden, die Erzieherin sollte aber auch darauf hinweisen, dass Kinder sich manchmal überfordern und Unterstützung brauchen, auch wenn sie das nicht offensichtlich ausdrücken. Wenn (noch) nicht gelungene Interaktionen thematisiert werden, ist es wichtig, sie nicht als Defizite herauszustellen, sondern als Missverständnisse in der Kommunikation. So kann das elterliche Bemühen anerkannt und ungünstige emotionale Reaktionen der Eltern auf das Verhalten des Kindes können in wertschätzender Weise überdacht und modifiziert werden. Wird das Verständnis für die emotionalen Reaktionen des Kindes in dieser Weise vertieft, können dadurch auch die elterlichen Kompetenzen gefördert werden. Wenn beispielsweise einer Mutter klar wird, dass das, was sie als Problemverhalten bei einem Kind mit ambivalenter Bindungsstrategie wahrnimmt, z.B. übersteigerte Anhänglichkeit, der Versuch des Kindes ist, sein Unwohlsein oder seine Unsicherheit auszudrücken, lernt sie den Unterschied zwischen dem Verhalten und dem zugrunde liegenden Befinden des Kindes zu verstehen. So bekommen die Signale des Kindes eine andere Bedeutung und können dann auch neue Reaktionen bei der Elternperson bewirken.

Bindungstheoretisch begründetes pädagogisches Handeln zielt vor allem darauf ab, Kindern eine „sichere Basis" zu bieten, die es ihnen ermöglicht zuversichtlich ihre Umwelt zu erkunden und ihre Entwicklungsaufgaben zu bewältigen. Eine sichere Bindung ist optimal, da das Zusammenspiel zwischen Bindung und Exploration situationsangemessen und flexibel ausbalanciert ist. Die unsicheren Bindungsstrategien sind unausgewogen, hier wäre es wünschenswert den betroffenen Kindern neue Erfahrungen zu ermöglichen, die die vernachlässigte Seite stärken. Dies gilt sowohl für die Erzieherinnen als auch für die Eltern und sollte auch gemeinsam reflektiert werden. Je nach Bindungsmuster sind dabei unterschiedliche Vorgehensweisen erforderlich:

- **Unsicher-vermeidende Bindungsstrategien:** Für diese Kinder wäre es wichtig, dass Erzieherinnen ihnen von sich aus Kontakt und Unterstützung anbieten und sie nicht aufgrund ihrer scheinbaren Selbstständigkeit und Bedürfnislosigkeit in der Gesamtgruppe der Kinder vernachlässigen. In der Zusammenarbeit mit deren Eltern gilt es, den Fokus mehr auf die Bedürfnisse des Kindes zu richten und Eltern darin zu unterstützen, ihre Wahrnehmung für seine verborgenen Bindungswünsche zu schärfen.
- **Unsicher-ambivalente Bindungsstrategien:** Bei Kindern mit unsicher-ambivalenten Bindungsmustern ist es sinnvoll, bereits von Beginn an darauf zu achten, dass Zuwendung und Unterstützung sich nicht an den übersteigerten Bedürfnisäußerungen orientiert, sondern angemessen aber verlässlich erfolgt. Entscheidend dafür sind klare Strukturen, sodass die Kinder wissen, wann und durch welche Verhaltenssignale ihre Bedürfnisse erfüllt werden. Für die Zusammenarbeit mit den Eltern ist hier das Augenmerk auf Verlässlichkeit zu richten. Diese wirkt sich nicht nur positiv auf das Sicherheitsgefühl des Kindes aus, sondern auch auf sein Gefühl der Selbstwirksamkeit und stärkt so sein Explorationsverhalten.

Die Kriterien der Feinfühligkeit, wie sie als wichtigste Voraussetzung für die Entstehung und Aufrechterhaltung einer sicheren Bindung gelten, sind allerdings nicht ohne Weiteres auf die Situation in Kindertageseinrichtungen übertragbar. Untersuchungen zeigen, dass die Erzieherinnen-Kind-Bindung eher durch ein gruppenorientiertes als ein kindzentriertes Erziehungsverhalten bestimmt wird (Ahnert 2004). Erzieherinnen übernehmen ersatzweise die Aufgabe von Bindungspersonen (sie ersetzen sie nicht!) und können die individuellen kindlichen Bedürfnisse nur unter Berücksichtigung der Gruppenanforderungen erfüllen. Dies ist vor allem auch im Hinblick auf die Zusammenarbeit mit Eltern zu beachten. Sie sind und bleiben die wichtigsten Bezugspersonen für ihr Kind und das sollte sich auch in der Haltung der Erzieherinnen den Eltern gegenüber widerspiegeln. Die wichtige Phase der Eingewöhnungszeit macht dies besonders gut deutlich. Damit der Übergang gelingt und die Kinder überhaupt eine (Bindungs-)Beziehung zu Erzieherinnen aufbauen können, benötigen sie die Eltern als sichere Basis, von der aus sie sich in die neue Situation wegbewegen und den neuen Herausforderungen annähern können. Das braucht Zeit und dabei sollten alle Beteiligten einbezogen werden, d.h. die Kinder, die Eltern und die Erzieherinnen.

Aufgabe: Planen Sie in Ihrer Arbeitsgruppe eine Informationsveranstaltung für Eltern zur Eingewöhnung. Was wäre für Eltern aus bindungstheoretischer Sicht hilfreich zu wissen?

Vertiefung: Wie können Sie Eltern darin unterstützen, die Bindungsbedürfnisse ihres Kindes wahrzunehmen und angemessen darauf einzugehen? Üben Sie im Rollenspiel, wie Sie dies im Elterngespräch ressourcenorientiert und wertschätzend vermitteln können. Führen Sie das Rollenspiel für jede Bindungsgruppe durch.

3 Gemeinsam spielen – die Beziehung von Kindern und Eltern unterstützen

Jutta Schäfer

Spiel ist ein universelles Phänomen und bedeutet unendlich viel mehr als „Spielerei" oder Beschäftigung zum Zeitvertreib. Kinder spielen aus eigenem Antrieb, ausschließlich freiwillig und überall dort, wo sie sich sicher und wohlfühlen. Dabei zeigt ein „richtiges" Kinderspiel Merkmale von Freude und Spannung. Sein Ziel liegt im Spielen selbst, denn es ist nicht primär produkt-, sondern prozessorientiert.

Die Spielentwicklung und somit die Fähigkeit, „richtig spielen zu können", stehen eng in Zusammenhang mit der allgemeinen Entwicklung des Kindes. Verschiedene Spielformen tragen in je unterschiedlichem Maße zur Persönlichkeitsentwicklung bei und unterstützen Kinder in ihrer geistigen (kognitiven), emotionalen, sozial-kommunikativen, kreativen und senso-motorischen Entwicklung. Damit bedeutet ein „Nicht-richtig-Spielen-Können", dass die Entwicklung dieser Fähigkeiten und Kompetenzen beeinträchtigt ist. Im Spiel erworbene Kompetenzen bilden auch eine Grundlage für zukünftige schulische Kompetenzen. Das bedeutet, dass es einen Zusammenhang zwischen Spiel- und Schulfähigkeit gibt.

In diesem Beitrag wird eingangs ein prototypischer Entwicklungsverlauf des Spielens skizziert und es werden Überlegungen dazu angestellt, wie eine förderliche Beteiligung der Eltern bzw. der Bezugspersonen aussehen könnte und was die Erzieherin tun kann, um diese zu fördern. Dabei soll auch die Frage gestellt werden, woran man erkennen kann, ob ein Kind „richtig spielen" kann und welche Risikofaktoren hier zu berücksichtigen sind. Insbesondere drei Felder können sich in der Eltern-Kind-Beziehung auf das Spiel bezogen problematisch auswirken: Faktoren sozialer Benachteiligung, überhöhte Erwartungen an das Kind sowie eigene, unerfüllt gebliebene Spielbedürfnisse der Eltern. Erzieherinnen und Erzieher sollten sich über ihre eigene Beziehung zum Spiel, über eigene Erfahrungen und Bedürfnisse bewusst werden, bevor sie Eltern anleiten, mit ihren Kindern zu spielen, bzw. diese in ihrem Spielverhalten bewerten.

Aufgabe: Erinnern Sie sich daran, dass eine erwachsene Person mit Ihnen gespielt hat, als Sie noch im Kindergartenalter waren? Schreiben Sie diesem Menschen einen kleinen Brief und beschreiben Sie darin Ihre Erinnerung so genau wie möglich. Wofür möchten Sie der Person heute Danke sagen? Was haben Sie damals gebraucht, aber nicht bekommen? Tauschen Sie sich mit Ihren Kommilitonen über diese Erfahrungen aus.

3.1 Entwicklung des Spiels beim Kleinkind

Spielen sieht nicht bei allen Kindern aller Altersstufen gleich aus. Es folgt einer Entwicklung von Spielformen, die eine Art Abfolge darstellen. Spielformen sind jedoch nicht trennscharf unterscheidbar und gehen teilweise fließend ineinander über. Die Spielentwicklung ist bei allen Kindern ähnlich, variiert allerdings im Hinblick auf die Dauer des Verweilens auf einer Spielstufe sowie in der Intensität der Ausprägung und Präferenz einzelner Spielformen. Darum darf die kindliche Spielentwicklung nicht statisch betrachtet werden. In den folgenden Abschnitten wird ein prototypischer Entwicklungsverlauf dargestellt mit besonderem Augenmerk auf die Bedeutung der Interaktion mit vertrauten, erwachsenen Bezugspersonen.

Säuglingsalter

Die ersten sechs Lebensmonate: Spielen, spontan gesteuertes Verhalten und Lernen lassen sich in den ersten Lebenswochen und Monaten kaum trennen. Säuglinge lernen in den ersten Lebenswochen, sich nicht mehr von inneren Empfindungen überwältigen zu lassen und die äußere Welt wahrzunehmen. Sie lernen auch, Wahrnehmungen und die Reaktionen des Körpers darauf zu organisieren. Dazu gehört z.B. eine erste und einfache Kontrolle über die Bewegungen des Kopfes, die inneren Empfindungen und die eigene Aufmerksamkeit. Das Kind lernt, „gelassen zu bleiben, während es gleichzeitig auf Objekte und Ereignisse außerhalb seiner selbst achtgibt und – gelegentlich – auf sie einwirkt. Diese Fähigkeit, auf ruhige konzentrierte Weise visuelle, akustische und andere Wahrnehmungen zu verarbeiten und Reaktionen zu organisieren, ist Grundlage für die Bewältigung weiterer elementarer Entwicklungsaufgaben" (Greenspan/Benderly 1999, 6). Das Baby, das ruhige Aufmerksamkeit erreicht hat, hat eine anfängliche Sicherheit gewonnen.

Alterstypische Spielformen: Kennzeichnend für das Säuglingsalter ist das explorierende Spiel, auch Funktionsspiel genannt, bei dem die Kinder zunächst ihren Körper, vor allem Hände, Finger und Füße, später auch Gegenstände intensiv erkunden. Diese Spielform dient in erster Linie dem Kennenlernen und Sich-vertraut-Machen mit der gegenständlichen wie sozialen Umwelt. Vielfältige Gelegenheiten zum Spielen bieten sich während der Wachzeiten des Kindes an, beispielsweise während des Wickelns und Badens. Viele Säuglinge beschäftigen sich bereits bis zu einer Viertelstunde damit, interessante Gegenstände intensiv zu untersuchen. Dazu genügt es, den Kleinen ungefährliche und unzerbrechliche Gegenstände aus dem Haushalt zu geben, für die das Kind Interesse zeigt und die es ruhig in den Mund nehmen kann. Käufliches Spielmaterial in diesem Alter ist nicht unbedingt notwendig. Vieles kann leicht und preiswert selbst hergestellt werden, z. B. ein Mobile für den Wickeltisch oder eine einfache Stoffpuppe. Sinnvoll ist eine Spieluhr, die das Kind in einem abendlichen Ritual in den Schlaf begleitet und ihm dadurch Geborgenheit vermittelt.

Die Rolle des Erwachsenen: Die Anteilnahme der Eltern am Erkunden der Säuglinge, „Kuckuck-Da!"-Versteckspiele und das Singen in Sprache, Melodie und Rhythmus einfacher, durch Bewegung unterstützter Kinderlieder wie „Hoppe-Reiter" fördern die vertrauensvolle und innige Beziehung zwischen Eltern und Kind, ermöglichen dem Kind Orientierung und helfen ihm dabei, sich zunehmend zielgerichtet zu verhalten und Selbstwirksamkeitserfahrungen zu machen. Beinahe jede sinnliche Erfahrung eines Säuglings findet im Kontext einer Beziehung statt, die ihr eine zusätzliche Bedeutung gibt.

> „Nahezu an allen emotionalen Erfahrungen sind Personen beteiligt, von denen es für sein Überleben zur Gänze abhängig ist und die für es sorgen – wobei die Qualität dieser Fürsorge von intensiver Anregung bis zu fast vollständiger Vernachlässigung reichen kann" (Greenspan/Shanker 2007, 63).

Vom zweiten bis fünften Monat „verliebt" sich das Baby in seine Bezugspersonen und zeigt dies durch strahlendes Lächeln und Anschmiegen. Gleichzeitig macht das Kind die wiederkehrende Erfahrung, dass es selbst etwas bewirken kann, es erfährt Selbstwirksamkeit. Wenn diese Bedingungen gegeben sind, macht das Kind große Fortschritte in seiner senso-motorischen, sprachlichen und kognitiven Entwicklung. Es kann seine motorischen Fähigkeiten immer besser koordinieren und setzt sie zielgerichtet ein. Wichtigster Antriebsmotor ist dabei der Versuch,

- aktiv Nähe und Kontakt zu den Bezugspersonen herzustellen,
- neue und interessante Objekte zu erreichen und zu explorieren.

Soll das Interesse des Kindes geweckt werden, müssen Reize und sinnliche Eindrücke für das Kind angenehm sein. Kinder sind von Geburt an neugierig und brauchen Anregungen. Vollkommen neue, unbekannte Gegenstände sind für Kinder aber nur attraktiv, wenn sie „zusammen mit einem dem Kinde nahestehenden Erwachsenen in Erscheinung treten, der mit diesem Gegenstand vor den Augen des Kindes hantiert und dabei spricht" (Èl'konin 2010, 229). Dabei sind Babys in den ersten Lebensmonaten abhängig von der Fähigkeit der Bezugsperson, sich stimmlich, mimisch und gestisch einzustellen auf ihre individuelle Wesensart und auf ihre Art, die Welt bevorzugt wahrzunehmen. Èl'konin beschreibt unter Hinweis auf ältere Studien, dass sich die Entwicklung des Greifens sowie die Entwicklung der Fähigkeit zum spielenden Explorieren, d. h. zum Betrachten und Manipulieren (drehen, schütteln, „rasseln" usw.) verzögert, wenn Kinder nur wenig Zuwendung erfahren: „In solchen Fällen sind die Kinder stundenlang untätig und finden sich mit Daumenlutschen sowie monotonen Schaukelbewegungen des Körpers ab" (Èl'konin 2010, 227; auch Brazelton/Greenspan 2002, 12–15). Neue Fertigkeiten entwickeln sich am besten durch direkte, liebevolle Interaktionen mit dem Kind.

> „Es sehnt sich so sehr nach Ihrem Anblick, dass es seinen Körper anspannt und lernt, seine Muskeln einzusetzen, um Sie besser hören zu können. Es wendet sich dem Klang Ihrer Stimme zu, weil es herausfinden möchte, woher diese aufregenden Töne kommen. (…) Es fühlt sich angespornt, diese neuen körperlichen Fähigkeiten einzuüben, weil es sich leidenschaftlich für Sie und die Welt, die Sie ihm zeigen, interessiert" (Greenspan 2001, 64 f.).

In diesem Alter finden sich erste absichtsvolle Interaktionen: Ein Baby lächelt, um ein Lächeln zurückzubekommen, stößt (Glücks-)Laute aus, um Laute zurückzubekommen, greift nach der Nase seiner Mutter, um eine Reaktion hervorzulocken usw. Die neu erlernte Logik wird stufenweise auf die räumliche Welt übertragen und wirkt sich auf motorisches Planen aus: Die Rassel fällt zu Boden, das Baby folgt ihr mit den Augen, lässt sie wieder fallen usw. Hieraus entwickelt sich ein zunehmender Realitätssinn und ein intuitives Verständnis für Kausalität und Logik. Das Kind versteht, dass nicht nur seine eigenen, sondern auch Handlungen anderer Menschen absichtsvoll sind und nicht zufällig geschehen.

Das gemeinsame Spiel von Eltern und Kind anregen

Säuglinge sind in der Regel sehr neugierig und untersuchen Gegenstände mit großer Aufmerksamkeit und Intensität. Um die Kleinen anzuregen und ihnen eine Freude zu machen, ist es nicht zwingend notwendig, Spielsachen zu kaufen. Eine schöne Anregung ist es, wenn die Erzieherinnen im Vorraum selbst angefertigte Spieldinge aus Natur- und Alltagsmaterialien ausstellen und an Elternnachmittagen oder in offenen Treffs wie Elterncafés o. Ä. Gelegenheiten zum Herstellen dieser Spielmaterialien bieten. Beispiele hierfür sind:

- Mobiles für den Wickeltisch oder das Kinderbett
- einfache Rasseln aus Alltagsmaterial
- Schmusekissen, -tücher
- Lumpenpuppen oder Stoffbälle aus gebrauchten weichen Kleidungsstücken etc.

Solche Anregungen können turnusmäßig wiederholt und dem Alter entsprechend angepasst werden. Außerdem kann eine kleine bebilderte Ausstellung zeigen, welche Alltagsmaterialien sich zum Spielen eignen, z. B. Plastikschüsseln, unzerbrechliche Schraubgläser oder Flaschen mit Deckel, Kochlöffel, usw.

Krabbelkinder

6 bis 12 Monate: Ein Baby im Alter von sechs Monaten zeigt bereits deutliche Autonomiebestrebungen und möchte zunehmend selbsttätig werden. Dabei exploriert es seine Umgebung aufmerksam und nichts ist vor ihm sicher. Das Sprachverständnis ist enorm vorangeschritten. Auch wenn es selbst noch kaum verbale Sprache verwendet, kann das Krabbelkind sehr gut mimisch und gestisch kommunizieren. Es zeigt zum Beispiel auf Gegenstände, die es interessieren oder die es haben möchte, und entwickelt oft schon einen deutlichen Sinn für Spaß und Humor. Das Kind versteht bereits kleine Aufforderungen und Bitten und spielt mit Freude erste Gib-und-Nimm-Spiele. Gerne betrachtet es zusammen mit Erwachsenen interessante Gegenstände und erste Bilderbücher oder schaut mit ihnen zum Fenster hinaus, wo es spannende Sachen wie die Katze des Nachbarn, die orangefarbene Müllabfuhr oder ein Feuerwehrauto zu entdecken gibt.

Alterstypische Spielformen: Weiterhin beschäftigt sich das Krabbelkind mit Funktions- und Explorationsspielen. Es wiederholt unverdrossen und vergnügt den Effekt, den es selbst herbeigeführt hat, und lernt, Dinge auf diese Weise zu beherrschen (mastery play) (Oerter 2010). Sand-, Riesel- und Wasserspiele eignen sich hierfür bestens, denn dabei macht das Krabbelkind Erfahrungen des Ausleerens, Eingießens und Umschüttens. Davon können viele Kinder gar nicht genug bekommen. Es bereitet Kindern sichtlich Freude, bedeutet aber auch ernsthafte Arbeit, mit Armen und Beinen sowie den Fingern Bewegungen auszuführen, die nicht reflexhaft und willkürlich sind, sondern das Resultat bewusster Anstrengung. Noch immer zeigt das Kind darum lebhaftes Interesse an Finger- und Bewegungsspielen, auch Versteckspiele lieben Krabbelkinder nach wie vor. Sie lernen dabei auch, den sogenannten Erregungszirkel zu genießen. Das heißt, sie erwarten den Höhepunkt des Reims oder Lieds mit Vorfreude und Spannung und genießen dessen Auflösung sichtlich. Oft signalisieren Kinder gleich danach den Wunsch nach Wiederholung.

Die Rolle des Erwachsenen: Es ist ein Grundbedürfnis aller Kinder, vielfältige, abwechslungsreiche und gemeinsame Erfahrungen mit vertrauten Menschen zu machen und sich über diese Erfahrungen auszutauschen. Werden ihnen diese Möglichkeiten nicht, nur sehr eingeschränkt oder einseitig geboten aus welchen Gründen auch immer, „kann sich kaum ein innerlich reiches, weil vielfältiges Wissen bilden, das zur Basis wird, unterschiedliche Lebenssituationen genau erkennen, unterscheiden und benennen zu können. Eine Feinabstimmung bleibt aus und das wechselseitige Erschließen und Erkennen von Gefühlen und Gedanken anderer Menschen kann nicht oder nur sehr undifferenziert entstehen" (Müller 2008, 83). Weiterhin besteht also die Hauptaufgabe der Eltern darin, ihrem Kind als verlässliche und verständnisvolle Bezugsperson zur Seite zu stehen und sich aufgeschlossen und interessiert seinen Erfahrungen und Bedürfnissen zuzuwenden.

Die meisten Klein- und Krabbelkinder haben einen großen natürlichen Bewegungsdrang. Ausreichende Bewegung im Freien fördert die Körperbeherrschung und den Gleichgewichtssinn, sorgt für eine gute Sauerstoffversorgung der Muskulatur und regt das kindliche Immunsystem an. Manchen Krabbelkindern kann es bei Bewegungs- und Tobespielen wie „Engelchen flieg" nicht lebhaft und wild genug hergehen, während andere Kinder diese „Spiele" eher meiden, anfangen zu weinen und sich ängstlich zurückziehen. Besonders letztere Kinder benötigen liebevolle Unterstützung und Anregung. Beschämung, Ausgelacht-Werden oder enttäuschter Rückzug der Eltern verstärken hingegen Angst und Ablehnung tendenziell, statt den Kindern Freude am gemeinsamen Spiel zu ermöglichen.

Viele Eltern meinen es besonders gut mit ihren Kindern und möchten alles „besser machen" als die eigenen Eltern. Sie sind der Überzeugung, ihre spielenden Kinder durch keine Vorschriften einschränken und bevormunden zu dürfen, und lassen sie kommentarlos gewähren. Dabei ist zu beachten, dass Kinder freie „Tobezeiten" eine Zeit lang zwar genießen, andererseits mit einer schrankenlosen Freiheit völlig überfordert sind. Es macht ihnen Angst und überfordert ihre Fähigkeit, sich selbst zu regulieren, wenn sie sich zu lange selbst überlassen bleiben und keine schützenden Grenzen erfahren. Kleine Kinder haben noch kein Gespür dafür, wann ihre psychischen und physischen Grenzen erreicht sind und eine ruhige, stillere Beschäftigung ihnen gut tun würde. Dann sind sie zwar möglicherweise seelisch erschöpft, drehen paradoxerweise aber immer noch mehr auf. Ihre Aktionen werden zunehmend laut und chaotisch, bis die Kinder schließlich physisch und psychisch dekompensieren. In diesem Stadium agieren sie destruktiv, man kann ihnen nichts mehr recht machen, vor Zorn und Erschöpfung beginnen sie laut zu weinen und sind kaum noch zu beruhigen.

> Aufgabe des Erwachsenen ist es, Überforderungssituationen rechtzeitig zu bemerken und ruhigere Spielphasen einzuleiten, also das Kinderspiel behutsam zu führen. Kinder reagieren darauf in der Regel dankbar und beruhigen sich schnell, denn ein solcher Schutzraum hilft ihnen, ihre Energie und Aufmerksamkeit neu zu bündeln.

Das richtige Maß an Anleitung, Lenkung und Freiheit muss bei einem Kind zu unterschiedlichen Zeiten immer wieder neu durch Ausprobieren und einfühlsames Beobachten justiert werden. Es kann nicht nach Art eines Rezepts vorgegeben oder gar verordnet werden.

Das gemeinsame Spiel von Eltern und Kind anregen

Als Anregung für junge Eltern erstellt die Erzieherinnen z. B. eine Sammlung von Fingerspielen und einfachen Kinderliedern, die in der Krippe üblicherweise gespielt und gesungen werden. Ergänzt mit Anleitungen für begleitende Bewegungen und einfachen Illustrationen wird sie den Eltern bei der Anmeldung oder beim Eintritt des Kindes in die Einrichtung überreicht. Dies ist relativ unproblematisch und wird nicht als Übergriff empfunden, wenn es sich beim Überreichen um eine ritualisierte Gabe für alle Eltern handelt. Eine besonders nette und persönliche Geste ist es, wenn das kleine Kind nach einigen Wochen beim Singen und Spielen mit der vertrauten Erzieherin fotografiert oder gefilmt wird und die Eltern eine CD mit den Aufnahmen bekommen. So haben sie gleichzeitig ein für sie anstrebenswertes Vorbild zur konkreten Durchführung oder zur sprachlichen Gestaltung erhalten und erleben, wie freudig ihr Kind auf derartige Spiele reagiert. Vorsicht ist jedoch insbesondere dann geboten, wenn Eltern noch sehr unsicher in ihrer Beziehung zum Kind und den Erzieherinnen sind. Es kann sein, dass sie sich von derartigen Vorschlägen und Vorbildern überwältigt und beschämt fühlen. Dagegen hilft, das Geschenk bereits beim Eintritt anzukündigen und das Überreichen wiederum zu einem Ritual zu machen.

> **Aufgabe:** Legen Sie sich eine Sammlung alter und neuer Fingerspiele und Kinderreime an. Quellen hierzu finden sich im Internet, z. B. unter kleinesweb.de. Lernen Sie ein paar davon auswendig und erproben Sie sie zuerst allein, dann mit kleinen Kindern. Wenn Sie es sich zutrauen, gerne auch im Beisein der Eltern. Wie geht es Ihnen damit? Es ist vollkommen normal und nichts Ungewöhnliches, wenn Sie das anfänglich Überwindung kostet.

Viele Menschen finden es zunächst peinlich und ungewohnt, sich mit Fingerspielen und Kinderreimen abzugeben und können kein Vergnügen daran finden, mehrmals hintereinander Kinderverse wie „Himpelchen und Pimpelchen" aufzusagen und mit Bewegungen zu untermalen. Auch der kindliche Wunsch nach mehrfacher Wiederholung der immer gleichen Spiele kann Unlustgefühle und Gereiztheit bei Erziehern und Eltern auslösen.

> **Aufgabe:** Sprechen Sie mit Kommilitonen darüber, wie man jungen Eltern eventuell die oben beschriebene Scheu ein wenig nehmen könnte, sich mit ihren Babys und Kleinkindern entwicklungsgemäß zu beschäftigen. Sammeln Sie Vorschläge und heften Sie diese bei Ihrer Sammlung von Fingerspielen ab.

Wie Kleinkinder tun „als ob"

12 bis 18 Monate: Das Kleinkind hat mittlerweile gelernt, frei zu stehen und es kann selbstständig laufen. Es hat außerdem gelernt, wechselseitig zu kommunizieren. Das heißt, auch wenn es nur wenige Wörter spricht, kann es mithilfe stets komplexer werdender Gesten und Laute mit „seinen" Menschen zunehmend besser lange Dialoge führen. Diese neue Fähigkeit befähigt Kinder, ein elementares Gefühl von Intentionalität herauszubilden: Kinder bekommen ein Gefühl dafür, wer sie sind und wie Dinge und Ereignisse logisch miteinander zusammenhängen (Greenspan/Wieder 2001, 104–106). Kinder dieses Alters erkennen und verstehen unterschiedliche soziale Muster:

- **Emotionale Muster:** Sie wissen, was sie (nicht) wollen.
- **Handlungsmuster:** Sie wissen, wo ein bestimmtes Spielzeug seinen Platz hat und suchen dort danach. Sie können Türen öffnen und Schalter bedienen.
- **Visuell-räumliche Muster:** Ihre Konstruktionen gehen von der Höhe nun auch in die Fläche. Sie spielen jetzt zum Beispiel gerne mit der Holzeisenbahn und verlegen die Schienen, während sie zuvor nur Türme in die Höhe gebaut haben.
- **Stimmliche Muster:** Sie unterscheiden, mit welcher Stimmlage, welchen Gesten und welcher Mimik man die Aufmerksamkeit der Eltern gewinnt, ob und wann Papas Stimme lustig, genervt oder zornig klingt.
- **Soziale Muster:** Das Kind erkennt, ob Papa, Mama oder der Familienhund zum Spielen aufgelegt sind oder in Ruhe gelassen werden möchten.

Kinder lernen in diesem Alter auch, Schlussfolgerungen über sich selbst aus ihren Erfahrungen mit anderen Menschen abzuleiten. Kinder, die von ihren Bezugspersonen wenig Resonanz erfahren, bleiben unter Umständen in ihrem Selbstbild tendenziell unsicher und lernen nicht, wie man starke („negative") Gefühlen aushalten und trotzdem in Beziehungen bleiben kann. Dies kann sich in ohnmächtig destruktiver Aggression oder vermeidendem Rückzugsverhalten äußern (Greenspan 2001).

Alterstypische Spielformen: Auch im Kleinkindalter behalten die bisherigen Spielformen ihre Faszination, werden jedoch zunehmend durch neue Formen des Spiels ergänzt und teilweise abgelöst. Aufgrund ihrer sozialen Bedeutung sind hier vor allem das Symbol- und Rollenspiel zentral:

- **Konstruktionsspiel:** Zum Explorationsspiel kommen zunächst neu einfache, später zunehmend komplexe Bau- und Konstruktionsspiele hinzu. Kinder lernen schon früh, Türme in die Höhe zu bauen, und freuen sich, wenn sie umfallen. Später breitet sich ihr Spiel immer mehr flächig aus, um schließlich alle Dimensionen einzubeziehen. Voraussetzung dafür ist, neben grob- und feinmotorischen Fähigkeiten, die explorierend und experimentierend erprobt wurden, auch die Vorstellungskraft. Fröbel wies außerdem darauf hin, dass ein Kind, das Türme

baut und sofort wieder einstürzen lässt, damit möglicherweise die Erfahrung des häufigen Hinfallens und Wieder-Aufstehens beim Laufen lernen durchspielt.
- **Symbolspiel:** Mit Blick auf die Gedanken und Erkenntnisse von Piaget, der die kognitive Entwicklung von Kindern mit deren Spielverhalten in Verbindung brachte, ist die Entwicklung vom senso-motorischen Explorationsspiel zum Symbolspiel („Als-ob-Spiel") ein entscheidender Schritt und Meilenstein. Im Symbolspiel beginnen Kinder, wiederkehrende Geschehnisse aus dem Alltag, wie gefüttert werden, baden oder zu Bett gehen, nachzuspielen und fangen an, das Verhalten Erwachsener nachzuahmen. Dafür nutzen sie Gegenstände aus ihrem Umfeld, die sie für ihr Spiel umdeuten. So kann eine Schuhschachtel nacheinander ein Auto, eine Badewanne und ein Puppenbett darstellen. Das Symbolspiel ermöglicht Kindern, von der Wahrnehmung der konkreten Welt unabhängig zu werden und sich Dinge oder Ereignisse vorzustellen. Damit bedeutet das Als-ob-Spiel den Beginn des abstrakten Denkens, indem Gegenstände oder einfache Gesten benutzt werden, um Realgegenstände oder Tätigkeiten symbolisch anzudeuten. Zuvor war das Kind in seinen Gedanken und seiner Wahrnehmung auf das Hier und Jetzt angewiesen und beschränkt. Mit dem Symbolspiel beginnt die kindliche Fantasie zu entstehen – „vorher gibt es keine Fantasie" (Èl'konin 2010, 13). „Kommen noch Regel und Nachahmung hinzu" (ebd.), kann das kleine Kind sich Situationen und Gegenstände ausmalen, in der Erinnerung nachspielen oder vorausschauend vorwegnehmen. Gerade Letzteres befähigt Kinder zunehmend, mögliche Folgen von Handlungen vorherzusehen und probeweise durchzuspielen.

Die Rolle des Erwachsenen: Das Symbolspiel wird meist allein gespielt, bedarf aber der Aufmerksamkeit und Teilnahme durch einen vertrauten Erwachsenen, der Anregungen gibt und Vorschläge macht, ohne allerdings direktiv oder belehrend einzugreifen. Dem Erwachsenen und hierbei insbesondere den Eltern kommt hier und später beim Rollenspiel die Rolle des Spielpartners zu, die natürlich auch andere Kinder, z. B. Geschwister, einnehmen können. Zum (Rollen- und Symbol-)Spiel braucht ein Kind in erster Linie geeignete Vorbilder, die ihm als Modell für Nachahmung und als Anregung dienen. Vielen Kindern fehlt diese Möglichkeit, da sie aus alltäglichen Situationen ausgeschlossen sind, weil die Eltern sie zum Beispiel auffordern, für sich alleine im Kinderzimmer zu spielen.

Als Spielpartner ist es wichtig, sich vor allem auf das spielende Kind einzulassen. Partecke (2002) beschreibt anschaulich und praxisnah, wie eine förderliche Spielbegleitung in Kindertageseinrichtungen gestaltet werden kann, und begründet ein theoretisch wie praktisch fundiertes Spielkonzept, in dem das Rollenspiel als „Herzstück der Erlebniswelt" erörtert wird. Der Aspekt, sich vom Kind führen zu lassen und ihm die Möglichkeit zu geben, das Spiel zu lenken, um damit seine Wirksamkeit zu erfahren und seine Bedürfnisse zu befriedigen, findet sich außerdem besonders anschaulich in den Gedanken der Bodenzeit (floortime) wieder, wie sie von Greenspan und Mitarbeitern beschrieben wurde.

Aufgabe 1: Überlegen Sie, ob es Situationen gab, in denen Sie sich als Erwachsene in einem Kind oder dem Spiel einer Kindergruppe wiedererkannt haben. Erzählen Sie sich gegenseitig solche Erfahrungen. Worin liegen die Chancen, aber auch Begrenzungen und sogar Gefahren, wenn Erzieherinnen „ihre" Kinder als „Spiegel" erleben?

Aufgabe 2: Laden Sie die Broschüre „Kinderspiele – Anregungen zur gesunden Entwicklung vom Baby bis zum Kindergartenkind" der Bundeszentrale für gesundheitliche Aufklärung herunter (www.kinderspiele.info/). Lesen Sie Seite 8–9 und reflektieren Sie, welcher der beschriebenen „Spieltypen" Sie persönlich besonders anspricht und welcher Sie eher abstößt. Überlegen Sie in Kleingruppen, welche Berechtigung und Vorzüge jeder der Spieltypen für die kindliche Entwicklung hat. Worüber wären Sie möglicherweise besorgt? Entwerfen Sie Szenarien, wie sich diese Eltern möglicherweise am Spiel ihrer Kinder beteiligen werden.

Beachten Sie, dass es hier keineswegs darum gehen soll, Klischees zu bedienen oder holzschnittartige Typologien zu entwerfen. Ziel dieser Auseinandersetzung ist es, ein Gespür dafür zu bekommen, vor dem Hintergrund welcher Vorerfahrungen, Befürchtungen, Erwartungen und Handlungsmuster Eltern möglicherweise mit ihren Kindern umgehen. Was bedeutet dies für Ihre zukünftige Arbeit mit den Eltern?

Das gemeinsame Spiel von Eltern und Kind anregen

Bewegungsspiele im Freien: Die meisten Kinder lieben Bewegungsspiele im Freien. Eine gute Möglichkeit, Eltern mit ihren Kindern erfahren zu lassen, dass das Miteinanderspielen Freude macht und dabei nur wenig Aufwand benötigt, sind regelmäßig stattfindende Spielenachmittage, zu denen auch die Geschwister eingeladen werden können. Zum einen können dabei Spiele gespielt werden, die den Kindern aus der jeweiligen Einrichtung bereits vertraut sind. Besonders wertschätzend erleben es Eltern außerdem, vor allem wenn sie aus anderen Kulturkreisen kommen, wenn sie eingeladen werden, Spiele vorzustellen, die sie selbst in ihrer Kindheit gespielt haben. Aus diesen Spielen kann eine kleine bebilderte Handreichung erstellt werden, die als Gedächtnisstütze mit nach Hause genommen wird. Vorsicht ist jedoch dann geboten, wenn Eltern dazu neigen, ihre Kinder stets mit den Altersgenossen zu vergleichen, und enttäuscht sind, wenn das eigene Kind noch nicht mithalten kann. In diesem Fall sollte auf Wettspiele verzichtet und stattdessen kooperative Spiele gespielt werden, bei denen es ein gemeinsames Ziel zu erreichen gilt.

Ein wichtiges Element bei lebhaften Spielen ist das Beenden und „Herunterfahren" der Aktivität. Hier sollten die Erzieherinnen als Vorbild dienen und Eltern und Kindern nicht entlassen, ohne einige beruhigende Aktivitäten zum Schluss durchzuführen wie

- ruhige Spiele zur Wahrnehmungsförderung, z. B. Kimspiele,
- gemeinsam eine Kleinigkeit zu essen,
- einen Abschlusskreis, in dem blitzlichtartig erzählt wird, was besonders gut gefallen hat an diesem Nachmittag, oder in dem ein Abschiedslied gesungen wird.

Abb. 3.1: Womit spielen unsere Kinder in der Kita? Ein gemeinsamer Spielenachmittag gibt Auskunft

Spielzeug selber herstellen: Eine weitere Möglichkeit ist es, an gemeinsamen Nachmittagen, Spielzeuge herzustellen. Für ältere Kleinkinder eignen sich z. B. bebilderte Zeitschriften, möglichst aus hochwertigem Papier, aus denen Kinder gemeinsam mit ihren Eltern Bilder aussuchen und ausschneiden und Spiele wie Lotto, Domino, Memory oder eigene Bilderbücher gestalten zu Themen und Geschichten, die sie interessieren.

Väter könnten eingeladen werden, mit ihren Kindern zusammen aus Schuhschachteln „Murmelhäuser" zu bauen. Dazu werden aus leeren Schuhschachteln drei bis fünf bogenförmige Tore ausgeschnitten, durch die später Murmeln gerollt werden. Die Schachteln können gemeinsam beklebt oder bemalt werden. Natürlich sollte das selbst erstellte Spielzeug in der Einrichtung gemeinsam erprobt und bespielt werden, bevor es nach Hause genommen wird. Gerade für einkommensschwache Familien liegt hier eine Möglichkeit, pädagogisch wertvolles Spielzeug zu bekommen.

3.2 Wenn Kinder nicht richtig spielen können

Wichtige Bedingungen, die Voraussetzung und Einfluss auf das Spiel der Kinder darstellen, sind in der Spielumwelt zu finden. Diese setzt sich aus drei Teilaspekten zusammen:

- Spielumgebung
- Spielmittel
- Spielpartner

Spielumgebung: Die Spielumgebung des Kindes wird in erster Linie von Erwachsenen gestaltet, indem Anregungen, Sinneseindrücke und Erfahrungsmöglichkeiten bereitgestellt werden, die dem Entwicklungsstand und den Bedürfnissen, die damit verbunden sind, entsprechen sollten. Aber nicht nur Spielräume im Inneren sind zu beachten, auch außerhäusliche Aspekte der Spielumgebung tragen dazu bei, dass Kinder beispielsweise ausreichend Erfahrungen in der Natur machen können.

Spielmittel: Ein weiterer wichtiger Teil der Spielumwelt sind die in ihr enthaltenen Spielmittel. Genau genommen sind dies Spielmaterialien, z. B. Naturmaterialien, Spieldinge im Sinn von „Zeug zum Spielen" wie etwa Alltagsmaterialien und Spielzeug. Der Umgang mit Alltagsmaterial ist gerade im Hinblick auf die Entwicklung und Gestaltung von Symbolspielen bedeutsam, wird jedoch oft verhindert oder verboten. Gründe hierfür finden sich im Bemühen, Kinder vor Gefahren im Haushalt zu schützen, aber auch in einem übertriebenen Sauberkeits- und Ordnungsbedürfnis der Erziehungspersonen. Gerade Eltern, die als Kinder selbst in einer sterilen und wenig anregenden Umgebung aufwuchsen, in der vor allem Wert auf Sauberkeit und Ordnung gelegt wurde und ein restriktiver Erziehungsstil vorherrschte, fällt es manchmal schwer, ihren Kindern beispielsweise zu erlauben, Teppiche und Kissen zum Bauen von Höhlen und Versteckspielen, abgelegte Kleidung zum Verkleiden und In-Rollen-Schlüpfen oder Küchenmaterial als „Zeug zum Spielen" zu nutzen.

Spielpartner: Erwachsene gestalten die Umgebung und stellen Spielmittel zur Verfügung, sollten sich aber auch als Spielpartner zur Verfügung stellen. In dieser Rolle sollten sie dem Kind mit einer wertschätzenden, akzeptierenden und freudigen – feinfühlig-responsiven (Weiß 2007) – Grundhaltung gegenübertreten und die eigene Freude am Spiel deutlich machen, ohne allerdings das Spiel dominieren zu wollen. Dabei besteht die Gefahr, unbefriedigte Spielbedürfnisse ins Spiel zu tragen, die dem gelingenden Spiel des Kindes im Wege stehen. Geht man beispielsweise bei sozial benachteiligten Familien davon aus, dass viele Eltern bereits unter ähnlichen Bedingungen aufgewachsen sind wie ihre Kinder, kann man vermuten, dass oben genannter Fall häufig zutrifft und Eltern zunächst eigene Spielerfahrungen nachholen müssen, um ihre Spielfähigkeit (wieder neu) zu entdecken, bevor sie sich auf das Spiel mit ihren Kindern einlassen können (Weiß 2007). Außerdem kann es durchaus sein, dass Eltern aufgrund der Vielzahl an Sorgen und Belastungen nicht in der Lage sind, sich angemessen auf das Spiel mit ihrem Kind einzulassen. Dadurch bedingt sich wiederum ein mögliches Nicht-Spielen-Können von Kindern.

Verlangsamte Spielentwicklung

Spielformen: Kurz vor Schuleintritt zeigt ein Kind in der Regel nicht nur exploratives Spielverhalten – etwa in der Form, dass es alles zuerst in den Mund nimmt –, sondern auch Spielverhalten mit symbolischem und Konstruktionscharakter. Das Fehlen dieser Spielformen zeigt sich unter anderem in stereotypen und manipulativen Verhaltensweisen: Ein Kind stellt beispielsweise Autos oder Tiere lediglich in Reihen auf und spielt nicht mit ihnen „Autofahren", „Zoo", „Bauernhof" oder Ähnliches. Dies ist z. B. bei autistischen und wahrnehmungsgestörten Kindern häufig zu beobachten. Bei einem Kind dieses Alters kann man davon ausgehen, dass es auf Basis der Erfahrungen im Explorationsspiel in der Lage ist, sich selbst eine Welt zu konstruieren und im Symbolspiel darzustellen. Das Kind sollte daher zu einem gewissen Grad über Vorstellungsfähigkeit und Fantasie verfügen und nicht planlos an Spiel- und Konstruktionsmaterial herangehen.

Ausdauer und Konzentration: Kinder in diesem Alter können in der Regel mit Ausdauer und Konzentration bei der Sache bleiben. Ein Alarmzeichen ist es darum, wenn ein Kind im Spiel ständig von einer Handlung in die nächste springt, ohne je konzentriert im Spiel zu versinken. Tun sich Kinder damit schwer, ist damit zu rechnen, dass es ihnen auch bei schulischen Aufgaben möglicherweise Schwierigkeiten bereitet, sich auf eine Sache aufmerksam und konzentriert einzulassen. Daher ist „richtiges Spielen" auch wichtig im Hinblick auf eine allgemeine Arbeitshaltung und die Fähigkeit, sich etwas zuzutrauen.

Gemeinsames Spielen: Mit anderen zusammenzuspielen, nimmt eine wichtige Sozialisationsfunktion ein. „Nicht richtig" spielen zu können, bedeutet in diesem Alter deshalb auch, dass ein Kind wenig bis kein Interesse am Spiel mit anderen Kindern oder mit Erwachsenen zeigt. Gerade dies wird von Eltern und Erzieherinnen nicht immer bemerkt, da es zunächst ein positives Merkmal ist, wenn ein Kind sich gut alleine beschäftigen kann. Bis zu einer gewissen Grenze ist das auch richtig, denn natürlich sollten Kinder im Schuleintrittsalter für sich alleine spielen können. Sie sollten allerdings auch am gemeinsamen Spiel Freude haben, zum Beispiel am sozialen Rollenspiel, das sich aus dem Symbolspiel über das Parallelspiel entwickelt. Kinder, die keine Gelegenheit oder kein Interesse am sozialen Rollenspiel haben, tun sich möglicherweise schwerer als andere Kinder damit, soziale Kompetenzen wie Einfühlungsvermögen und Hilfsbereitschaft aufzubauen, und haben nur eingeschränkt die Möglichkeit, sich selbst und ihre Verhaltensweisen dem anderen gegenüber wahrzunehmen und gegebenenfalls anzupassen. Darum ist es ein Alarmzeichen, wenn Kinder daran nicht teilnehmen wollen oder können.

Gemeinsames Spiel sollte außerdem in Form von Regelspielen möglich sein. Einen wichtigen Schritt in der Entwicklung stellt das Annehmen und Sich-Orientieren an Normen und Regeln dar. „Nicht richtig" wäre es daher, wenn ein Kind kurz vor Schuleintritt nicht fähig wäre, sich an Regeln zu halten, und darauf bestehen würde, dass diese seinen Vorteilen entsprechend geändert werden und es sich andernfalls kategorisch weigert weiterzuspielen oder das Spiel in einem Wutanfall verlässt oder zerstört.

Spielentwicklung und allgemeine Entwicklung: Zeigen Kinder nicht alle alterstypischen Erscheinungsformen des Spiels, sollte dies nicht defizitär als ein Nicht-Können, sondern vielmehr als ein Noch-nicht-Können betrachtet werden. Untersuchungen zeigen, dass die meisten Kinder entsprechende Spielniveaus zu späteren Zeitpunkten erreichen, ihre Spielentwicklung also gegenüber anderen Kindern nur verlangsamt ist. Es kann also zusammenfassend dargestellt werden, dass das Spiel und somit das „Richtig-Spielen-Können" in dem Sinne, dass sich die Spielfähigkeit im Laufe des Alters entwickeln sollte, eng in Zusammenhang mit der allgemeinen Entwicklung des Kindes steht.

Die Entwicklung des kindlichen Spiels sowie seine Erscheinungsformen zeichnen sich durch eine im hohen Maß soziale Bedingtheit aus, das heißt, Spiel wird wesentlich durch soziale Faktoren beeinflusst. Diese Umweltbezogenheit lässt sich nur betrachten, wenn man den Kontext „soziale Benachteiligung" in den Blick nimmt.

3.3 Soziale Benachteiligung und Spiel

Sozial benachteiligte Kinder durchlaufen gegenüber nicht benachteiligten eine unterschiedliche Entwicklung ihres Spielverhaltens im sozialen, emotionalen, kognitiven und senso-motorischen Bereich. Insbesondere im sozialen Rollenspiel erreichen sie gegenüber nicht benachteiligten Kindern erst mit zeitlicher Verzögerung dasselbe Spielniveau. Sie verbalisieren weniger und wenn, dann um den Spielablauf zu dirigieren; sie spielen, vor allem auf der Ebene des Funktionsspiels, häufiger für sich allein. Sozial benachteiligte Mädchen tendieren häufiger als nicht benachteiligte Mädchen zum Konstruktionsspiel als zum sozialen Rollenspiel. Häufig erproben die Kinder Spielzeug zwar, gehen aber dann nicht über zum Fantasie- oder Konstruktionsspiel (Heimlich 1989, zusammenfassend 122–132). Heimlich u. a. vermuten aufgrund dieser Ergebnisse, dass sozial benachteiligte Kinder auch eine verzögerte kognitive (Spiel-)Entwicklung hinsichtlich des Problemlöseverhaltens durchlaufen. Vermutet wird außerdem, dass Kinder, deren Fähigkeit zum Fantasiespiel gering ausgeprägt ist, „nur über ein entsprechend niedriges Niveau der Vorstellungskraft und des Konzentrationsvermögens verfügen können" (a. a. O.).

Umfeldbedingungen und Spielentwicklung

Mögliche Ursachen für eine verzögerte Spielentwicklung sozial benachteiligter Kinder sind fehlende bzw. geringe Anregungen zum sozialen Rollenspiel sowie ein Fehlen geeigneter (älterer) Vorbilder, um Rollenspielfähigkeiten zu entwickeln. Diskutiert werden außerdem beengte Wohnverhältnisse, die häufig mit einer insgesamt anregungsarmen Umgebung einhergehen und auf der Seite der Eltern zu einem stärker autoritär-restriktiven Erziehungsverhalten führen, das die Bewegungsfreiheit der Kinder einengt. Ausgelöst durch die räumliche Enge und fehlende Spiel- und Lernmöglichkeiten durch angemessenes Spielmaterial und den Umgang mit erziehungsrelevanten Materialien und Werkzeugen wie Schere, Stifte und Papier haben Kinder wenig Gelegenheit und Veranlassung, neugierig und interessiert die Umgebung zu erforschen. Die beengte Wohnsituation bedingt außerdem oft eine hohe Menschendichte, die Aggression begünstigt, sowie eine andauernde Hintergrundstimulation etwa durch Fernseh- und Elektrogeräte, was sich wiederum nachteilig auf die Informationsverarbeitungsfähigkeit sowie die Aufmerksamkeitsspanne auswirken kann. In Haushalten mit weniger Hintergrundstimulation entwickeln Kinder laut älterer Studien eine bessere Informationsverarbeitung und eine breitere Aufmerksamkeitsspanne. Viele Kinder erleben im häuslichen Umfeld ein unberechenbares Schwanken zwischen abrupter intensiver Zärtlichkeit, Misshandlung, physischen Strafen, Vernachlässigung und Verwöhnung.

Hinsichtlich sozialer Benachteiligung lässt sich außerdem feststellen, dass pädagogisch wertvolle Spielmittel umso weniger vorhanden sind, je prekärer die ökonomische Situation ist. Es wird stattdessen oft Wert auf Statussymbole gelegt, wozu TV-Geräte oder Computer, aber auch ferngesteuerte Spielsachen zählen, die schließlich vielen Kindern als „Spielmittel" bzw. Beschäftigungsmöglichkeiten dienen. Erhöhter Medienkonsum kann zu eingeschränkter Fantasie und Gestaltungsfähigkeit im Spiel führen, was sich wiederum im „Nicht-Spielen-Können" ausdrücken kann. Untersuchungen ergaben zudem hinsichtlich der Spielmittel, dass in sozial benachteiligten Familien traditionelle Spielmittel wie Knet, Stifte und Papier oder Bauklötze häufig nur eingeschränkt zur Verfügung stehen. Hinzu kommt, dass viele dieser Kinder keinen Kindergarten besuch(t)en und deshalb auch nicht außerhalb der Familie Gelegenheit zum Kennenlernen dieser verschiedenen Spielmittel haben oder hatten. Dadurch fehlen ihnen wiederum vielfältige Erfahrungen, was sich im (späteren) Umgang darin zeigt, dass Kinder verunsichert sind bzw. zunächst auf eher explorative und manipulierende Weise mit entsprechendem Material umgehen und nicht „richtig" damit spielen können.

All diese Bedingungen im Umfeld vieler Kinder, die in benachteiligenden Lebensumständen aufwachsen, prägen durch den Individuum-Umwelt-Zusammenhang nachhaltig die Spieltätigkeit und deren Ausgestaltung. Deutlich wird dies unter anderem durch die Eigenschaft des Spiels, eine geringe Durchsetzungsfähigkeit gegenüber anderen Verhaltenstendenzen zu haben: Wenn aufgrund der gegebenen Bedingungen andere Tätigkeiten oder Bedürfnisse in den Vordergrund treten, tritt das Spiel zurück. Spiel ist demnach keinesfalls voraussetzungslos: Nur wenn ein Kind Sicherheit, Geborgenheit und Vertrauen fühlt, spielt es.

Neben den psychischen Voraussetzungen müssen auch physische Bedürfnisse gestillt sein wie genügend Nahrung, Wärme, Pflege und Schutz. Leben in sozialer Benachteiligung bedeutet dagegen oft eine ungesicherte Lebenslage, unsichere Familienverhältnisse, das Erleben von Angst, Hunger, Durst und Aggression an Stelle befriedigter Grundbedürfnisse. Gerade im Hinblick auf die Bindungstheorie (→ Kap. 2) kommt der damit verbundenen sicheren Bindung als wesentliche Basis für Exploration und somit auch Spiel eine entscheidende Rolle zu. Greenspan bestätigt diesen Gedanken, indem er als eine der ersten Wegmarken des Kindes den Aufbau von Nähe und Intimität nennt, welche die Grundlage für höhere Formen des Lernens (auch im Spiel) darstellt. Geht man folglich davon aus, dass in sozial benachteiligten Familien aufgrund einer Vielzahl an Belastungen und erschwerenden Faktoren, eine wesentliche Voraussetzung für das Spielen nur bedingt gegeben ist, so können diese Bedingungen als Hauptursache für ein „Nicht-Spielen-Können" angesehen werden.

Aufgabe 1: Erinnern Sie sich noch daran, womit Sie als Kinder besonders gerne und oft gespielt haben? In Kapitel 7 des Kinderbuchklassikers Momo von Michael Ende bekommt das Mädchen Momo eine naturgetreue, sprechende Puppe und versucht, mit ihr zu spielen. Überlegen Sie, ob ähnliche „Spielsachen" auch in „Ihrer" Einrichtung Kinder möglicherweise am Spielen hindern. Nehmen Sie sich Kataloge und Prospekte von Spielzeugherstellern für Kitas vor und analysieren Sie deren Angebot im Hinblick auf pädagogisch sinnvolles Spielzeug.

Aufgabe 2: Tauschen Sie sich in Kleingruppen darüber aus, wie man mit Eltern ins Gespräch kommen könnte über a) die Gestaltung der Spielumgebung, b) die Bedeutung von Vertrauen und Sicherheit für die kindliche Entwicklung, c) die Wichtigkeit der elterlichen Beteiligung am Spiel.

4 Zusammenarbeit mit Eltern in schwierigen sozialen Lagen

Hans Weiß

In Deutschland wie in anderen vergleichbaren Ländern vollzieht sich seit Jahrhunderten ein Prozess der Verlagerung von ursprünglich familiären Erziehungs- und Bildungsaufgaben auf öffentliche Einrichtungen wie Kindertageseinrichtungen und Schulen. Er setzt sich auch gegenwärtig mit dem Ausbau der Krippenerziehung fort. Dazu tragen ökonomische und gesellschaftliche Ziele bei: Familien und speziell Mütter mit kleinen Kindern sollen Kindererziehung und Erwerbsarbeit leichter miteinander vereinbaren können und die Bildungschancen von Kindern aus sozial benachteiligten Familien sollen verbessert werden.

Trotz dieser Entwicklung darf der grundlegende Beitrag von Familien zur Förderung frühkindlicher Lern- und Bildungsprozesse auch heute nicht unterschätzt werden.

> Die Familie bleibt ein „Ort der Bildung" (Wissenschaftlicher Beirat 2005, 13) und sollte, wo erforderlich, gestärkt werden. Familien und Kindertageseinrichtungen ergänzen sich in ihrer Erziehungs- und Bildungsfunktion wechselseitig, weil Eltern und Erzieherinnen ihre Beziehungen zu Kindern und ihr Erziehungsverhalten unterschiedlich – elternspezifisch und fachpersonspezifisch – gestalten (Ahnert 2007).

Daraus ergibt sich die Notwendigkeit, familiäre und öffentliche Erziehung und Bildung möglichst intensiv miteinander zu verbinden. In Anlehnung an die britischen Early Excellence Centres wird dies auch in Deutschland in „Häusern für Kinder und Familien" oder „Familienzentren" mehr und mehr praktiziert. Kindertageseinrichtungen öffnen sich und bieten sich als Begegnungszentren für Eltern und Familien an, damit diese gemeinsam etwas unternehmen, Erfahrungen austauschen oder auch Beratung erhalten können.

Unterstrichen wird die Bedeutung einer möglichst intensiven Kooperation von familiärer und öffentlicher Erziehung und Bildung durch eine sozialökologische Sichtweise der kindlichen Entwicklung (Bronfenbrenner 1981): In dem Maße, in dem die Lebenswelten eines Kindes wie Familie und Kindertageseinrichtung sowie die Übergänge zwischen diesen Lebenswelten für das Kind miteinander vereinbar sind, erhöht sich das entwicklungsfördernde Potenzial dieser Lebensbereiche (Bronfenbrenner 1981, 199 ff.).

4.1 Frühe Bildung und Förderung mit den Eltern

Aus nationalen und internationalen Studien ist bekannt, dass schwierige Umweltbedingungen, vor allem Armut und soziale Benachteiligung, einen deutlich hemmenden Einfluss auf die kognitive und emotionale Entwicklung davon betroffener Kindern haben. So ist familiäre Armut ein „zentraler Risikofaktor" für eine optimale Entwicklung (Holz u. a. 2006, 8). Auch treten bei Kindern mit einem niedrigen Sozialstatus häufiger biologische Risiken wie Frühgeburtlichkeit, niedriges Geburtsgewicht, Komplikationen vor, während und nach der Geburt, Fehlernährung und ein belasteter Gesundheitszustand auf als bei Kindern aus besser gestellten Familien (Lampert/Richter 2010; auch KiGGS-Studie des Robert-Koch-Instituts). Ebenso weisen in den landesweiten Einschulungsuntersuchungen Brandenburgs „Kinder aus sozial benachteiligten Familien (…) dreimal häufiger frühförderrelevante Befunde auf als Kinder aus Familien mit mittlerem oder hohem Sozialstatus" (MASGF 2007, 58). Dazu gehören:

- Sprach- und Sprechstörungen
- Intellektuelle Entwicklungsverzögerungen
- Einschränkungen im Seh- und Hörvermögen
- Wahrnehmungs- und psychomotorische Störungen
- Zerebrale Bewegungsstörungen sowie emotionale und soziale Störungen
  (MASGF 2007, 57)

Diese auch international bestätigten Zusammenhänge sind in ihrer Bedeutung nicht zu unterschätzen. So kommt der Schweizer Kinderarzt Largo aufgrund der Befunde aus der Züricher Längsschnittstudie zu dem Schluss: „Der sozioökonomische Status bestimmt die intellektuelle Entwicklung weit mehr als sämtliche derzeitig erfassbaren pränatalen und perinatalen Risikofaktoren" (1995, 17). Ähnlich deutlich formuliert die US-amerikanische Armutsforscherin Farah: „Nirgends waren die Unterschiede (zwischen niedrigem und mittlerem sozialem Status; H. W) dramatischer als im Bereich der kindlichen Entwicklung (Farah u. a. o. J., 2). Bereits bei sechsjährigen US-amerikanischen Kindern, die in Armutsverhältnissen aufwachsen, ist mit einem Durchschnitts-IQ von 81 die kognitive Entwicklung verzögert.

Diese erschreckenden Befunde fordern heraus, nach Handlungsmöglichkeiten zu fragen, um Entwicklungsgefährdungen bei Kindern aus deprivierten Lebensverhältnissen präventiv begegnen zu können. Hier ist noch einmal auf die Bedeutung der Zusammenarbeit zwischen den Eltern/Familien und den öffentlichen Erziehungs- und Bildungseinrichtungen hinzuweisen. Die zahlreichen Studien zur Wirksamkeit früher Bildung und Förderung gerade bei entwicklungsgefährdeten Kindern aus sozial benachteiligten Lebenslagen zeigen, dass solche Angebote dann wirksam sind, wenn sie

- frühzeitig einsetzen,
- breit angelegt sind,
- die Lebenssituation der Kinder verbessern,
- Kindern Sicherheit und verlässliche Beziehungen zu (erwachsenen) Bezugspersonen ermöglichen (Klein 2002, 70).

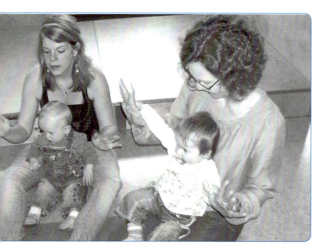

Abb. 4.1: Werden Eltern in Förderangebote einbezogen, wirken diese nachhaltiger

Besonders der Einbezug der Eltern in solche Förderangebote erhöht die Intensität und Nachhaltigkeit der Förderung. So wurden im Perry Preschool Project in Ypsilanti, USA, 58 afro-amerikanische Kinder aus ärmeren Familien mit einem hohen Risiko, in der Schule zu versagen, in einem Kindergarten speziell gefördert. Im Vergleich zu einer etwa gleich großen Kontrollgruppe mit „normaler" Kindergartenförderung wiesen diese Kinder später bessere Schulleistungen, weniger Schulabbrüche sowie geringere Sonderschulbesuchsquoten auf, und sie waren mit 40 Jahren häufiger erwerbstätig und weniger straffällig geworden. Was das Perry Preschool Project vor allem auszeichnete, war neben kleineren Gruppen eine intensive Zusammenarbeit mit den Eltern in Form von wöchentlich 90-minütigen Hausbesuchen. Der amerikanische Nobelpreisträger für Wirtschaft James Heckman, der die Langzeitwirkungen dieses Projekts nochmals untersuchte, sagte dazu:

> „Es gab noch etwas anderes, was vielleicht das Wichtigste war: Einmal pro Woche kam die Erzieherin in jede Familie nach Hause. Sie hatte neunzig Minuten, um mit jeder Mutter über die Entwicklung ihres Kindes zu reden. Da konnten sie viel vermitteln, denke ich. Und wenn eine Mutter dann kapiert, wie wichtig das Vorlesen ist, wenn sie ihr Kind danach vielleicht besser motivieren kann, profitiert das Kind davon" (in Berth 2008).

Die Schlussfolgerung kann in ihrer Bedeutung nicht hoch genug herausgestellt werden: Wenn Kindertageseinrichtungen gerade mit sogenannten bildungsfernen Eltern und Familien intensiv zusammenarbeiten, „die Erziehung und Bildung in der Familie unterstützen und fördern" (§ 22 SGB VIII) – auch dadurch, dass Eltern in das Bildungs- und Fördergeschehen einbezogen werden –, wirkt sich dies auf die Entwicklungs- und Bildungschancen der Kinder positiv aus.

Dem steht jedoch bei pädagogischen Fachkräften nicht selten eine eher skeptische bis resignative Einschätzung gegenüber: Gerade diese Familien hätten weniger Kontakt zu Krippen oder Kindergärten und gelten als „hard-to-reach parents" (Henderson/ Mapp 2002). Einige der möglichen Gründe dafür seien kurz vorgestellt.

4.2 Spannungspotenziale und Differenzen in der Zusammenarbeit

Generell ist von unterschiedlichen Perspektiven, Erfahrungen und Wahrnehmungen von Eltern und Fachpersonen auszugehen. Eltern nehmen ihr Kind aus ihrer elterlichen Wirklichkeit wahr, Fachleute hingegen aus einer primär professionellen. Letztere ist zeitlich begrenzt – alltäglich und auch insgesamt. Die elterliche Wirklichkeit ist letztlich unbegrenzt, auch wenn sie sich in verschiedenen Lebensphasen wandelt. Allein dies bedingt Unterschiede in der Wahrnehmung und im Erleben. Daraus können, was normal ist, Spannungen entstehen, mit denen möglichst produktiv umzugehen ist. Daher kann die Zusammenarbeit zwischen Eltern und Fachleuten spannungsvoll und spannend sein.

> **Aufgabe:** Diskutieren Sie in Ihrer Lerngruppe: Wie erleben Eltern ihr Kind und ihre Beziehung zu ihm? In welchem Verhältnis stehen Erzieherinnen zu den ihnen anvertrauten Kindern? Wo bestehen Unterschiede und mögliche Spannungspotenziale?

Unterschiedliche individuelle Erfahrungen: Eltern wie auch Fachleute haben in ihrer eigenen Lebensgeschichte ganz individuelle Erfahrungen vielleicht auch mit nur bedingt gestillten Bedürfnissen in ihrer Herkunftsfamilie gemacht. Fachpersonen verfügen möglicherweise auch über Erfahrungen mit eigener Mutter- oder Vaterschaft. All diese Erfahrungen wirken nach. Problematisch für die Zusammenarbeit können sie werden, wenn Fachleute ihre Vorstellungen von „guter" Elternschaft und Familie als nicht hinreichend reflektierte Erwartungen und Bewertungsmaßstäbe in die Kommunikation einbringen.

> „Aber manchmal ist es nicht leicht, Eltern in ihrem Sosein, in ihrem Gewordensein und ihren Lebensmustern mit offener Wertschätzung zu begegnen. Jeder hat Vorstellungen davon, wie Eltern eigentlich sein sollten, an denen er lange festhält. Wir alle haben unerfüllte Wünsche an unsere eigenen Eltern, die unbewusst mit in die Zusammenarbeit einfließen können. Fast immer gibt es in uns noch Spannungen aus eigenen Erfahrungen mit unserer Familie" (Haupt 2001, 180).

Unterschiede zwischen Lebens- und Arbeitswirklichkeit: Hat eine Familie ein behindertes Kind, werden die Unterschiede in der Lebenswirklichkeit der betroffenen Eltern und der Arbeitswirklichkeit der Fachleute noch vielschichtiger (Weiß 1996). Ein fundamentaler Unterschied besteht darin, dass Eltern meist ungefragt, häufig plötzlich und unvorbereitet vor die Aufgabe gestellt werden, mit einem behinderten Kind zu leben. Fachleute können sich für die Aufgabe, mit behinderten Kindern (und ihren Familien) zu arbeiten, entscheiden. Sie tun dies in aller Regel freiwillig. Dieser Unterschied mag auf den ersten Blick selbstverständlich erscheinen, und doch ergeben sich daraus nicht zu unterschätzende Konsequenzen für das Selbsterleben der Eltern einerseits und von Fachleuten andererseits.

Für Mütter beispielsweise reduziert das Leben mit einem schwer behinderten Kind die Möglichkeiten kulturell üblicher Selbstgestaltung. Sie können eigene, auch berufliche Interessen meist nur eingeschränkt verwirklichen und müssen oftmals nach spezifischen Wegen einer für sie sinnhaften Lebensverwirklichung suchen. Für Fachleute hingegen ergibt sich die Chance, persönlichen Gewinn aus ihrer Tätigkeit zu ziehen – ungeachtet möglicher Belastungen und Einschränkungen, mit denen sie dabei konfrontiert werden können. Es ist wichtig, sich diese Unterschiede bewusst zu machen und sie zu würdigen, um so eine angemessene Grundlage für die Zusammenarbeit zu gewinnen.

Sozial-kulturelle Unterschiede: Bei Eltern und Familien in Armut und Benachteiligung treten noch sozial-kulturelle Differenzen und Distanzen zu pädagogischen Fachpersonen auf. Letztere repräsentieren Werte, Normen und Anforderungen einer (klein-)bürgerlichen, für diese Eltern oftmals teils „fremden" Welt. Dieser Welt und ihrer Kultur, an der sie nicht selten gescheitert sind, begegnen sie mit Misstrauen. Als Repräsentanten dieser Welt müssen auch Erzieherinnen im Kindergarten mitunter davon ausgehen, dass ihr Zugehen auf diese Eltern, auch wenn es positiv und wertschätzend gemeint ist, (zunächst) von diesen zwiespältig erlebt wird und Misstrauen erst durchbrochen werden muss.

Lebensweltliche Distanz und Unverständnis gegenüber Eltern und Familien in Benachteiligung und Armut kann es auch aufseiten der pädagogischen Fachkräfte geben, wenn sie deren Lebenswirklichkeit, Wertvorstellungen und Handlungsweisen nur aus einer mittelschichtgeprägten Brille wahrnehmen. Dies kann bei Erzieherinnen Abwehr erzeugen; sie laufen dann Gefahr, dass sie von Eltern erwarten, sich ihren Wertorientierungen und Handlungsmustern anzupassen – ohne den subjektiven Sinn und die lebensweltliche „Logik" der ihnen fremden Lebenspraxis der Eltern zu bedenken, zu beachten und zu achten.

Diese Gefahr kann verstärkt werden, wenn Erzieherinnen mit den Eltern aus einem einseitig vom Kind her orientierten Blickwinkel zusammenarbeiten. Vom einzelnen Kind her betrachtet, lassen sich unter Umständen viele Punkte finden, die Eltern zugunsten der kindlichen Bedürfnisse berücksichtigen sollten. Aber nicht immer achten Erzieherinnen darauf, ob derartige Erwartungen von den Eltern unter den eingeschränkten Bedingungen ihrer Lebenswelt überhaupt möglich sind. Gerade hier liegt eine Quelle für erhebliche Belastungen in der Zusammenarbeit.

Beispiel: *Dank der großen Energie einer Mutter von fünf Kindern hat es die Familie geschafft, aus einer großstädtischen Notunterkunft in eine Sozialwohnung umzuziehen. Aus finanziellen Gründen („mein Mann schafft das nicht allein") musste die Mutter nachmittags als Reinigungskraft arbeiten. Drei ihrer Kinder besuchten die Sprachheilschule und die beiden jüngsten einen Ganztagskindergarten und eine Ganztagskrippe. Von der Lehrerin ihrer Tochter wurde der Mutter nahegelegt, sie solle mit dem Arbeiten aufhören. Das wäre für die Kinder besser. Sie empfand dies als Einmischung in ihre private Situation und meinte sichtlich erregt: „Die hat leicht reden, ich bin auf des Geld angewiesen." – Allein von den Kindern her betrachtet, mag die Äußerung der Lehrerin verständlich gewesen sein, sie berücksichtigte jedoch nicht die Situation der Familie. Man merkte der Mutter, als sie dies erzählte, die innere Verletzung an.*

> **Aufgabe:** Überlegen Sie, wo Sie vielleicht selbst schon in Situationen gekommen sind, in denen Sie aus einer einseitigen Kindorientierung heraus von Eltern etwas erwartet haben, was diese in ihrer Situation möglicherweise überfordert hat?

4.3 Grundzüge der Zusammenarbeit mit Eltern

Die Analyse möglicher Spannungen und Probleme zwischen Eltern und pädagogischen Fachpersonen weisen bereits den Weg zu Bedingungen einer produktiveren Zusammenarbeit. Sie machen deutlich, dass es vor allem auf ein angemessenes Verständnis und eine reflektierte pädagogische Haltung an dieser sensiblen Nahtstelle zwischen Eltern und Erzieherinnen ankommt.

Achtung der Eltern als Eltern und ihrer Lebensform

Besonders Eltern, die oft bereits seit frühester Kindheit Erfahrungen mit helfenden, aber auch kontrollierenden Fachleuten verschiedenster Art gemacht haben, entwickeln so etwas wie einen „sechsten Sinn" in der Wahrnehmung dessen, wie diese Menschen ihnen begegnen. Umso wichtiger ist es für die Erzieherin, sie als Person – und nicht nur in ihrer Rolle bzw. Funktion als Mutter oder Vater eines Kindes der eigenen Gruppe – zu sehen und zu (be-)achten sowie ihre mögliche Skepsis, ihre Befürchtungen, Erwartungen und Sorgen ernst zu nehmen.

> Mit anderen Worten heißt dies: die Kindorientierung in der Zusammenarbeit mit Eltern zu ergänzen durch eine wertschätzende Elternorientierung und beide Orientierungen in einem Gleichgewicht zu halten.

Ein solche Balance zu finden und zu halten, ist für die Erzieherin nicht leicht, gerade dann, wenn sie wahrnimmt, dass Eltern ihrem Kind und dessen grundlegenden Bedürfnissen nicht hinreichend gerecht werden, wenn das elterliche Erziehungsverhalten ihren eigenen Erziehungsvorstellungen erheblich widerspricht. Sollte eine Erzieherin den Verdacht haben, dass die Grundbedürfnisse eines Kindes nach Essen, Pflege, Sicherheit und Zuwendung nicht befriedigt werden, also das Kind vernachlässigt werden könnte, braucht sie dringend fachliche Unterstützung.

Von dieser Extremsituation abgesehen, ist es erforderlich, dass die Erzieherin immer auch ihre eigenen Wahrnehmungen und Beurteilungen reflektiert und auf mögliche überfordernde Ansprüche an die Eltern und unangemessene Einschätzungen der familiären Situation hin kritisch überprüft. Dazu bedarf sie einer doppelten reflexiven Distanz,

- zum einen zu den eigenen Wertvorstellungen und Normen,
- zum anderen zu den kulturellen Lebensmustern der Familie und ihrer Mitglieder.

Reflexion der eigenen Werte und Normen: Zum eigenen Werte- und Normensystem, zum eigenen Lebenskonzept in Distanz zu treten, kann bereits damit beginnen, kritisch nach dessen Allgemeingültigkeit zu fragen. Dann muss man feststellen, dass die normale bürgerliche Lebensform von Mittelschichtangehörigen in der sogenannten Ersten Welt schon aus ökologischen Gründen keineswegs als Universalmodell taugt. Würden alle Menschen dieser Welt so leben, müsste dies auf relativ kurze Sicht zu einer unumkehrbaren Zerstörung unserer Lebensgrundlagen führen.

Reflexion der Lebensmuster der Familie: In reflexive Distanz zu den subjektiven Deutungs- und Handlungsmustern sogenannter Unterschichtfamilien zu treten, heißt, diese Muster als Ausdruck lebensweltlich geprägter und lebensgeschichtlich gewordener Strategien zu begreifen, mit denen diese Familien ihre oftmals prekäre Lebenswirklichkeit zu bewältigen suchen. Eine solche Sichtweise kann dazu beitragen, sich die „guten Gründe" des Denkens und Handelns von Menschen in deprivierten Lebensverhältnissen bewusst zu machen, auch wenn sie den eigenen normativen Vorstellungen nicht entsprechen mögen.

Positive Verhaltensmerkmale, sogenannte „overlooked positives", die bei „Problemfamilien" leicht übersehen werden, können sich u. a. darin zeigen, dass sie

- eine ihnen gemäße Authentizität (Echtheit) entwickeln, die oft stärker ausgeprägt ist als bei Mittelschichtangehörigen,
- sich wünschen und vorstellen, mein Kind soll es besser haben als ich,

- bei allen Konfliktpotenzialen oftmals ein zum Teil die Familie übergreifendes Gruppenbewusstsein entwickelt haben, das sich als „sozialer Kitt" erweisen kann (persönliche Mitteilung des ehemaligen Leiters der Frühförderstelle Würzburg).

Beispiel: *In dem Film „Abgehängt" (ARD/3sat, 28.04.2011, 60 Min.) werden drei „Hartz-IV-Familien" vorgestellt: eine alleinerziehende Frau, die sich in einer betreuten Arbeitssituation befindet und einem Privatinsolvenz-Verfahren unterzieht, ein ehemals Alkoholabhängiger, der im Rahmen eines Ein-Euro-Jobs Essen in einer Schule ausgibt, sowie ein Ehepaar mit einem Mädchen, das gerade in den Kindergarten eingewöhnt wird. Obwohl noch jung, scheinen sich beide Elternteile ebenso wie der Großvater mit der Hartz-IV-Karriere abgefunden zu haben. Bei Studierenden stieß gerade diese letzte Familie spontan auf Unverständnis und Kritik. Der Arbeitsauftrag an die Studierenden, nach „overlooked positives" bei diesen Eltern zu suchen, erbrachte verschiedene Punkte, z. B.*

- *die Bereitschaft der Mutter, trotz der Sorge, was da alles auf sie zukommen wird, ihre Tochter in den Kindergarten zu schicken und sich bei der Eingewöhnung aktiv zu beteiligen,*
- *Situationen, in denen der schon straffällig gewordene Vater seiner Tochter, die in der Wohnung in einem Kinderautositz angeschnallt ist, das Essen gibt und dabei Anflüge von Zärtlichkeit zeigt.*

Es war jeweils interessant zu verfolgen, wie sich die Bilder der Studierenden gegenüber Mutter und Vater ein Stück weit veränderten und wie sie selbst spürten, dass sie damit Ansatzpunkte für eine potenzielle Zusammenarbeit finden können.

Aufgabe: Erinnern Sie sich an Familien in schwierigen Lebenslagen, die Sie persönlich kennen oder mit denen Sie schon zusammengearbeitet haben. Versuchen Sie, bei diesen Familien im Nachhinein „overlooked positives" zu finden.

Verständigungsorientierte Kommunikation

In einer auf Achtung und Wertschätzung des Gegenübers gründenden Haltung ist es auch möglich, eine verständigungsorientierte Kommunikation und Kooperation aufzubauen. Dabei geht es sicher auch um eine angemessene Gesprächsführung und Gesprächstechniken, aber nicht ohne Grund stellt Sacher (2008, 98) fest: „Die Kunst der Gesprächsführung ist zu großen Teilen identisch mit der Kunst des Zuhörens."

Zuhören und Raum geben: Pädagogische Fachpersonen sind sozusagen „Berufsredner", denen Zuhören nicht immer leicht fällt. Hinzu kommt, dass sie gerade in der Kommunikation mit ihnen lebensweltlich „fremden" Menschen das „Heft in der Hand" behalten wollen. Umso wichtiger ist es, den Eltern Raum zu geben, sich selbst in das Gespräch einzubringen, auch dann, wenn diese vielleicht in aggressiver Weise Kritik üben. Sie aussprechen zu lassen, nimmt oft bereits Aggression heraus; genaues Nachfragen („was stört Sie denn daran, wie die Kinder spielen") erleichtert es Eltern, ihre Kritik zu bedenken und zu konkretisieren.

Erfahren Eltern in prekären Lebenslagen, dass Fachpersonen zuhören und Anteil nehmen, entwickelt sich leichter eine halbwegs tragfähige Vertrauensbasis, auf der konstruktiver und produktiver mit den geschilderten Spannungspotenzialen umgegangen werden kann. Dann können Erzieherinnen auch kritische Punkte gegenüber Eltern ansprechen, allerdings nicht in einer belehrenden oder gar bloßstellenden, beschämenden Form.

Fokus auf Negatives vermeiden: Die Kommunikation und der Aufbau einer Arbeitsbeziehung werden oft dadurch erschwert, dass Erzieherinnen nur bei Problemen und negativen Ereignissen das Gespräch mit den Eltern suchen. Regelmäßige Kontakte, in denen auch Erfreuliches den Eltern übermittelt wird, fördern hingegen das Vertrauen. Auch das sogenannte Tür- und Angelgespräch kann dafür eine gute Gelegenheit sein.

Deutungshilfen anbieten: Oftmals fallen psychosozial belastete oder behinderte Kinder durch ein verändertes Ausdrucks- und Kommunikationsverhalten oder durch spezielle Verhaltensauffälligkeiten auf, welche die Eltern in ihren intuitiven elterlichen Kompetenzen verunsichern. Nicht selten kommt es auch vor, dass sich Eltern mit großen Belastungen in ihrer aktuellen Lebenslage oder Lebensgeschichte schwer tun, das Ausdrucksverhalten ihres Kindes richtig zu deuten. Ein Kind kommt z. B. weinend in die Krippe und die Mutter weiß sich keinen Rat, woran das liegen könnte. Hier kann die Erzieherin gemeinsam mit der Mutter überlegen: Hat das Kind schlecht geschlafen? Könnte es Schmerzen haben? Liegt es in nassen Windeln? Ein gemeinsames Suchen nach möglichen Gründen, eine Deutungshilfe für das kindliche Verhalten spiegelt der Mutter wider, dass sie ernst genommen wird, dass sie mit ihren Problemen und Unsicherheiten nicht allein ist – und stärkt sie, ungeachtet dessen, ob im Einzelfall die Deutungshilfe immer erfolgreich ist.

> Bei länger bestehenden, gravierenderen Auffälligkeiten des (Ausdrucks- und Kommunikations-)Verhaltens eines Kindes ist es sinnvoll, mit Eltern die Möglichkeit weitergehender Hilfe, z. B. durch eine Interdisziplinäre Frühförderstelle oder eine Erziehungsberatungsstelle, zu besprechen.

In jedem Fall ist es günstig, in eine lösungsorientierte Kommunikation mit den Eltern zu treten. Damit ist gemeint, nicht primär an den Problemen anzusetzen, sondern gemeinsam nach Lösungsmöglichkeiten zu suchen und neue Handlungsressourcen zu entwickeln (ausführlicher dazu → Ellinger 2002).

Lebensweltorientierte Zusammenarbeit

Sozial benachteiligte Eltern sind oftmals massiv mit alltäglichen Lebensproblemen konfrontiert, seien es die ungesicherten finanziellen Verhältnisse, die Frage nach dem Haushaltsgeld in den letzten Tagen eines Monats, die nasse oder gekündigte Wohnung oder der Dauerstreit mit dem Partner. Eltern können dadurch so beansprucht sein, dass sie für die Erziehungs- und Entwicklungsprobleme ihrer Kinder „keinen Nerv" haben. Andererseits zeigt die Erfahrung, dass sich Mütter oder Väter äußern, wenn sie ein Mindestmaß an Vertrauen zu einer pädagogischen Fachperson gewonnen haben und diese ein Ohr für ihre Probleme und Nöte hat. In einem solchen Fall gehört es zur Professionalität der Erzieherin, dies ernst zu nehmen und Möglichkeiten der Hilfe zu bedenken, ohne sich in einen sich selbst überfordernden Aktivismus zu bringen.

Die Erzieherin ist keine Sozialarbeiterin, aber sie kann in Verbindung mit der Leitung und dem Team der Kindertageseinrichtung Eltern an Einrichtungen verweisen, die hier einen Hilfeauftrag haben, z. B. eine Beratungsstelle, den Allgemeinen Sozialen Dienst (ASD) bzw. Kommunalen Sozialdienst (KSD) oder eine Schuldnerberatungsstelle. Hat eine Familie hier Ängste vor einer Institution wie etwa dem Jugendamt, kann die Unterstützung der Pädagogin sinnvoll sein, z. B. indem sie den ersten Kontakt herstellt oder gegebenenfalls auch Eltern beim ersten Mal begleitet.

Wie wichtig es ist, in der Zusammenarbeit mit Eltern in schwierigen Lebenslagen auf die konkreten Rahmenbedingungen der Familien zu achten, macht ein Zitat des bekannten englischen Kinder- und Jugendpsychiaters und Resilienzforschers Michael Rutter eindrucksvoll deutlich: „Gute Elternschaft erfordert gewisse zulassende Umstände. Die notwendigen Lebensmöglichkeiten und -gelegenheiten müssen gegeben sein. Wo diese fehlen, mögen es selbst die besten Eltern als schwierig empfinden, ihre Fähigkeiten auszuüben" (Rutter, zit. nach Oppenheim/Lister 1998, 219).

Kindertageseinrichtungen würden sich schlicht übernehmen und überfordern, wollten sie die „notwendigen Lebensmöglichkeiten und -gelegenheiten" einer Familie selbst herstellen. Wohl aber ist es ihre Aufgabe, auf die Lebenswelt der Familien zu achten und Eltern darin zu unterstützen, selbst initiativ zu werden, um Hilfe zu erhalten.

> **Aufgabe:** Als eine sonst eher zurückhaltende Mutter ihr Kind in die Krippe bringt, beklagt sie eines Tages emotional aufgewühlt, dass ihr betrunkener Mann die Kinder und sie bedroht habe. Es bricht plötzlich aus ihr hervor, wie es der Familie wirklich geht, dass das Haushaltsgeld knapp ist und die Wohnung gekündigt wurde. – Wie gehen Sie mit dieser Situation um, in der Sie einerseits Ihre eigene Anteilnahme der Mutter verdeutlichen möchten, andererseits wenig Zeit haben, da Sie sich um die Kinder Ihrer Gruppe kümmern müssen?

4.4 Formen der Zusammenarbeit mit Eltern

Für die Zusammenarbeit mit Eltern in schwierigen Lebenslagen bieten sich grundsätzlich alle in der Literatur beschriebenen und praktizierten Formen an:

- Einzelgespräche (z. B. Erst- und Aufnahmegespräche, Tür- und Angelgespräche in der Bring- und Abholphase)
- Hausbesuche
- Elternabende (→ Kap. 11.3, 12)
- Elterngesprächskreise
- Elternkurse
- Elterncafés
- Elternfilme (→ Hinweise in Werning 2011, 259)

Auch bei der Organisation dieser unterschiedlichen Formen kommt es ebenso wie bei der Gestaltung von Gesprächen auf die Durchführungskompetenz an. Aber eher noch wichtiger ist auch hier die grundsätzliche Haltung. Ein Hausbesuch beispielsweise kann bei der Fachperson mittelschichtzentrierte Vorurteile bei chaotischen Wohnungsverhältnissen noch verstärken, er kann aber – eine doppelte reflexive Distanz vorausgesetzt – der Besucherin oder dem Besucher augenscheinlich verdeutlichen, wo die erschwerten Rahmenbedingungen für eine angemessene Versorgung und Erziehung eines Kindes liegen.

Beispiel: *Eine pädagogische Fachkraft beobachtete, dass ein Mädchen ihrer Gruppe in den Wintermonaten oftmals ungewaschen, zum Teil mit einem unangenehmen Geruch in die Kita kam. Sie entwickelte zunehmend Ärger und Wut auf die Mutter. Bei einem Hausbesuch stellte sie fest, dass die Wohnung nur eine Wasserzapfstelle hat. Diese war im Winter oftmals eingefroren. Diese Beobachtung half ihr, das Verhalten der Mutter zu verstehen und gemeinsam mit ihr lösungsorientiert nach Abhilfemöglichkeiten zu suchen.*

In dem bereits erwähnten Artikel von Ellinger (2002) werden im Rahmen einer speziellen Klasse für schwer verhaltensauffällige Kinder einer Ganztagsschule vielfältige Formen der Zusammenarbeit mit Eltern angeboten, u.a. 14-täglich stattfindende Hausbesuche, in denen eine Sozialpädagogin z.B. mit den Eltern Spiel- und Zu-Bett-Geh-Situationen gestaltet (ebd., 490), oder auch Väter-Kinder- bzw. Mütter-Kinder-Wochenenden und Familienfreizeiten.

Eigens erwähnt sei gerade auch für Eltern in schwierigen Lebenslagen die Möglichkeit, sie in die Kindertageseinrichtung einzuladen und am gewöhnlichen Alltag der Krippe oder des Kindergartens teilhaben zu lassen. Mütter können sich hier vieles abschauen und die Erzieherin kann eine Modellfunktion übernehmen, aber nur dann, wenn sich die Mütter auf einer halbwegs entwickelten Vertrauensbasis mit ihr ein Stück weit identifizieren können. Kindertageseinrichtungen brauchen dazu einen einladenden Charakter – eben als „Haus der Familie", in das Eltern gerne kommen.

Abschließend sei festgehalten: Entgegen mancher Vorurteile und Skepsis zeigen die internationale Forschungslage und viele erfolgreiche Beispiele in der Praxis, dass die Zusammenarbeit mit Eltern und Familien quer durch alle Schichten und Kulturkreise, also auch mit Familien in prekären Lebenslagen, gelingen kann – unter der Voraussetzung, „dass die besondere Lage der jeweiligen Familie gesehen und berücksichtigt wird" (Sacher 2008, 225).

5 Eltern mit Migrationshintergrund

Dagmar Hansen, Simone Hess

Erzieherinnen sehen sich heute in Kindertageseinrichtungen immer öfter mit Eltern konfrontiert, die aus Kulturkreisen kommen, die ihnen fremd sind. Sie begegnen Familien, die z. T. nicht ihre Sprache sprechen und deren Kleidercodes ihnen signalisieren, dass sie in einem ihnen unbekannten Milieu leben. Sie bringen Riten und Werte in die Einrichtung, die sich bislang dort nicht abbilden.

Der Anteil der Kinder mit Migrationshintergrund in Kindertageseinrichtungen steigt stetig. Damit stehen Erzieherinnen und Erzieher oftmals vor dem Problem, dass ein Dialog über Erziehungsfragen kaum stattfindet. Im Gegensatz dazu sieht sich die vorwiegend deutsche Elternschaft aus der Mittelschicht selbst als starken Partner im Erziehungsprozess und artikuliert gegenüber den Fachkräften in der außerfamiliären Bildungsinstitution aktiv ihre Wünsche. Die oftmals distanzierte oder zurückhaltende Haltung von Erzieherinnen Migranteneltern gegenüber wird damit begründet,

- dass „mangelnde Deutschkenntnisse (...) die Verständigung erschwerten,
- die kulturellen Lebensgewohnheiten zu unterschiedlich seien,
- die Eltern kein Interesse an der Arbeit in der Kindertagesstätte hätten, was sich in den kaum besuchten Elternabenden zeige (...)" (Sikcan 2008, 187).

Diese Haltung allerdings hat die Mitarbeiterinnen und Mitarbeiter in Kindertageseinrichtungen mit steigendem Anteil an Kindern mit Migrationshintergrund in Sackgassen geführt, die eine erfolgreiche Bildungsbegleitung dieser Kinder und deren Familien erschweren.

Der 6. Familienbericht der Bundesregierung formuliert als Herausforderung für die Familienpolitik – und damit auch für die Kindertageseinrichtungen als Orte der Jugendhilfe –, dass „in Familien ausländischer Herkunft – zusätzlich zu den alltäglichen Aufgaben der Gestaltung des Familienlebens – die Aufgabe zu lösen [ist], sich in einer anderen Kultur und in einer anderen Gesellschaft zurechtzufinden, eine Balance zu erreichen zwischen Bewahren der eigenen Identität und dem Aufnehmen und Gestalten neuer Möglichkeiten. Dies gilt für jedes Mitglied der Familie, aber auch für die Familie als Ganzes" (Familienbericht der Bundesregierung 2000, XII).

Das stellt die Kindertageseinrichtung und das Fachpersonal vor die Aufgabe, neue Strategien der Elternarbeit zu entwickeln, um in eine Interaktion mit den Eltern treten zu können, die die Bildungschancen der Kinder befördert.

5.1 Zahlen und Fakten zu einer sich verändernden Gesellschaft

Deutschland ist ein Land der Zuwanderung, eine Tatsache, die lange ignoriert wurde. „2010 betrug die Zahl der Personen mit Migrationshintergrund im engeren Sinne in Deutschland 15,7 Mio. – 43 000 Personen mehr als 2009. Im gleichen Zeitraum ist die Bevölkerung insgesamt um 189 000 Personen zurückgegangen (…). Der Anteil der Bevölkerung mit Migrationshintergrund im engeren Sinne ist in der Folge von 19,2 Prozent auf 19,3 Prozent leicht angestiegen" (Statistisches Bundesamt 2011, Ergebnisse des Mikrozensus 2010, 7).

> Menschen mit Migrationshintergrund sind „alle nach 1949 auf das heutige Gebiet der Bundesrepublik Deutschland Zugewanderten, sowie alle in Deutschland geborenen Ausländer und alle in Deutschland als Deutsche Geborenen mit zumindest einem zugewanderten oder als Ausländer in Deutschland geborenen Elternteil" (Statistisches Bundesamt 2011, 6).

So wie der demographische Wandel zur Folge hat, dass der Anteil der unter 20-Jährigen im Durchschnitt immer stärker abnimmt, so wächst der Anteil der Kinder mit Migrationshintergrund am Gesamtanteil der Kinder immer mehr. Für Kindertageseinrichtungen bedeutet das: In fast jeder sechsten Einrichtung in Westdeutschland haben 50 Prozent und mehr der Kinder einen Migrationshintergrund (DJI Zahlenspiegel 2007).

Im Hinblick auf die Sprache heißt das: Mindestens „jedes sechste Kind unter sechs Jahren in Kindertageseinrichtungen in Westdeutschland spricht zu Hause überwiegend eine andere Sprache als Deutsch" (ebd.). Dies zieht natürlich den Schluss nach sich, dass die Eltern z. T. auch nur wenig Deutsch sprechen und von daher die Kinder nur schwer auf ihrem Bildungsweg begleiten können. Eine radikale Zuspitzung belegt vielfach Familien mit Migrationshintergrund pauschal mit dem unschönen und ungenauen Begriff der Bildungsferne, eine pauschale Zuschreibung, die unterstellt, dass Migranten eine homogene Gruppe sind.

Das Gegenteil ist der Fall: Diese Bevölkerungsgruppe und somit auch die Gruppe der Eltern ist in sich komplex strukturiert. Menschen mit Migrationshintergrund unterscheiden sich nicht nur durch ihre nationale Herkunft und damit auch in ihren kulturellen und religiösen Hintergründen, sondern auch durch das soziale Milieu, in dem sie aufgewachsen sind:

- Die größte Gruppe der Menschen mit Migrationshintergrund hat ihre Wurzeln in der Türkei (15,8 Prozent), gefolgt von denjenigen mit Wurzeln in Polen (8,3 Prozent), in der Russischen Föderation (6,7 Prozent) und in Italien (4,7 Prozent) (Statistisches Bundesamt 2011, Ergebnisse des Mikrozensus 2010, 8). Die restlichen 64,5 Prozent der Migranten kommen im wahrsten Sinne aus „aller Herren Länder" (Statistisches Bundesamt, Statistisches Jahrbuch 2011, 52). Damit begegnen Erzieherinnen in den Kindertageseinrichtungen heute Familien mit vielfältigen kulturellen und religiösen Hintergründen.

- Mit der kulturellen Vielfalt ziehen auch nicht christliche religiöse Ausrichtungen in die Kindertageseinrichtung ein, wobei auch unter den Migranten die Zugehörigkeit zum Christentum am weitesten verbreitet ist – 61 Prozent gehörten 2006 christlichen Glaubensrichtungen an, weitere 20 Prozent fühlten sich keiner Religion zugehörig und 18 Prozent gehörten anderen Religionen an (fowid 2006, 2).
- Auch in Bezug auf die soziokulturellen Ausrichtungen bietet die Gruppe der Menschen mit Migrationshintergrund kein homogenes Bild. Die SINUS-Studie „zeigt ein facettenreiches Bild der Migranten-Population und widerlegt viele hierzulande verbreitete Negativ-Klischees über die Einwanderer, (...) sodass die Ressourcen an kulturellem Kapital von Migranten, ihren Anpassungsleistungen und der Stand ihrer Etablierung in der Mitte meist unterschätzt werden", fassen Wippermann/Flaig (2009, 7) zusammen. Die Heterogenität von Familien mit Migrationshintergrund unterscheidet sich nicht signifikant von den verschiedenen Milieus, in denen sich die Gesamtbevölkerung in Deutschland bewegt, so die SINUS-Studie (SINUS SOCIOVISION).

5.2 Interkulturelle Kompetenz

Was bedeuten die genannten Fakten für die Arbeit in Kindertageeinrichtungen in Bezug auf die Elternzusammenarbeit? Finden Erzieherinnen Zugang zu Eltern mit Migrationshintergrund, indem sie diese Eltern auf gleiche Weise in ihrer Vielfalt in ethnischer, religiöser und familienkultureller Hinsicht wahrzunehmen versuchen, wie sie das bei Eltern ohne Migrationshintergrund tun? Für die Interaktion und Kommunikation mit Menschen aus fremden Kulturen wird in den letzten Jahrzehnten die Beherrschung einer spezifischen Kompetenzform als der Zugangsschlüssel schlechthin gesehen: die Interkulturelle Kompetenz.

Oftmals bleibt das Verständnis der Interkulturellen Kompetenz jedoch bei der Annahme stehen, dass bereits die Kenntnis über die Zielgruppe uns befähigt, den Anforderungen zu begegnen, die uns in einer pluralistischen Gesellschaft gestellt sind. „Je mehr wir über die anderen wissen, desto besser können wir sie verstehen, miteinander kommunizieren und Konflikte vermeiden" (Westphal 2009, 92). Ob jedoch allein eine kenntnisreiche – und damit möglicherweise auch reduktionistische – Sicht des Gegenübers die Erzieherinnen in Kindertageseinrichtungen in die Lage versetzt, auch in „unsichere(n), da wenig vorhersehbaren Handlungssituationen" (ebd.) die nötige Offenheit für situationsadäquate Reaktionen zu entwickeln, ist fraglich – denn Menschen nehmen andere Kulturen vornehmlich durch eigene Erfahrungshintergründe wahr.

In der Begegnung mit anderen Kulturen kommen zuerst Merkmale wie Riten, Prozesse, Regeln und Symbole in den Blick. Die Merkmale jedoch, die Menschen tiefgreifend bedingen und prägen, ihre kulturellen Wurzeln, Werte, Einstellungen, Normen und Denkmuster lassen sich nur erfahren, wenn ein möglichst unverstellter und nicht bewertender Blick auf die Hintergründen der anderen Kultur gelingt. Um dieses zu erreichen, bedarf es der Selbstreflexion. Das Nachdenken über die eigene kulturelle, religiöse und ethnozentrische Weltsicht ist ein wesentliches Element der Interkulturellen Kompetenz. Tabelle 5.1 fasst die relevanten Dimensionen Interkultureller Kompetenz zusammen.

Kompetenzen	Ausdruck durch
Haltung und Einstellung (affektiver Filter)	• Positive Haltung und Einstellung gegenüber interkultureller Situationen • Allgemeine Offenheit • Wertschätzung von Vielfalt • Widersprüchlichkeit und Uneindeutigkeit aushalten
Handlungskompetenz	• Umfassendes kulturelles Wissen (Weltsicht, historische und religiöse Bedeutung von Normen, Werten und Lebensweisen) • Kommunikationsfähigkeiten wie Zuhören, Beobachten, Interpretieren, Analysieren, Bewerten und Zuordnen kultureller Elemente
Reflexionskompetenz	• Perspektivenwechsel • Flexible Anpassung an fremde Kommunikationsstile, Lebensweisen, Normen und Werte in interkulturellen Situationen • Reflexion eigener kultureller, religiöser oder ethnozentrischer Weltsicht • Affektive Neubewertung der fremden Denk- und Verhaltensweise • Reduktion von Ablehnung und Ängsten • Empathie

Tab. 5.1: Dimensionen interkultureller Dimension (Nemazi-Lofink / Aazami Gilan / Haydaroglu o. J.)

Kompetenzentwicklung durch Team-Coaching

Neben den üblichen Fortbildungen, die Mitarbeiterinnen von Kindertageseinrichtungen besuchen und die meist bestimmte fachliche Handlungsfelder zum Thema haben, geht das Coaching als Methode einen Schritt weiter: Es beinhaltet als zentrales Element die Selbstreflexion. Damit sind die Teilnehmer unmittelbar mit ihren eigenen Haltungen und Ressourcen beteiligt. Auf dieser Grundlage können eigene „Positionen, Handlungen und pädagogische Prozesse (...) (und) die Fragen nach der konkreten Herstellung und Veränderung von Formen der Benachteiligung und Diskriminierung" reflektiert werden (Westphal 2009, 92).

Wenn man die Gründe von Vielfalt nicht nur auf Migration bezieht, kann ein interkulturelles Coaching Methoden anbieten, die alle Mitarbeiterinnen in die Lage versetzen, sich in die Folgen von Migration wie Fremdheit, Unsicherheit, stärkere Identifizierung mit den eigenen Werten und Haltungen, als vielleicht im Herkunftsland herausgebildet, hineinzuversetzen.

Beispiel: *„... mir ist klar geworden, dass ich mit meiner Haltung den Eltern gegenüber, bei denen ich große Schwierigkeiten mit der Zusammenarbeit sah, in einer Sackgasse war. Das, was ich am Verhalten der Eltern nicht verstanden habe, habe ich als Missachtung und mangelnden Kooperationswillen angesehen. Die größte Schwierigkeit war aber, dass ich mich in einer Sackgasse befand. Jetzt ist mir klar geworden, dass ich aus der Sackgasse gehen muss und einen neuen Blick auf die Situation versuche. Ob ich dann den richtigen Weg finde, weiß ich noch nicht, aber ich habe einen offeneren Blick"* (Zitat aus einem interkulturellen Team-Coaching).

Menschen „migrieren" in ihrer Lebensentwicklung in unterschiedlichen Bereichen: von Beruf zu Beruf, von einem sozialen Milieu zum anderen, von einer Familienzusammensetzung zur anderen, von Land zu Land oder Region zu Region. All diese „Wanderungen" lösen in den Menschen – je „fremder" die neue „Kultur" empfunden wird – entsprechend starke Gefühle aus, die ihr Handeln unbewusst bestimmen.

Aufgabe 1: Bilden Sie Kleingruppen mit maximal fünf Personen. Rufen Sie sich einzeln eine erlebte Begegnung mit einem Angehörigen aus einem anderen Kulturkreis in Erinnerung, welche in Ihnen Missbehagen hervorrief. Schreiben Sie einen inneren Dialog über die Ambivalenz, die Sie in dieser Situation empfunden haben. Anschließend tauschen Sie sich in der Kleingruppe aus. Stellen Sie Ihre Begegnungen vor. Die Gruppe stellt Verständnisfragen und nimmt Stellung dazu, wobei es nicht um richtig oder falsch geht, sondern darum, wie deutlich die zwiespältigen Gefühle zum Ausdruck gebracht werden.

Aufgabe 2: Diskutieren Sie im Plenum: Lassen sich Ambivalenzen unabhängig von den Begegnungen verallgemeinern? Welche Gründe könnte es für diese Ambivalenzen geben? Welche Haltungen und Kompetenzen sollten Erzieherinnen in Kindertageseinrichtungen haben, um in der Interaktion mit Eltern mit Migrationshintergrund nicht in eigenen Wahrnehmungsverzerrungen stecken zu bleiben? (Frey 1995, 116)

5.3 Ansatzpunkte für eine interkulturelle Elternarbeit

Vielfalt als Ressource erkennen

Die Unterschiedlichkeit und Vielfalt der Kulturhintergründe werden oft als Problem betrachtet. Eine solche Sicht geht von einem Integrationsprozess der Anpassung aus, der die spezifischen Merkmale der Kulturen, die sich von unserer unterscheidet, als Defizite definiert. Diese Merkmale können jedoch nicht situationsunspezifisch, also generell, als defizitär angesehen werden. Möglicherweise sind sie im fremdkulturellen Kontext stimmig und erscheinen nur im Kontext der eigenen Kultur – die zudem auch hinterfragt werden muss – als nicht stimmig (Bender-Szymanski 2010, 213).

Steht bei der Begegnung von „Eigenkultur" mit „Fremdkultur" dagegen der Austausch zwischen den Kulturen im Vordergrund, kann sich Interkulturalität entwickeln und damit auch eine Wahrnehmung der grundlegenden Gemeinsamkeiten aller Menschen. Vielfalt und Unterschiedlichkeit der Kulturen sind dann kein Hemmnis, sondern eine Bereicherung. Ein solcher ressourcenorientierter Ansatz birgt wesentlich höhere Erfolgschancen für die Arbeit in Kindertageseinrichtungen und findet seinen Ausdruck in der entsprechenden Haltung den Eltern und Familien gegenüber: Alle Eltern werden dabei in ihrer Vielfältigkeit als wesentliche Partner im Erziehungsprozess wahrgenommen, nicht nur bezogen auf ihre unterschiedlichen Herkünfte, sondern auch auf ihre individuellen Interessen, Bedürfnisse und unterschiedlichen Lebenssituationen. Wird die kulturelle Vielfalt als eine Ressource geschätzt, kann nicht nur „die Welt der Kindertageseinrichtung" daraus schöpfen. Durch die Öffnung der Einrichtung zum Stadtteil hin kann dies auch den Sozialraum bereichern.

Interkulturelle Elternabende oder -nachmittage

Einen besonderen Stellenwert hat die Aufnahme der Kinder und ihrer Familien in die Kindertageseinrichtung. Der Übergang von der Familienbetreuung in die institutionelle Kindertagesbetreuung manifestiert das Verhältnis der Eltern zu „ihrer" Einrichtung. Diesen Übergang für alle Beteiligten bewältigbar zu machen, ist Aufgabe des sozialen Systems.

> „Jedem Kind und seiner Familie soll die bestmögliche Unterstützung im Übergangsprozess gewährt werden" (Hessisches Sozialministerium 2011, 97).

Dabei darf nicht nur das Alter der Kinder, der Entwicklungsstand oder die Familienstruktur herangezogen werden, sondern auch die Eltern müssen mit ihren spezifischen Strukturen, also auch in ihrem Sein als Zuwanderer, bewusst in die Einrichtung aufgenommen werden.

Hilfreich bei der Übergangsgestaltung sind zum Beispiel Elternabende oder -nachmittage für neue Eltern nach Beginn des Kindergartenjahres, die den vielfältigen kulturellen Hintergründen der Familien entsprechenden Raum geben. Um dies möglichst niedrigschwellig (→ Kap. 9.1) zu gestalten, bieten sich verschiedene Möglichkeiten an, z. B.:

- Gesprächsrunden über die Spiele der Eltern in ihrer Kindheit. Die Vielfalt der Herkunftsregionen nehmen Eltern häufig sehr interessiert wahr und erleben, dass sich Spiele in der frühen Kindheit oftmals über viele Regionen hinweg sehr ähneln.
- „Wir reisen in die Welt unserer Familien" könnte die Überschrift eines Elternabends lauten, an dem die verschiedenen kulturellen Merkmale der Familien sichtbar werden sollen. Es werden „Kulturtische" z. B. mit landestypischer Dekoration und typischen Speisen gestaltet. Nach der gemeinsamen Begrüßung stellen die Eltern die „Kulturtische" vor.
- Als weiteres Thema eignen sich die Umgangsformen in den verschiedenen Kulturen. Um diese anderen Eltern nahe zu bringen, planen Eltern und Mitarbeiterinnen eine Veranstaltung gemeinsam: Situationen, in denen Umgangsformen relevant sind, werden formuliert und dazu Beispielfotos im Vorfeld erstellt. Eine Fotoausstellung wird zum Anlass genommen, um die Gesten und Umgangsformen zu erläutern.
- „Quer durch das Beet unserer Nationen für die gesamte Familie" könnte das Thema für einen Kochkurs in mehreren Modulen heißen. Je ein Modul ist einer „Kulturgruppe" vorbehalten und wird von dieser gestaltet. Wenn möglich wird eine „kleine" Nahrungsmittelkunde einbezogen. Erläutert werden z. B. Riten, typisches Essverhalten und Tischgebete. Die Familien kochen gemeinsam unter der Leitung eines Vertreters der jeweiligen Kulturgruppe, und später gibt es ein gemeinsames Essen mit Gesprächen.

Aufgabe: Formulieren Sie visionär die möglichen positiven Auswirkungen der verschiedenen Elternabend-Themen. Welche Rolle nehmen die Erzieherinnen ein? Welche Auswirkungen haben die Erkenntnisse, die gewonnen werden können, auf den Alltag in der Kindertageseinrichtung?

Welche Themen, die die Vielfalt als Ressource nutzen und das Verständnis untereinander fördern können, bieten sich darüber hinaus für Elternabende oder -nachmittage an?

Beispiele niedrigschwelliger Elternangebote

Viele Eltern sind heute gut organisiert und nehmen die Unterstützungsangebote von Familienbildungs- und Beratungsstellen an. Diese zeichnen sich jedoch dadurch aus, dass sie proaktiv ausgewählt und aufgesucht werden müssen. Man unterscheidet Angebote mit:

- **Komm-Struktur:** Die Zielgruppe sucht die Angebote selbst auf.
- **Geh-Struktur:** Die Zielgruppe wird aufgesucht, z. B. durch Streetworker, oder auf die Kita bezogen, indem Familienbildung und -beratung dort angeboten werden, wo die Familien sind: unmittelbar bei Hausbesuchen oder mittelbar über die Kooperation mit Einrichtungen, die viele oder alle Eltern erreichen, wie Kitas oder Schulen.

Angebote mit Komm-Struktur werden jedoch von Eltern mit Migrationshintergrund selten aus eigener Initiative aufgesucht. Um den Bedarfen der Eltern mit Migrationshintergrund gerecht zu werden, sind Formen und Themen zu wählen, die ihnen die Teilnahme erleichtern und die sie als attraktiv sowie interessant empfinden.

Es ist unerlässlich, die individuellen Bedarfe der Eltern zu erfragen und in den Blick zu nehmen, denn Angebote für Eltern werden dann angenommen, wenn sie mit dem korrelieren, was diese selbst als ihre Bedarfe formulieren. Um die Bedarfe passgenau analysieren zu können, ist es nötig, mit den Eltern in einem engen Kontakt zu stehen und sie an der Bedarfsplanung teilhaben zu lassen. „Die Bildungsprozesse können in Kindergarten nur dann optimal verlaufen, wenn sie auf familiäre Gegebenheiten und auf die unterschiedlichen Kompetenzen abgestimmt sind. Die Bildungseinrichtungen müssen eine Vielfalt an Zugangsformen zu den Familien einrichten: Elterncafés, Hospitationen, Elterngesprächskreise über Erziehungsthemen, Hausbesuche…" (Sikcan 2008, 200). Die folgenden Beispiele aus dem Angebot des Trägers „XENIA – interkulturelle Projekte gGmbH" aus Wiesbaden lässt einige kreative Zugangsformen erkennen:

Abb. 5.1: Eine Einladung zu einem gemeinsamen Frühstück kann zum „Türöffner" für einen guten Elternkontakt werden

Beispiel 1: *In Kooperation mit dem Schulsportverein Wiesbaden 1994 e. V., der die Fahrräder stellte, und dem Projekt „Start – Sport überspringt kulturelle Hürden" bot der Träger Xenia einen niedrigschwelligen Fahrradkurs an. Auf dem Hof einer benachbarten Schule lernten die Frauen, die z. T. noch nie auf einem Fahrrad gesessen hatten, das Rad-*

fahren. So erfuhren sie nach Absolvierung des Kurses eine erweiterte Mobilität und konnten nun auch mit ihren Kindern an solchen Aktivitäten teilnehmen.

Beispiel 2: *Ein weiteres Element der Aktivierung von Elternbeteiligung war ein Planungskurs für ein Stadtteilcafé mit Elterninformationszentrum, das die Mütter in die Lage versetzte, sich aktiv einzubringen und an der Erweiterung des Angebotes des Trägers teilzunehmen. Dabei handelte es sich nicht um ein Planspiel, sondern um die konkrete Umsetzung. Hierbei waren die Mütter an allen Planungsaspekten wie die Einholung von rechtlichen Informationen über Kontakt mit Aufsichtsbehörden bis zur räumlichen Ausgestaltung beteiligt. „Ich habe erlebt, wie Ideen geboren werden und wie sie umgesetzt werden können, und immer wenn ich da vorbeigehen werde, weiß ich, dass ich Teil davon war", so eine Teilnehmerin des Planungskurses.*

Abschließend ist festzustellen: Je praktischer Angebote für Eltern gestaltet sind, desto erfolgreicher werden sie sein. Die Anlässe, die Eltern mit Migrationshintergrund dazu bewegen, an den zusätzlichen Angeboten der Kindertageseinrichtung teilzunehmen, sollten sich also aus den persönlichen Bedarfen ergeben, die die Eltern formulieren.

Ein multikulturelles Team als Vorbild

Unterstützt wird die interkulturelle Elternarbeit auch durch ein multikulturelles Team, wobei sich dies idealerweise als ein systematisches Merkmal der Personalauswahl des Trägers ausdrücken sollte. Durch ein multikulturelles Team erleben die Kinder und ihre Familien, dass ihre Lebenswelt, die spezifische Unterschiede deutlich macht, sich auch auf anderen Ebenen der Kindertageseinrichtung und des gesamten Trägers widerspiegelt; sie erfahren beispielsweise, dass Mehrsprachigkeit nicht nur ein zu bewältigendes Phänomen ist, sondern als Ressource wahrgenommen wird. Gleichzeitig erleichtert ein multikulturelles Team mit seiner eigenen Mehrsprachigkeit, die Hürden von mangelnden Kenntnissen der deutschen Sprache zu überwinden, und erleichtert Familien, Unterstützungs- und Beratungsangebote der Kindertageseinrichtung als erste Anlaufstelle anzunehmen.

Allerdings reicht es nicht, einfach ein Team aus Erzieherinnen unterschiedlicher Herkunftsländern einzustellen. Die in Kapitel 5.2 beschriebene Interkulturelle Kompetenz muss auch in einem multikulturellen Team stetiges Element der Teamentwicklung sein und die Bewusstheit der eigenen Kultur und die der eigenen Ressentiments und Fremdheitsgefühle ein kontinuierlich sensibel bearbeitetes Thema innerhalb des Teams. Gemeinsame Regeln in einem multikulturellen Team wie „Ich achte jeden in seiner Art, gehe wertschätzend mit ihm um und sehe die Unterschiede, aber bewerte sie nicht" sollten bewusst getragen werden und den Raum dafür bilden, eigene Stärken einzubringen für Kinder, Eltern und Mitarbeiter.

Leiterinnen und Teams von Kindertageseinrichtungen können sich bei ihrem Träger dafür einsetzen, dass er Interkulturelle Kompetenz nicht nur als ein gefordertes Merkmal von Erzieherinnen in Kindertageseinrichtungen begreift, sondern als Entwicklungsaufgabe, die auch seitens des Trägers Einsatz erfordert, beispielsweise über folgende Strukturelemente zur interkulturellen Ausrichtung:

- **Personalauswahl:** Der Träger richtet seine Personalauswahl ausdrücklich auf Heterogenität aus. Dadurch verdeutlichen sich im Team der Kindertageseinrichtung z. B. Geschlechtervielfalt, ethnisch-kulturelle Vielfalt, Multiprofessionalität.
- **Teamentwicklung:** Der Träger bietet seinen Mitarbeiterinnen und Mitarbeitern vielfältige Teamentwicklungsmethoden an wie interkulturelle Coachings, Fortbildungen und Fachtagungen zum Thema.
- **Netzwerke:** Der Träger ist in den Netzwerken der Kommune und Fachpolitik beteiligt. Auf diese Weise hat das Team Anteil an den fachlichen Entwicklungen auf dem Gebiet und kann diese implementieren.

6 Erziehungspartnerschaft mit Eltern von Kindern mit Behinderung

Daniela Kobelt Neuhaus

Eltern von Kindern mit Behinderung sind so verschieden wie alle anderen Eltern. Sie unterscheiden sich zusätzlich durch eben dieses Kind mit Behinderung. Die Beeinträchtigung des Kindes verändert überdauernd die Intensität und die Qualität des partnerschaftlichen Dialogs zwischen Eltern und Fachkräften (Kobelt Neuhaus 2001, 50ff).

6.1 Erziehungspartnerschaft braucht besondere Qualität

Die meisten Einrichtungen – nicht nur Einrichtungen, die sich auf die Aufnahme von Kindern mit Behinderung spezialisieren – haben in ihrer Konzeption verankert, dass sie Kinder unbesehen ihrer Herkunft, ihrer Kompetenzen und Fähigkeiten angemessen fördern und die individuellen Bedürfnisse der Kinder und ihrer Familien berücksichtigen wollen. Solche Formulierungen in den Konzeptionsschriften beziehen sich in der Regel auf die „ganz normale Vielfalt" unter Kindern, d. h. auf unterschiedliche Herkunft, Kulturen oder Familienstrukturen. Noch sind Eltern von Kindern mit Behinderung, die aufgrund ihrer Beeinträchtigung besonders viel Unterstützung und Begleitung brauchen, seltener im Blick (Kobelt Neuhaus 2011a, 88).

Kinder mit Behinderung

> SGB IX, § 2, Abs. 1: „Menschen sind behindert, wenn ihre körperliche Funktion, geistige Fähigkeit oder seelische Gesundheit mit hoher Wahrscheinlichkeit länger als sechs Monate von dem für das Lebensalter typischen Zustand abweichen und daher ihre Teilhabe am Leben in der Gesellschaft beeinträchtigt ist. Sie sind von der Behinderung bedroht, wenn die Beeinträchtigung zu erwarten ist".

Der Behinderungsbegriff im Sinne des Sozialgesetzbuches ist ein äußerst dehnbarer Begriff. Er fasst sehr vereinfachend die Ausprägungsmöglichkeiten – und das sind unglaublich viele – von körperlichen, geistigen oder seelischen Entwicklungen zusammen und unterscheidet nicht zwischen subjektiv empfundener oder objektiv nachvollziehbarer Einschränkung der Teilhabe.

Der Begriff Teilhabe: Teilhabe impliziert Teilen, d. h. gesellschaftliche Güter wie Bildungs- und Betreuungsangebote sollten gleichermaßen die Bedürfnisse einer Minderheit von Menschen mit Behinderung wie die der Mehrheit von sogenannten nichtbehinderten Menschen erreichen. Letztere haben nicht zuletzt durch ihre zahlenmäßige Dominanz die Entwicklung der Infrastruktur und der pädagogischen und gesellschaftlichen Kultur geprägt. Für die weitere Entwicklung des inklusiven Dialogs ist daher die gelingende Umsetzung der UN-Behindertenrechtskonvention, die auch die frühe Kindheit einbezieht und für alle Bildungsorte – auch Elternhäuser – gilt, von großer Bedeutung (UN-Behindertenrechtskonvention, § 24). Sie benennt als wichtiges Ziel die Beseitigung der Barrieren, die eine wirksame Teilhabe an der Gesellschaft verhindern.

Erfahrungshorizonte von Erzieherinnen: Viele Fachkräfte in der Frühpädagogik haben nur vage Vorstellungen darüber, was eine Behinderung im Einzelfall bedeuten kann und wie vielfältig die Formen und Ausprägungsgrade von Schädigungen oder die Barrieren der Um- und Mitwelt sein können, die Menschen daran hindern, selbstwirksam und selbstverständlich an allen Facetten des gesellschaftlichen Lebens teilzuhaben.

> Fehlenden Informationen zum Thema Behinderung und ungenügende Kontaktmöglichkeiten zu Menschen mit Behinderung führen zu Unsicherheiten bezüglich der adäquaten Begleitung von Eltern mit Kindern, die eine Behinderung mitbringen.

Wenn in der persönlichen Vergangenheit von Fachkräften Begegnungen stattfinden konnten, haben sich bestimmte Bilder eingeprägt, die unbewusst das eigene Wissen und die aktuelle Haltung zu Menschen mit Behinderung und ihrer Zugehörigkeit zur Gesellschaft beeinflussen. Die relative Unsichtbarkeit von Menschen mit Behinderung im gesellschaftlichen Alltag – durch besondere Schulen und besondere Unterbringung unterstützt – nährt eher Vorurteile, als dass sie Nähe und Verständnis oder neue Bilder und Vorstellungen über Stärken und Kompetenzen von Menschen mit Behinderung bewirkt.

Integrative Einrichtungen: In integrativen Einrichtungen werden frühe Begegnungsmöglichkeiten geschaffen. Dort lernen und leben Kinder (und ihre Familien) mit Behinderung und Kinder (mit ihren Familien) ohne Behinderung gemeinsam. Ausgangspunkt integrativer Pädagogik ist entweder die Regelpädagogik, der Kinder mit Behinderung zugeführt werden, oder die Behindertenpädagogik, die Kinder ohne Behinderung einbezieht. Die Umsetzung der Vision einer Inklusion, welche Heterogenität in allen Dimensionen von Anfang an vorsieht, steckt noch in den Kinderschuhen. Dies ist nicht zuletzt in der personenbezogenen und zusätzlichen Finanzierung von Menschen, die eine Behinderung mitbringen, begründet. Besondere Kinder (und ihre Familie) bringen sozusagen ein Rucksäckchen mit zusätzlichen Ressourcen mit, das eine gemeinsame Erziehung von Kindern mit und Kindern ohne Behinderung ermöglicht oder – je nach Schwere der Beeinträchtigung – sogar eine Förderung in einer Sonderkindertageseinrichtung erfordert.

Aufnahmepraxis: In der Praxis entscheiden oft die Fachkräfte vor Ort, die den erzieherischen und pflegerischen Mehraufwand einschätzen, ob ein Kind einen Platz in der Einrichtung mit gemeinsamer Erziehung erhält oder nicht. Die Entscheidung wird dabei zum einen durch die Art der Behinderung beeinflusst. Es geht zum Beispiel das Gerücht, dass Kinder mit einem Downsyndrom oder Kinder mit Entwicklungsverzögerungen leichter zu integrieren seien als Kinder mit Autismus oder mit einer geistigen Beeinträchtigung. Diese Annahmen verkennen die Tatsache, dass auch Syndrome mit der gleichen Bezeichnung bei jedem Kind vollkommen anders aussehen und sich auswirken können.

Unsicherheit bzgl. der Anforderungen: Vielfach fallen Entscheidungen über die Aufnahme eines Kindes mit Behinderung vor dem Hintergrund der gesetzlich empfohlenen bzw. vorgegebenen Rahmenbedingungen. Diese sind für eine angemessene und den individuellen Bedürfnissen jedes Kindes Rechnung tragende Förderung in der Regel unzureichend. Das sehen nicht nur Eltern von Kindern mit einer gravierenden Beeinträchtigung so, die befürchten, dass pädagogische Fachkräfte nicht adäquat qualifiziert sind, um ihr Kind angemessen zu fördern. Auch die Fachkräfte beurteilen dies ähnlich und viele fühlen sich den besonderen Herausforderungen einer inklusiven Pädagogik nicht gewachsen. Damit stehen sie auf einer Stufe mit den Eltern von Kindern mit Beeinträchtigung oder mit drohender Behinderung, die ebenfalls befürchten, den Anforderungen nicht zu genügen. Eine Lösung für die allgemeine Verunsicherung angesichts von Kindern mit Behinderung kann nur ein Dialog auf Augenhöhe bringen, den die Fachkräfte anzetteln und moderieren müssen. Dafür ist es wichtig, dass sie nachvollziehen können, wie Eltern mit der Tatsache umgehen, ein besonderes Kind zu haben.

6.2 Kinder mit Behinderung und ihre Eltern haben eine Geschichte

Eltern, die ein Kind erwarten, machen sich unbewusst oder bewusst immer schon ein Bild ihres künftigen Nachwuchses. Sie stellen sich zum Beispiel vor, dass das Kind schön, klug, sportlich oder kreativ begabt sein und natürlich Karriere machen wird. Nicht nur die Mütter, die schon in der Schwangerschaft eng mit ihrem Baby verbunden sind, auch die Väter haben Ideen dazu. Vielfach ist das Geschlecht des Kindes bereits früh bekannt und die Träume der Eltern konkretisieren sich entsprechend. Je konkreter die Träume sind, desto härter trifft es Eltern, wenn sie erkennen müssen, dass ihr Kind niemals jenem ihrer Träume gleichen wird.

Durch die heutige Vorsorgepraxis werden Schädigungen eines Kindes vielfach bereits im Mutterleib erkannt. Die vorgeburtliche Diagnostik unterscheidet sich von einer üblichen medizinischen Diagnose, weil sie vor allem eine nicht behandelbare Behinderung oder Krankheit feststellt. Sie wird zum Selektionsinstrument, das die Entscheidungsgrundlage für einen Schwangerschaftsabbruch bietet. Bis heute müssen sich Eltern, die sich entscheiden, ihr Kind trotz Behinderung zur Welt zu bringen, rechtfertigen. Sie begegnen nicht nur Unverständnis, sondern zum Teil konkreten Vorwürfen, dass sie sich den Kinderwunsch auf Kosten des Staates oder der Krankenkassen erfüllen würden (Kobelt Neuhaus 2002; Roth 2012).

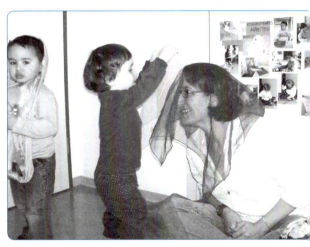

Abb. 6.1: Viele Eltern, die ein Kind erwarten, haben konkrete Träume darüber, wie ihr Kind wohl einmal sein wird

„Die Geburt ist gut verlaufen – aber ihr Kind ist behindert"

Trotz der Möglichkeiten frühester Diagnostik erfahren einige Eltern erst bei der Geburt, dass mit ihrem Kind etwas nicht stimmt, oder die Schädigung des Kindes entsteht während der Geburt. Es gibt inzwischen im Netz oder auch in schriftlichen Dokumenten zahlreiche Berichte von Eltern darüber, wie schwierig es war, mit der Diagnose „Schädigung" zurechtzukommen. Vielfach hat es ihnen „den Boden unter den Füßen weggezogen" (Lange 2010). Ob Eltern sich fangen, ist unter anderem abhängig von der Vermittlungskompetenz der medizinischen, therapeutischen und pädagogischen Stützsysteme und deren Unterstützung beim Vorhaben, dem Kind trotz der Schädigung eine angemessen ermutigende und konsequente Entwicklungsbegleitung in größtmöglicher „Normalität" zu bieten.

> Eltern brauchen Fachkräfte, die ihre Ängste nicht kleinreden, sondern diese verstehen und gleichzeitig anerkennend aufzeigen, welche Entwicklungsschritte das Kind gerade bewältigt.

Erste Erfahrungen mit Familienhebammen und Eltern-Kind-Begleiterinnen zeigen, wie wichtig es für Eltern ist, Personen an der Seite zu haben, die verstehen, aber selber den Kopf nicht verlieren. Leider fehlen dazu noch Langzeit-Wirkungsanalysen

(Kobelt Neuhaus 2011c, 29). Eltern mit einer Diagnose brauchen nicht nur Begleitung in der Bewältigung des Schocks und der Trauer, sondern auch Türöffner in die Gesellschaft. Für viele Eltern wird durch ihr Kind mit Behinderung das Ansehen in der Gesellschaft plötzlich zu einem Thema. Sie entwickeln Schamgefühle, aber auch panische Ängste um das Kind und sein Überleben (Lebenshilfemagazin Unser Kind 2007).

„Mit meinem Kind stimmt etwas nicht"

Manche Behinderungen von Kindern werden erst im Verlauf der ersten Lebensjahre entdeckt oder anerkannt diagnostiziert, obwohl die Eltern nicht selten das Gefühl haben, mit ihrem Kind stimme etwas nicht. Dann ist es besonders wichtig, dass sie auf Fachkräfte treffen, die sie und ihre Ängste ernst nehmen.

Beispiel: *„Als Justin fünf Monate alt war, haben wir gemerkt, dass etwas nicht stimmt. Bis dahin war alles ganz normal gewesen. Doch plötzlich machte er Rückschritte in der körperlichen Entwicklung. Viele Dinge, die andere Kinder in seinem Alter machten, wie zum Beispiel umherkrabbeln, machte er nicht. Wir gingen mit ihm zum Kinderarzt. Der konnte jedoch nichts feststellen. Aber wir wussten, dass irgendetwas nicht mit unserem Kind in Ordnung war. So konsultierten wir den nächsten Arzt. Und den nächsten. Und den nächsten... Unser Umfeld hielt uns für verrückt. ‚Übertriebene Muttergefühle beim Erstgeborenen'"* (Erfahrungsbericht. www.myhandicap.de/behindertes-kind-in-familie.html).

Einige Eltern bekommen erstmalig in der Kindertageseinrichtung den Hinweis, dass ihr Kind möglicherweise schlecht hört oder sieht oder dass das Temperament des Kindes nicht als Zeichen besonders großer Neugierde gewertet wird, sondern möglicherweise eine Reizverarbeitungsstörung vorliegt. Besonders schwierig zu diagnostizieren und den Eltern zu vermitteln sind Verhaltensbesonderheiten von Kindern, die keine eindeutige Ursache haben wie etwa die Auswirkungen, die eine einseitige Hochbegabung, autistische Syndrome oder das sogenannte Aufmerksamkeitsdefizitsyndrom zur Folge haben können. Sie ähneln oft den Verhaltensweisen von Kindern, denen keine Grenzen und Konsequenzen gesetzt werden oder die verwahrlosen.

Warum für Eltern eine Diagnose wichtig ist

Entwickeln sich Kinder nicht wie die Mehrheit anderer Kinder, so sind ihre Eltern verunsichert. Kann eine medizinisch begründete Diagnose gestellt werden oder kann die Behinderung einer Syndrom-Gruppe zugeordnet werden, entlastet das die Eltern sehr. Sie sind dann in der Lage, die pädagogischen Interventionen auf das Kind und seine Ressourcen und nicht auf seine Behinderung zu beziehen. Jedoch wird es trotz aller medizinischen Fortschritte immer wieder Kinder mit auffälligen Entwicklungsverläufen geben, die nicht eindeutig erklärbar sind. Insbesondere bei schädigungsbedingten Verhaltensauffälligkeiten, die jenen unerzogener Kinder ähneln, fühlen sich Eltern oft unsicher, ja sogar schuldig oder unfähig (Blankennagel 2010). Manche Eltern sehen sich veranlasst, ihr nicht angepasstes Kind zu maßregeln und seine Fehler zu bekämpfen, immer im Bemühen, das Kind doch noch „in Ordnung" zu bringen. Oft gelingt es ihnen kaum, den pädagogischen Fachkräften zu verdeutlichen, dass sie alles Menschen mögliche getan haben, um ihr Kind angemessen zu fördern. Eltern in einer solchen Gefühlslage können nicht den notwendigen Halt und die für die Entwicklung grundlegende Zuversicht vermitteln. Sie erreichen damit gerade das Gegenteil von dem, was sie eigentlich wollen: dem Kind ein positives Selbstbild mitgeben.

Eltern, die für die Beeinträchtigung ihres Kindes keine Diagnose vorweisen können, haben zwar den zweifelhaften Vorteil, noch auf „Normalität" ihres Kindes hoffen zu können. Aber der Vorteil ist gleichzeitig auch der Nachteil: Sie suchen manchmal viele Jahre nach dem Grund für auffällige Entwicklungen und investieren oft mehr Zeit in medizinische Untersuchungen als in schöne gemeinsame Stunden mit ihrem Kind, weil sie seine Behinderung innerlich nicht akzeptieren können.

6.3 Kinder mit Behinderung stürzen Eltern in eine Krise

Egal zu welchem Zeitpunkt Eltern feststellen und anerkennen, dass ihr Kind nicht ihren Träumen entspricht, sondern in seiner Entwicklung besondere Begleitung und Unterstützung brauchen wird – es ist für die Eltern immer ein Schock, mit dem sie erst einmal fertig werden müssen.

> „Unvorbereitet wird man mit einer Lebenssituation konfrontiert, die von der Norm abweicht: die Krise ist ausgelöst, der Betroffene befindet sich in panischer Angst vor dem Unbekannten. Automatisch greift er auf erlernte Reaktionsmuster zurück, wehrt sich, baut Verteidigungsburgen, setzt rationale Rituale in Gang, tut alles und unterlässt nichts, um den Krisenauslöser zu verdrängen" (Schuchardt 1985, 24).

So beschreibt Erika Schuchardt die Dynamik des Schocks, den Eltern zum Beispiel bei der Geburt eines Kindes mit Behinderung erleben oder den die Eröffnung der Erzieherin auslöst, dass das Kind sich nicht wie die meisten Kinder seines Alters entwickelt. Das Ereignis „schlägt wie ein Blitz ein" (ebd.) und markiert den Ausgangspunkt eines Lernprozesses, der über viele Stadien hin zur Akzeptanz und zur Wiedererlangung der Handlungsfähigkeit führt. Zu dieser Erkenntnis ist Erika Schuchardt gekommen, nachdem sie viele Biographien von Menschen untersucht hat, die in ihrem Leben mit besonderen Diagnosen konfrontiert wurden. Dabei hat sie festgestellt, dass die Betroffenen ihre Krisen in ähnlicher Weise bewältigten und dass sie jeweils bestimmte Stadien durchlaufen haben, um aus der Krise wieder herauszukommen.

Krisenverarbeitungsprozesse

Die drei Stadien des Krisenverarbeitungsprozesses „Eingangs-Stadium, Durchgangs-Stadium und Ziel-Stadium" werden in der Darstellung von Schuchardt auf einer Spirale angeordnet, die eine fließende Krisenverarbeitung mit der Möglichkeit des Fort- und Rückschritts symbolisiert (→ Abb. 6.2).

Zum Eingangsstadium gehören die Phasen der Ungewissheit und der Gewissheit. Am Übergang zum Durchgangs- oder Verarbeitungsstadium finden wir die Phase der Aggression. Sie führt über die Phase der Verhandlung in die Depression und schließlich in die Annahmephase. Im Zielstadium ordnet Schuchardt Aktivität und Solidarität an, die sozusagen „über der Krise" stehen.

Eltern sind, wenn ihr Kind in die öffentliche Kindertagesbetreuung kommt, auf sehr unterschiedlichen Stufen der Krisenbewältigung. Entsprechend müssen Fachkräfte sie auf einer anderen Ebene „empfangen" oder „abholen", um das geflügelte Wort zu bemühen „jemanden dort abholen, wo er steht".

Phase der Ungewissheit: Grundsätzlich können pädagogische Fachkräfte davon ausgehen, dass sie es bei Eltern von Kindern mit Behinderung mit schockierten Erwachsenen zu tun haben. Sie treffen auf Eltern, denen eine Vision geraubt wurde und die sich nun mit unbekannten Entwicklungen ihres Kindes auseinandersetzen müssen, ohne genau zu wissen, welche Ressourcen ihrem Kind zur Verfügung stehen und wie diese mobilisiert werden können. Schuchardt weist übrigens explizit darauf hin, dass die Pädagoginnen selber ebenfalls – wenn auch in abgeschwächter Form – die Akzeptanzspirale durchlaufen müssen, um einem Kind und seinen Eltern adäquat begegnen zu können (Schuchardt 1985, 24).

Dämmert Eltern, dass ihr Kind sich nicht so entwickeln wird wie die meisten anderen Kinder, wollen sie diese Erkenntnis zunächst verdrängen. Diese „implizite Leugnung" (Schuchardt 1985, 25) teilt Schuchardt in drei Zwischenphasen:

- **Zwischenphase der Unwissenheit:** In dieser Phase wiegeln Eltern ab. Sie bagatellisieren den Befund unter dem Motto „Man muss ja nicht immer gleich das Schlimmste denken". Fachkräfte, die Eltern zu überzeugen versuchen, ihr Kind der Logopädin vorzustellen oder den Orthopäden wegen des Spitzgangs des Sohnes zu konsultieren, erfahren dann zum Beispiel, dass der Großvater des Kindes ähnliche Sprachschwierigkeiten hatte und heute ein geübter Redner und Fernsehmoderator ist, oder ihnen werden die Schwierigkeiten geschildert, die die Schwester des Kindes beim Gehen hatte und die sich selbstverständlich ausgewachsen haben.
- **Zwischenphase der Unsicherheit:** Lassen sich aufgrund der medizinischen oder Verhaltensindizien die Fakten nicht mehr leugnen, geraten die betroffenen Eltern in eine Zwischenphase der Unsicherheit. Sie registrieren hoch sensibel alles, was für oder wider den Verdacht steht. Dabei werden Fakten, welche den Verdacht nicht bestätigen, tendenziell viel höher bewertet; und es werden Hinweise gefunden, die gegen eine Behinderung sprechen. Wolf-Stiegemeyer (www.epikurier.de/

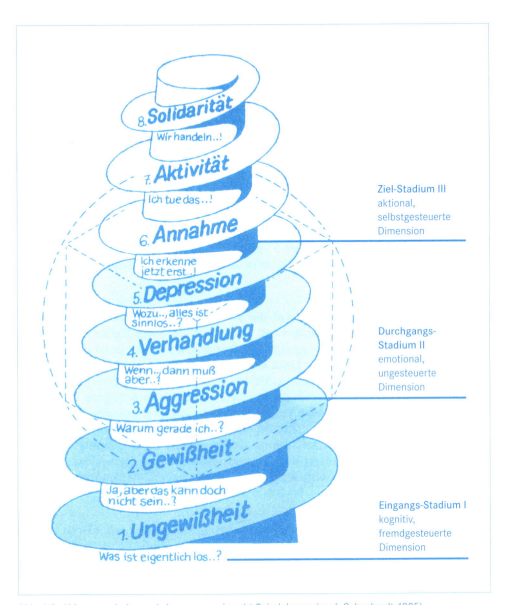

Abb. 6.2: Krisenverarbeitung als Lernprozess in acht Spiralphasen (nach Schuchardt 1985)

Die-Trauerspirale-vo.378.0.html, Ausgabe 4/2002) weist darauf hin, dass in dieser Phase „der Prozess sehr stark durch Außenstehende (wie z. B. Ärzte, Therapeuten, eventuell auch Bekannte) beeinflusst" wird. Die Eltern beziehen sich dann gerne auf die medizinischen oder pädagogischen Autoritäten, die „nichts" gefunden haben und die einen normalen Entwicklungsverlauf des Kindes voraussagen. Werden Eltern in dieser Phase nicht adäquat begleitet, kann sie unerträglich lange dauern. Das ist unter anderem dann der Fall, wenn eine klare Diagnose erst sehr spät oder gar nicht gestellt werden kann. Die Unsicherheit bleibt dann beste-

hen und belastet die Eltern-Kind-Beziehung, weil einfach nicht sein kann, was nicht sein darf. Oft geht dem betroffenen Kind durch die Weigerung der Eltern, der Realität ins Auge zu blicken, wertvolle Zeit der Entwicklungsförderung verloren.
- **Zwischenphase der Unannehmbarkeit:** Am Ende mündet die Unsicherheit – die die Behinderung bestätigenden Indikatoren ignorierend – meistens in eine dritte Zwischenphase. Sie wird von Schuchardt mit „Unannehmbarkeit" (2004, 26) bezeichnet und beinhaltet die totale Ablehnung der Bedrohung.

Phase der Gewissheit: In der zweiten Spiralphase, der Gewissheit, erleben Eltern, dass sich die Anzeichen für eine Behinderung des Kindes verdichten und mehren. Die Unterschiede in den Verhaltensweisen werden im Vergleich zu anderen Kindern nicht zuletzt aufgrund der häufigeren Kontakte mit Gleichaltrigen in einer Kindertageseinrichtung sichtbar. Nicht selten „wissen" Eltern bereits, dass mit ihrem Kind wirklich etwas nicht stimmt. Aber noch weigert sich das Innere, die Tatsachen zu akzeptieren. „Die Ambivalenz ‚ja, aber…?' schiebt sich wie ein Puffer" (Schuchardt 1985, 27) zwischen die Eltern und ihr Erschrecken über die Diagnose und verschafft noch mal ein bisschen Luft, bevor man wirklich klein beigeben muss. Oft ist es so, dass die Wahrheit zwar rational wahrgenommen wird, die Eltern jedoch noch lange nicht bereit sind, auch emotional die Tatsache auszuhalten, dass – ausgerechnet – ihr Kind eine Behinderung hat (Wolf-Stiegemeyer 2002). Die Eltern hegen noch die Hoffnung, dass sich die Behinderung als Irrtum herausstellen könnte.

Phase der Aggression: Wenn Eltern realisieren, dass ihr Kind wirklich eine Behinderung hat und die Hoffnung auf einen Irrtum schwindet, dann werden sie meist von Gefühlsstürmen regelrecht umgeworfen. „Warum gerade ich ..?" (Schuchardt 1985, 27) ist die Frage, die sie umtreibt. Nur in den wenigsten Fällen lassen die Eltern ihre Hilflosigkeit, Ohnmacht oder Wut am Kind aus, was unbedingt zur Einschaltung des Jugendamts führen muss. Einige Eltern richten die Wut gegen sich selber. Sie isolieren sich, fressen den Kummer in sich hinein oder beschuldigen sich als Urheber der Behinderung, was in den meisten Fällen ziemlich unsinnig ist (Blankennagel 2010). Andere Eltern – so Schuchardt – suchen Ersatzobjekte bzw. -subjekte, an denen die Wut ausgelassen werden kann (ebd., 28), zum Beispiel kritisieren sie die Pädagogik in der Kindertageseinrichtung. Oft sind solche Eltern kaum zufriedenzustellen: Nichts kann man ihnen und ihrem Kind recht machen. Das führt leider dazu, dass diese Eltern bei den Fachkräften und bei anderen Eltern nicht gerade beliebt sind, was den Eltern wiederum bestätigt, dass sie richtig liegen in der Annahme, alles habe sich gegen sie verschworen und sie seien im Stich gelassen. Solchen elterlichen Verhaltensweisen können Erzieherinnen nur wertschätzend begegnen, wenn sie um diesen Mechanismus der Krisenverarbeitung wissen.

Phase der Verhandlung: Die Phase der Verhandlung ist meines Erachtens die kritischste Phase für Kinder und Eltern und ihre gemeinsame Zukunft. Je besser Eltern in ihr begleitet werden, desto geringer sind die Folgen für das Kind, dessen Entwicklung zu einer eigenständigen und selbstwirksamen Persönlichkeit extrem gefährdet ist. Um aus der Wut und Aggression der Phase drei herauszukommen, beginnen Eltern alles Mögliche gegen den vermeintlichen Auslöser der Krise, zum Beispiel die körperliche, geistige oder seelische Beeinträchtigung des Kindes, zu tun (Schuchardt 1985, 28).

Typisch für diese Phase ist das „Therapie-Shopping" (Kobelt Neuhaus) von Eltern. Es hat durchaus Parallelen zum Bildungswahn jener Eltern, die fast zwanghaft nach Möglichkeiten suchen, ihrem Kind mehr und bessere Chancen zu verschaffen. In der Hoffnung, dass viel auch viel hilft, wird für das Kind aus dem reichhaltigen Bildungs- und Therapie-Angebot der heutigen Zeit fast wahllos geschöpft: Ergotherapie, Musiktherapie, Kunsttherapie, Sprachtherapie, Logopädie, Psychotherapie, Heileurhythmie, Krankengymnastik, alles auch im Rahmen einer Frühförderung. Auch Delfintherapie, Hippotherapie und Hundetherapie kommen in Frage, um die Entwicklung zu optimieren, die drohende Behinderung hinauszuschieben bzw. um die Diagnose abzuwenden und den vermuteten Auswirkungen zu trotzen.

Andere Eltern in der Verhandlungsphase finden ihre Hoffnung in der Religion, legen Gelübde ab oder kaufen teure Präparate, die eher als Wundertinktur denn als Medizin gesehen werden müssen. Einige Eltern nehmen erst in dieser Phase die Ratschläge und medizinischen Angebote von Fachleuten wie Ärzten wahr, weil sie davor zu sehr mit sich beschäftigt waren. Jetzt nehmen sie sie aber sehr ernst.

Erzieherinnen als potenzielle Begleiterinnen von Eltern sind auf der anderen Seite auch nicht frei von Schuldgefühlen, wenn sie bei einem Kind keine Entwicklungsfortschritte in allen oder einzelnen Entwicklungsbereichen dokumentieren können. Sie fühlen sich durch den Beruf verpflichtet, dafür zu sorgen, dass Kinder sich zu eigenverantwortlichen und gemeinschaftsfähigen Persönlichkeiten (SBG VIII, § 22, Absatz 2) entwickeln. Um ihre Enttäuschung über den Nicht-Erfolg des Kindes abzubauen, versuchen sie, ähnlich wie die Eltern unter dem Motto „Und nun erst recht!" (Milani Comparetti in Janssen u. a. 1996, 19) mit zusätzlichen Mitteln das Beste für das Kind zu bewirken. Da kommt es ihnen sehr gelegen, wenn gleichzeitig auch die Eltern nach Fördermöglichkeiten suchen. Eine Mutter hingegen, die Angebote für ihr Kind nicht wahrnimmt, macht sich verdächtig.

> Leider ignorieren die gemeinsamen Bemühungen von Eltern und Fachkräften zur Optimierung der Entwicklungsprozesse nicht selten die individuellen Ziele und Lernprozesse der Kinder. Sie werden zu (Be-)Handlungen gezwungen, die ihnen unangenehm oder die schmerzhaft sind, jedoch als besonders wirksam für die Korrektur von Nicht- oder Fehlentwicklung angesehen werden.

In Anlehnung an Winnicott (1976) hat Milani Comparetti solche Kooperationen zwischen Therapeuten und Eltern von Kindern mit Behinderung als „perverse Allianz" bezeichnet (Milani Comparetti 1985, 19). Kinder mit Behinderung haben besonders oft erwachsene Gegenüber, die wissen, was (gegen die Behinderung) gut ist, und die dem Kind vermitteln, dass es so, wie es ist, nicht akzeptabel ist. Anstelle des Begriffs der perversen Allianz kann man auch von einer „unheiligen Allianz" sprechen. Zu verstehen ist darunter eine Verbindung oder Beziehung, zum Beispiel zwischen Erzieherin und Mutter, die die Achse des Bösen definiert und gegen das, was nicht sein soll, kämpft. Die ganzheitliche Sichtweise auf Kinder und ihre Entwicklungsschritte wird unter dem Motto „Der Zweck heiligt die Mittel" aufgegeben. Dafür werden zielgerichtete Einzelmaßnahmen zur Behebung von „Fehlern" (Heilung) geplant und durchgeführt (Kobelt Neuhaus 2011b).

Eine unheilige Allianz tritt bevorzugt da auf, wo der Blick defizitorientiert auf ein Kind bzw. auf bestimmte Symptome in seiner Entfaltungsgeschichte gerichtet wird und wo das Kind keine Lobby mehr hat. Schädigungen und Störungen eines Kindes werden nicht mehr im Kontext gesehen, sondern sind Gegenstand von Machbarkeitsfantasien der Erwachsenen, die sich sicher sind, dass das richtige Mittel in maximaler Dosis das Symptom zum Verschwinden bringt.

Phase der Depression: In der Depressionsphase tritt die Ernüchterung ein. Die betroffenen Eltern erleben unterschiedlich stark, dass das, was sie unternommen haben, nicht wirklich geholfen hat und dass es sie ihrem Kind nicht näher gebracht hat. Sie realisieren plötzlich, dass sie die Selbstbestimmungskompetenz des Kindes mit Behinderung untergraben und sie weniger mit ihm im Dialog, sondern vielmehr bestimmend gegen dieses Kind gehandelt haben. Das macht unendlich traurig. Gleichzeitig realisieren viele Eltern, dass sie auf Gedeih und Verderb an dieses Kind gebunden sind und sie es jetzt nur noch so lieben können, wie es ist. Diese Trauerarbeit ist ein wichtiges Stadium auf dem Weg zur Annahme des Kindes mit seiner Behinderung und zur Wiedergewinnung der Handlungsfähigkeit (Schuchardt 1985, 29–30).

Phase der Annahme: Schuchardt beschreibt diese Phase, welche man symbolisch mit „den Kopf aus dem Sand nehmen" darstellen könnte, als „nicht zustimmende Bejahung" (1985, 30). Sie macht sehr deutlich, dass Annahme nicht Willenlosigkeit oder Resignation bedeutet, sondern eher die Suche nach dem Guten im Schlechten. Aber es ist jetzt eine unaufgeregtere Suche und eine, die im Dialog bzw. in Beziehung mit dem Kind stattfinden kann. Gesucht wird, was zu tun ist, und die erwarteten Schwierigkeiten werden weder bagatellisiert noch überhöht.

Phase der Aktivität: Die Annahme setzt Kräfte für das Kind frei, die bislang im Kampf gegen das Unausweichliche verwendet wurden (Schuchardt 1985, 30). In der modernen Sprache würden wir sagen, dass nun der Blick der Eltern auf die Ressourcen des Kindes möglich wird. Im Idealfall kommt es zu einem überdauernden Paradigmenwechsel in der Haltung der Eltern. Es gelingt ihnen immer besser, mit dem Kind gemeinsam an seiner Weltkonstruktion zu arbeiten, anstatt ihm die eigenen Vorstellungen aufzudrücken. Die Aktivitätsphase ist im Gegensatz zur Verhandlungsphase eine eher nach innen gerichtete Veränderung.

Phase der Solidarität: Werden Eltern und Kinder bei der Krisenbewältigung angemessen begleitet, erwächst in ihnen schließlich der Wunsch, selbst in der Gesellschaft verantwortlich zu handeln. Anstatt im Widerstand gegen wird nun mit dem Unannehmbaren die eigene Rolle in der Gesellschaft gestaltet. Eltern suchen für ihre Kinder mit Behinderung nicht mehr nach dem Weg, auf dem diese trotz geistiger Behinderung Akademiker werden könnten – um es etwas überspitzt zu formulieren –, sondern sie suchen einen Weg, wie ein Kind mit geistiger Behinderung für sich einen Platz in der Gesellschaft finden kann, der es glücklich und mit sich zufrieden macht.

Erzieherischer Dialog ist Kompetenzpartnerschaft

Die Krisenverarbeitung als Lernprozess nach Schuchardt ist ein idealtypisches Modell und sollte keinesfalls in verabsolutierender Weise angewandt werden. Der Nutzen liegt darin, dass Fachkräfte vordergründig unverständliches, „schwieriges" Verhalten von Müttern und Vätern, die mit sehr unangenehmen Diagnosen konfrontiert sind, besser zu deuten wissen. Wenn sich im Dialog die eine Seite unverstanden oder unterlegen fühlt, so entsteht schnell eine einseitige Kommunikation, in der die Verständigung über die Ziele und Anliegen beider Partner schwierig ist. Es passiert dann zum Beispiel, dass die wertvollen Hinweise der pädagogisch weniger gebildeten Eltern, die jedoch Experten für ihr Kind sind, ignoriert werden (Whalley 2008). Es kommt auch vor, dass pädagogische Fachkräfte sich entgegen der eigenen Überzeugung oder Haltung von den Eltern drängen lassen, das Kind „zu seinem Glück zu zwingen". Sie achten besonders auf die Essensmenge anstatt auf die Motivation zum Essen oder bestehen darauf, dass jedes Kind nach Vorschrift bastelt, anstatt sich über kreative Abwandlungen zu freuen.

Insbesondere wenn es um das gelingende Aufwachsen von Kindern mit und Kindern ohne Behinderung geht, sind Eltern und Erzieherinnen aufeinander angewiesen, wollen sie den Kindern, ihren Bedürfnissen und ihrer Entwicklung gerecht werden (Frank 2001, 150). Eltern wissen, welche Spiele und Aktivitäten ihr Kind bisher interessiert haben, und können den Fachkräften schon beim Einstieg in eine Bildungsbeziehung wertvolle Tipps zum Kind geben. Aufgrund ihrer Erfahrungen mit der Bildungsbiographie des eigenen Kindes fällt den Eltern möglicherweise auf, wenn das Konzept oder die Angebote der Einrichtung die Bedürfnisse des Kindes nicht erreichen und seine Entfaltung nicht unterstützen. Sie können Fachkräfte auf zusätzlichen Unterstützungsbedarf hinweisen oder Anregungen geben, die dem Kind eine Eingewöhnung in der Einrichtung erleichtern.

Umgekehrt sind Fachkräfte oft die Partner, die den Eltern die Augen für Ressourcen eines Kindes öffnen, die anerkennend die Entwicklung eines Kindes und die Veränderungen in der Beziehung zu anderen Menschen, Erwachsenen oder Kindern beschreiben können. Es gilt aber auch die Schwächen anzusprechen, die auffallen, und Ideen vorzubringen, die das Kind in seinen Entwicklungsschritten unterstützen könnten. Hier den richtigen Zeitpunkt zu finden, ist wichtig. Manche Erzieherinnen fallen mit der Türe ins Haus, wenn ihnen in der Entwicklung eines Kindes etwas auffällt, das der Norm nicht entspricht. Sie erschrecken die Eltern durch Berichte über schwieriges Verhalten oder durch Ratschläge, doch die eine oder andere Therapie bzw. Behandlung in Erwägung zu ziehen. Andere Fachkräfte wiederum sprechen aus Sorge, die Eltern zu verletzen, zu spät und zu undeutlich über Schwächen.

Dialog auf Augenhöhe entsteht, wenn alle Partner das Gefühl haben, für die Zusammenarbeit und für das gemeinsame Ziel wichtige Beiträge beizusteuern. Gelingt es, dass alle Partner ihre Kompetenzen, persönlichen Eigenschaften, Erfahrungen, Wissen und Können in den Dialog einbringen, entsteht Kompetenzpartnerschaft (Kobelt Neuhaus 2010b, 30). Sie ist die Grundlage für eine Zusammenarbeit, die auf Wertschätzung und Achtung basiert.

Aufgaben:

- Diskutieren Sie: Was geht Ihnen durch den Kopf und was fühlen Sie, wenn Sie erstmals der Mutter begegnen, die ihr Kind mit Behinderung in Ihre Betreuung bringt? Welche Faktoren beeinflussen Ihre Haltung und Einstellung?
- Üben Sie im Rollenspiel, Eltern zu vermitteln, dass ihr Kind sich im Vergleich mit anderen Kindern nicht angemessen entwickelt.
- In der Phase „Gewissheit" sind Eltern besonders auf ehrliche und einfühlsame Begleitung durch andere Menschen angewiesen. Schonungslose Offenheit oder langsames Herantasten an die Wirklichkeit – was befürworten Sie? Begründen Sie.
- Versetzen Sie sich im Rollenspiel in die Mutter eines Kindes mit einer schweren Wahrnehmungsstörung, die gehört hat, dass Delfintherapie ihrem Kind helfen könnte. Sie hat einen Kredit für die Reise nach Florida aufgenommen, um nichts unversucht zu lassen. Was können Ihnen Ihre Studienkolleginnen in der Rolle von pädagogischen Fachkräften anbieten?
- Diskutieren Sie: Was bedeutet „ressourcenorientierte Pädagogik" für Menschen mit Behinderung? Kann es gelingen, die Defizitorientierung aufzugeben?
- Arbeiten Sie die zehn wichtigsten Merkmale eines Dialogs auf Augenhöhe heraus.

7 „Erzählen" als rekonstruktives Element der Elternarbeit

Claudia Maier-Höfer

Der Austausch zwischen Eltern und Fachkräften in einer Einrichtung hat eine besondere Bedeutung für die Mädchen und Jungen. Ihre Lebenswelten werden von den Erwachsenen anerkannt und ernst genommen. Damit die Art und Weise, wie Kinder ihr Leben gestalten und sich in ihren Fragen und Entwürfen entwickeln, nicht unter den Tisch fällt, braucht es das „Erzählen" der Lebenswelten von Kindern in Kindertageseinrichtungen.

Dieses „Erzählen" findet in einem Austausch zwischen Fachkräften und Eltern im Rahmen eines gemeinsamen Treffens statt, bei dem die von den Pädagoginnen und Pädagogen dokumentierten Geschichten darüber, wie sich Mädchen und Jungen in ihrem Spiel entwickeln, dargestellt und besprochen werden.

> Der Austausch mit den Eltern darüber, was diese Geschichten für die Kinder selbst und deren Erleben bedeuten könnten, aber auch für die Einrichtung, die der Ort ist, an dem die Kinder ihre Frage stellen und ihre Wünsche ausdrücken, ist ein wesentliches Element dieses Ansatzes.

Die Rekonstruktion der Bedeutung von Spielszenen geht dann nicht nur von den Fachkräften aus, sondern auch von den Eltern als Expertinnen und Experten ihrer Kinder. Die Geschichten in den Spielszenen stellen die Ordnung in der Gemeinschaft der Kinder dar. Darin bildet sich die von den Kindern entwickelte soziale Struktur in der Kita-Gruppe ab. Diese wird von den Fachkräften zusammen mit den Eltern aufgedeckt.

Das Erzählen als Element der Elternarbeit bezieht sich auf die Themen der Kinder, die diese „spielen". Diese Themen werden dann anhand von Theorien zur Bildung und zum Lernen in der Kindheit weitererzählt. Das, was die Mädchen und Jungen in ihrem sogenannten Symbolspiel (→ Kap. 3) beschäftigt, zeigt, dass sie in die soziale Welt um sie herum verwickelt sind. Es zeigt, dass sie sich damit beschäftigen, wie die Menschen miteinander leben, welche Unterschiede sie haben und welche Bedeutung die Unterschiedlichkeit in den verschiedenen Lebenskontexten haben kann. Es zeigt, dass sie Freundschaft und Verbundenheit wünschen.

Die Erkenntnis darüber, dass die Kinder bereits an der Gesellschaft teilhaben, bringt die Erwachsenen, Eltern und Fachkräfte dazu, sich intensiver mit den Lebenswelten der Mädchen und Jungen auseinanderzusetzen und diese Lebenswelten und deren Sinn „rekonstruierend" zu verstehen.

> Das Erzählen verbindet die Erwachsenen, die für die Kinder verantwortlich sind, miteinander.

Gerade wo etwas zunächst Unverständliches in Bezug auf das, was die Kinder tun, die Zeit des Verstehens braucht, gilt es, die Erfahrung mit den Kindern in eine narrative, also eine erzählerische Form zu gießen (Bruner 1997, 63). In dieser Form lässt sich aus dem, was Eltern und Fachkräfte verstanden haben, etwas im pädagogischen Alltag umsetzen, was den Wünschen der Kinder nach Freundschaft und Gemeinschaft nachkommt. Dieses Umsetzen der Wünsche und Ideen der Mädchen und Jungen wird von den Verantwortlichen, Eltern und Fachkräften, in einem gemeinsamen Austausch getragen. Die soziale Welt wird gemeinsam „konstruiert", d. h. der Sinn der Symbolspiele der Kinder wird als ein Hinweis verstanden, das Miteinander zu befragen und gegebenenfalls zu verändern, was Aufgabe der Erwachsenen ist.

Abb. 7.1: Die Wünsche von Kindern nach Freundschaft und Gemeinschaft brauchen Raum im pädagogischen Alltag

Es stellt sich die Frage: Warum ist es so wichtig, die Wünsche von Kindern nach Freundschaft und Gemeinschaft zu unterstützen? Welches Selbstverständnis der Erwachsenen von sich selbst und voneinander muss entstehen, wenn es darum geht, die Gemeinschaft mit den Mädchen und Jungen zusammen zu „konstruieren"?

7.1 Der Rahmen des „Erzählens"

Dass sich Kinder in ihren Lebenswelten engagieren und ihr Wohlbefinden in einem Wunsch nach Gemeinsamkeit „spielen" (Maier-Höfer 2011b), ist eine Erkenntnis, die von der Performativen Pädagogik unterstützt wird (Zirfas/Wulf 2007). Dabei entdecken die Kinder nicht nur ihre Fähigkeit zu fantasieren und miteinander Welten zu gestalten, sondern auch ihre Fähigkeit, das, was um sie herum geschieht, die von den Erwachsenen gestaltete soziale Welt um sich herum, mimetisch, d. h. nachahmend, nachzuerleben. Dies ist in vielen Spielszenerien tagtäglich in Kindertageseinrichtungen zu beobachten. Doch was macht man mit diesen dokumentierten Beobachtungen, dem Film-, Foto- und Tonmaterial, das die Lebenswelten der Mädchen und Jungen abbildet?

Das Konzept der rekonstruktiven Elternarbeit beruht zum einen auf dem Wissen um die Fähigkeit von Mädchen und Jungen, ihr Erleben der Welt zu „spielen", und zum anderen auf dem Wissen um die Bedeutung von partizipativen Strukturen in der Gestaltung von Gemeinschaften. Diese Gestaltung von Gemeinschaft liegt meist nur in den Händen der Erwachsenen. Dabei ist problematisch, dass sie ihre eigenen Vorbehalte und Ressentiments dort einlagern und den Kindern eigene Entscheidungen, wie sie miteinander zusammenzuleben wollen, und eigene Vision für ihr zukünftiges Miteinander wegnehmen. Dazu werden nachfolgend zwei Geschichten vorgestellt, die diesen Aspekt des Verhältnisses zwischen den Generationen deutlich machen.

Das Erzählen, als Rahmung der rekonstruktiven Elternarbeit umfasst drei Schritte:

- Dokumentation
- Rekonstruktion
- Konstruktion

Dokumentation: Die Dokumentation, also das Aufschreiben der Spielszene der Mädchen und Jungen, ist als erster Schritt des „Erzählens" aufzufassen. Es geht darum, „etwas in eine sprachliche Form zu gießen" würde es Bruner (1997) nennen. Das Vorstellen der gesammelten Geschichte seitens einer Fachkraft im pädagogischen Team geht mit den Nachfragen der Kolleginnen und Kollegen einher, die die Zusammenhänge, Abläufe und Inhalte klären helfen, Informationen und Gedanken hinzufügen und durch die Nachfragen die Geschichte in ihrem Sinn vertiefen.

Rekonstruktion: Die rekonstruktive Arbeit beginnt bereits beim Vorstellen der Geschichte. Hierbei erinnern sich die Fachkäfte möglicherweise an weitere Szenen, die sie erlebt haben und die zum Verstehen dieser Geschichte wichtig sind bzw. bedeutungstragend sein können.

> Die „Rekonstruktion" nimmt sich zu Herzen, dass man die Lebensweise von anderen Menschen nicht gleich verstehen kann. Es dauert, bis man mit anderen zusammen etwas von einer Welt verstehen kann, die sich nicht allein durch Sprache äußert. So eine Welt ist die Lebenswelt von Mädchen und Jungen (Thiersch/Thiersch 2001).

In den Spielen der Kinder, in denen Symbole entstehen genauso wie ein aufeinander bezogenes Erfinden der jeweils nächsten Spielschritte, ereignet sich etwas, das mehr ist als nur Fantasie. In diesen Spielen ordnen sie ihr Erleben von sich selbst in der Welt, insbesondere der sozialen Welt. Die ganz eigene Art von Kindern, sich auszudrücken, muss anerkannt und ernst genommen werden; und ebenso der Umstand, dass man nicht sofort und auch nicht alleine hinter den Sinn kommt. Die Wertschätzung der anderen Fachkräfte wie auch der Eltern als diejenigen, die die Mädchen und

Jungen kennen und sich in sie hineinversetzen können, ist eine wichtige Voraussetzung für die rekonstruktive Arbeit. In dieser Arbeit versucht man, die Kinder zu verstehen, und über das Individuelle des Spielthemas und der Subjektivität der Fachkraft, die die Geschichte gesammelt hat, hinaus, die Eltern als Expertinnen und Experten ihrer Kinder zum Verstehen einzuladen, um gemeinsam am Miteinander in einer Kita zu arbeiten.

In diesem Sinne findet der zweite Schritt der Rekonstruktion in einem Elterngespräch statt, zu dem die Mutter und der Vater der jeweils beteiligten Kinder, die Fachkraft, die pädagogische Leitung und eventuell noch Eltern aus dem Elternbeirat und andere Fachkräfte eingeladen werden. Hier wird die Geschichte unter Anleitung der pädagogischen Leitung vorgestellt und in Bezug zu theoretischen Kenntnissen „ausgebreitet" und mit wissenschaftlich-theoretischen und fachlich-pädagogischen Grundlagen unterfüttert. Das folgende Beispiel stellt den Ablauf einer solchen Rekonstruktion dar.

Beispiel: *Sarah (2,3 Jahre) und Nick (2,5 Jahre) wurden im Sommer aufgenommen und sind jetzt vier Monate in der Kita. In meiner Eigenschaft als Forscherin habe ich Fotomaterial zu einer Geschichte zusammengestellt, die ein gemeinsames Spielen von Sarah und Nick zeigt: eine sehr schöne Szene in der Puppenküche, die viele verschiedene Elemente von Lernen in der frühen Kindheit umfasst. Auch die Bezogenheit der beiden Kinder zueinander ist sehr tief und beeindruckend. Diese Geschichte habe ich im pädagogischen Team vorgestellt. Wir haben dort darüber gesprochen, welche Bedeutung diese Geschichte für Sarah und Nick in ihrem „Angekommen-Sein" in der Kita spielt. Dann hat die Leiterin im Rahmen der Elternkooperation die Eltern von Sarah und Nick eingeladen, um diese über die Freundschaft der beiden Kinder zu informieren. Es war für die Leiterin eine etwas „knifflige" Situation, weil die Mutter von Sarah dagegen war, dass ihre Tochter mit Nick in eine Gruppe kommt. Die Kita liegt in einem Quartier, in dem sich zum einen Bungalows der höheren Mittelschicht befinden und zum andern Wohnsilos, die als Sozialwohnungen ausgewiesen sind. Sarahs Eltern gehören der höheren Mittelschicht an und Nick wohnt mit seinen Eltern in einer Sozialwohnung. Sarahs Mutter möchte nicht, dass Sarah mit Nick zu tun hat. Die Gründe scheinen auf der Hand zu liegen, doch Näheres weiß man nicht.*

Zum Treffen kamen die Mutter von Sarah sowie die Mutter und der Vater von Nick. Eine Vertreterin des Elternbeirats war dabei, eine Fachkraft, die Leiterin und ich. Nachdem ich die Geschichte als Zeugin und Dokumentierende vorgestellt hatte und die Leiterin kommentierte, dass Sarah und Nick „schön miteinander spielen", vertiefte sich das Gespräch. Es war natürlich riskant, dass auf diese Weise herauskam, dass Sarah gegen den Wunsch der Mutter doch mit dem Jungen gespielt hatte. Aber der Wunsch nach einem Miteinander bei den Kindern war stark. Außerdem hat die Spielszene gezeigt, dass Nick auf wunderbare Weise in der Spielküche die Welt des Schemas erforscht hatte. Diese Beobachtung war theoretisch sehr schön kommentierbar: Weil offensichtlich wurde, dass er nach Piagets Theorie am Denken und Experimentieren war, was als wichtiger Bildungsprozess anzusehen ist, wurden die Eltern von Nick damit zugleich aufgewertet. Sarah war in diesem Miteinander mit Nick sehr zufrieden und ausgeglichen; sie hielt eine Babypuppe im

Arm und fütterte sie – die Harmonie am Küchentisch war perfekt! So war auch die Mutter, sich auf ihre Tochter einstimmend, „sehr zufrieden". Mit dieser Aussage verband sich die Rückmeldung an die Leiterin, dass sie von ihrem Wunsch, dass Sarah und Nick nicht in eine Gruppe sollen, offiziell zurücktritt und dass sie die Entscheidung der Leiterin und insbesondere den Wunsch ihrer Tochter nach Freundschaft mit Nick akzeptiert.

Konstruktion: Der konstruierende Teil beginnt, wenn die Geschichte einen Impuls bei den Eltern, den Fachkräften und den anderen Beteiligten entstehen lässt, die Mädchen und Jungen in ihren „Sinnstiftungsprozessen" zu begleiten. Was die Geschichte von Sarah und Nick betrifft, so ist es im Rahmen der Rekonstruktion gelungen, die Wünsche und die Entwicklung der beiden Kinder in ihrer Freundschaftsbeziehung zu begreifen. Dies führte dazu, dass sich eine knifflige Situation für die Leiterin klären ließ. Sie hatte es den beiden Kindern gegen den Wunsch von Saras Mutter ermöglicht, zueinanderzufinden und sich durch ihre Freundschaft in der ersten Zeit in der Kita gegenseitig Halt zu geben. Im Rahmen dieses Austauschs konnten die Erwachsenen den Wunsch der Kinder erfassen. Sarahs Mutter konnte sich vielleicht auch durch die Kita, die sicher sozial-strukturell einige Herausforderungen für alle Beteiligten darstellt, in dem Wohnviertel neu orientieren. Sie traf sich mit Nicks Eltern am zentralen Spielplatz, wo Nick und Sarah auch außerhalb der Kindertageseinrichtung miteinander spielen konnten.

Welcher Sinn als „Deutung" der Geschichte entsteht, ist eng daran geknüpft, welche Möglichkeiten die Sprechenden haben, frei zu sprechen. Dazu muss geklärt sein, dass es nicht um Stärken und Schwächen geht oder dass über die Entwicklung, die in einem Mädchen oder einem Jungen zentriert sei, gesprochen wird. Vielmehr muss allen Beteiligten klar sein, dass es um den Rahmen des sozialen Miteinanders geht, den die Erwachsenen gestalten und der den Mädchen und Jungen hilft, sich miteinander ohne Hindernisse und in welcher Form auch immer in lebendigen Begegnungen zu entwickeln. Im Fall der dargestellten Geschichte entwickelten sich freundschaftliche Begegnungen zwischen den Eltern und es wurde zur Entlastung der Leiterin vereinbart, dass die beiden Kinder „offiziell" in eine Gruppe kommen. Eine neue Wirklichkeit strukturierte sich im Sinne der Konstruktion der sozialen Wirklichkeit.

> **Aufgabe:** Reflektieren Sie: Gab es für Sie Spielpartner in Ihrer Kindheit, die von Ihren Eltern nicht gemocht wurden bzw. mit denen Sie nicht spielen sollten? Wie haben Sie das erfahren? Warum glauben Sie, waren die Eltern diesem Mädchen oder diesem Jungen gegenüber ablehnend eingestellt? Warum fanden Sie selbst dieses Mädchen oder diesen Jungen interessant? Was haben Sie miteinander gespielt?

7.2 Beispiel: Rekonstruktion einer Spielsituation

Die prozesshafte Entwicklung des Verstehens der Lebenswelten von Mädchen und Jungen und das darauf bezogene Umsetzen von Handlungsstrukturen im Sozialraum ist das Ziel der rekonstruktiven Elternarbeit. Anhand eines konkreten Arrangements im Sinne der rekonstruktiven Elternarbeit wird nun ein sogenanntes Narrativ vorgestellt. Ein „Narrativ" ist eine Erzählung, die die Dokumentation, die Rekonstruktion und die Konstruktion als einen Prozess des Austauschs zwischen Eltern und Fachkräften umfasst bis hin zu dem Moment, wo etwas Neues in der Einrichtung erfunden wurde, um dem Wünschen der Kinder nachzukommen. (Um ein solches Narrativ zu erfassen, wurde auch eine Software entwickelt, die den gesamten Prozess dokumentieren kann.)

Das Narrativ „Lass uns in den Urlaub fahren, anderswohin, vielleicht auf eine Insel."

Nachdem ich im pädagogischen Team einer Kindertageseinrichtung eine von mir dokumentierte Spielszene als eine „Foto-Story" mit Text vorgestellt und eine von der Leiterin der Kita moderiert Diskussion zur Bedeutung der Geschichte für die beiden Kinder stattgefunden hatte, wurde beschlossen, die Eltern der beiden Akteurinnen einzuladen. Bei dem Treffen waren die Leiterin, ein Mitglied des Elternbeirats, eine Fachkraft aus der Gruppe der Kinder, ich sowie die beiden Mütter von Anne (3,4 Jahre) und Emily (3,6 Jahre) anwesend.

Geschichte: *Die Bau-Ecke im Gruppenraum ist besetzt. Die Erzieherin schlägt vor, dass Anne und Emily in die Bau-Ecke im Foyer gehen. Dort befinden sich auf einem Teppich mit Regaleingrenzung in Hüfthöhe der Kinder quadratische Rattankisten mit Duplo Legomaterial. Anne: „Was soll ich holen?" Emily: „Lego! Ich geh schnell und komme gleich wieder. Pass auf!" Emily und Anne sehen sich bestätigend an. Als Emily weggegangen ist, setzt sich Anne an Emilys Platz. Emily kommt wieder. Anne steckt gerade Duplosteine auf eine Bauplatte. Emily kommt mit einer Kiste. Anne: „Jeder holt sich zwei gleiche Männchen 'raus!" Anne und Emily wühlen in der Kiste und suchen. Emily hat eine Babyfigur, legt sie in den Babywagen und macht dabei Weinlaute wie ein Baby. Sie sagt: „Jetzt kommt die Mama."*

Anne: „Du musst noch zwei gleiche Männchen herausnehmen!" Dann sagt sie nach einer Weile: „Ich nehme alle Chinesischen." Sie steckt sie auf die Platte, die sie in vier Bereiche unterteilt. Auf einen Bereich steckt Anne alle Duplofiguren mit schwarzen Haaren, auf einen anderen Bereich steckt sie alle Duplofiguren mit Helmen, Hüten oder anders farbigen Haaren als schwarz. Zwei Bereiche bleiben leer. Emily wühlt zeitgleich weiter und nimmt unterschiedliche Figuren heraus. Dabei macht sie entsprechende Gesten und Laute dazu, unter anderem einen Seehund, und sie ergänzt die Wahl mit einem Seehundlaut. Als sie den Bären herausholt, sieht sie ihn kurz an und steckt ihn auf Annes Platte in einen noch leeren Bereich. Anschließend verlässt Emily den gemeinsamen Ort und siedelt diagonal entgegengesetzt in eine eigene Ecke um, während Anne weiter Figuren nach ihrem System auf die Platte steckt.

Spielszenerie von Emily: Sie spielt das Thema Familie aus. Die Figuren, die sich in Mann, Frau und zwei Babys unterscheiden, liegen teils auf dem Boden, teils in einem Bett bzw. einem Kinderwagen. Emily sagt: „Der Papa fährt zur Arbeit, die Mama bleibt bei den Babys." Dann legt sie die Mutterfigur auf den Boden und sagt: „Jetzt schläft die Mama auch!" Anne guckt zu Emily und sagt: „Bei mir können nicht alle auf dem Boden schlafen." Anne nimmt ein Flugzeug, das neben ihr liegt, und sagt: „Alle fliegen in den Urlaub mit der Nachbarin." Anne sagt direkt zu Emily: „Das sollen deine auch machen!" Emily sagt: „Ich mache..." Dann fällt ihr Anne ins Wort, als sie feststellt, dass das Flugzeug zu wenig Sitzplätze für alle hat: „Die wären alle auf dem Bahnhof." Anne steckt die Männchen auf aneinandergereihte Zugwaggons, die sie aus einer Kiste herausgeholt hat.

Anne: „Wir müssen einpacken. Wir fahren in den Urlaub." Emily: „Wohin?" Anne: „Lass uns in den Urlaub fahren, anderswohin, vielleicht auf eine Insel." Emily: „Du fährst zu mir, mit den Chinesischen." Anne kommt zu Emily und guckt die Szene an, dann sagt sie spontan: „Das Baby." Emily fährt mit dem Babywagen in Richtung von Anne, die wieder zu ihrem Platz zurückgekehrt ist. Emily sagt: „Zu den Chinesischen. Ich bleib hier. Du fährst zu mir." Anne fährt auf den Platz von Emily zu. Nun sitzen sie direkt nebeneinander und spielen dramatisch-schauspielerisch mit den Figuren. Es entsteht ein kontextbezogener Dialog. Die Situation bricht ab, als zum Aufräumen und Hinausgehen aufgefordert wird.

Rekonstruktion: Nachdem ich die Geschichte erzählt hatte, gab ich den Eltern, der Fachkraft und der Leitung Gelegenheit zu einem kurzen Austausch. Da ich als „Forscherin" die Geschichte gezeigt habe, hatten die Teilnehmenden bereits eine Idee von der Grundintention, und die Mutter von Anne fragte unverhohlen: „Und, was bedeutet das jetzt?" Ich sagte, dass ich nicht wirklich wisse, was das bedeutet, dass mir aber etwas Besonderes aufgefallen sei, was ich nun von Theorien aus beschreiben würde. Es bestand Interesse, sich darauf einzulassen, und ich zeigte eine Powerpoint Präsentation zu zwei mir wichtig erschienen Konzepten.

Ich erklärte zunächst, dass das Spielen von Kindern immer wichtig sei, und Emilys Mutter fügte hinzu, dass Emily den ganzen Tag spielen würde, sie würde dann immer laut und mit verstellter Stimme reden. Anschließend sagte ich, dass es wichtig sei, dass Mädchen und Jungen Spielmaterial und Zeit zur Verfügung hätten, anhand dessen sie ihre Fragen abarbeiten könnten. Dann stellte ich die Theorie der Symbolisierung von Howard Gardner und Dennie Wolf (1979) vor sowie die Script-Theorie von Seidman, Nelson und Gruendel (1986).

> **Theorie der Symbolisierung:** Gardner und Wolf (1979) haben „Symbolisierungsprozesse" bei Kindern untersucht, d. h. Formen wie Mädchen und Jungen ihre Welt, die sie erleben, durcharbeiten und nacherzählen. Sie haben herausgefunden, dass es zwei unterschiedliche „kognitive" Stile oder „Formen" gibt, etwas zu ordnen:
>
> - Einmal kann man mit einem bestehenden Kategoriensystem ordnen, das man mit dem Inhalt füllt, der einen gerade beschäftigt. Man ordnet das Erlebte in Musterungen ein, die z. B. visuell ins Auge springen, und untersucht dabei die Bedeutungen, die diese Muster in Bezug zum Erleben haben können, das man gerade verarbeitet. Gardner und Wolf nennen diejenigen, die auf diese Form der Symbolisierung zurückgreifen „patterner".
> - Zum anderen kann man den Inhalt darstellend spielen und nach und nach eine Sinnstruktur entdecken, indem man die Inhalte wiederholend inszeniert und Variationen erarbeitet, um darin die eigene subjektive Erfahrung sich ereignen zu lassen – nach Gardner und Wolf „dramatics" genannt.
>
> Beide Formen der Symbolisierung sind typisch für die Vorschulzeit von Kindern. Während „patterner" ihre Welt in Objekten und deren Eigenschaften ordnen, inszenieren „dramatics" Situationen, in denen zwischenmenschliche Ereignisse abgebildet werden. Sowohl die Muster, die entstehen, wie auch die Ereignisse, die inszeniert werden, stellen ein Bezugssystem zum Erleben der gegenwärtigen Welt dar. Dabei wird die Welt nach und nach sinnvoll, insofern sie in den Momenten des Ordnens anhand von Merkmalssystemen oder zwischenmenschlichen Situationen „verstanden" wird (ebd.).

Was die Geschichte betrifft, die Emily und Anne gespielt haben, so beginnt sie mit einer prototypischen Verwirklichung der beiden Ordnungsprinzipien, wie sie Gardner und Wolf dargestellt haben. Anne schien perfekt in der Musterbildung zu sein, Emily in der Dramatisierung einer Familienszene. Nachdem ich dies ausgesprochen hatte, protestierte Annes Mutter: Anne würde zu Hause auch „dramatisch" spielen. Wie die Mutter berichtete, hat sie zu Hause sehr viel Spielmaterial, mit dem sie Familienszenen nachstellt, laut dazu spricht und die Figuren bewegt.

Die Leiterin sagte, dass Anne, die so gut in Kategorien einordnen kann, wie man auf der Duplobauplatte sehen könne, sicher keine Probleme in der Schule haben werde. Das Ordnen nach bestimmten Richtlinien sei eine wichtige Aufgabe schon im Vorschulprogramm. Die Frage stand im Raum, welche Form des Ordnens „besser" wäre. Wobei die Frage „besser wofür" nicht geklärt werden konnte.

Ich wollte noch eine andere Dimension ins Gespräch bringen und einen anderen Moment ansprechen, der mir in der Geschichte von Anne und Emily wichtig erschien und in dem es nicht nur um ein Ordnen der Erfahrungen der gegebenen Welt ging. So setzte ich das theoriegeleitete Weitererzählen der Geschichte mit der Script-Theorie (Seidmann/Nelson/Gruendel 1986) fort. Über Rollenspiel und Objektspiel hinaus hatte ich in der Szenerie einen wichtigen gestalterischen Moment entdeckt: Anne hatte eine Idee, ihr Spiel und das Spiel von Emily miteinander zu verbinden. Emily ging darauf ein und die beiden „fuhren" zusammen in den Urlaub, bzw. die jeweiligen Figuren in den Szenen wurden unter diesem Thema zusammengeführt und die jeweiligen „Ordnungsformen", die sie getrennt hatten, überwunden hin zu einem neuen Thema.

> **Play-Script-Theorie:** Nelson und Seidmann (1984) haben die Merkmale von Spielszenerien, die sie als „Play-Scripts" beschrieben haben, zusammengefasst. In ihren Untersuchungen sollte es darum gehen, das alltägliche Spielen von Kindern im Hinblick auf ihre kognitive Entwicklung zu untersuchen. Die „Play-Scripts" stellen das Element in der Entwicklung der Mädchen und Jungen dar, das erklärt, warum die Kinder im Zusammenspiel ein Thema entstehen lassen, das sie im Spiel gemeinsam über einen gewissen Zeitraum be- oder verarbeiten können.
>
> Darüber hinaus stellten Nelson und Seidman fest, dass es bei den Themen nicht nur um „Rollenspiel"-Formate geht, die die Mädchen und Jungen wiederholen würden. Vielmehr geht es um die Veränderung der alltäglichen Ereignisse um sie herum – und zwar im Sinne einer Neuerfindung von eigenen Ideen oder Lösungen, die das Geschehen in der Dramatik der Inszenierung weiterführen. Wesentlich dafür ist das Zusammenspiel zwischen mehreren Kindern (ebd.). Seidman, Nelson und Gruendel (1986) haben in weiteren Untersuchungen die Veränderung der Ereignisrepräsentationen („event representations") im Rahmen von Fantasie-Wunsch-Welten als Potential für die Entwicklung der Kinder erkannt. Das Potential für Entwicklung würde demnach in den Möglichkeiten stecken, das Erlernte und Erfahrene als eine gemeinschaftliche Realität in Kooperation zu ordnen und von Fall zu Fall als einen eingespielten Rahmen des Miteinanders zu verändern. (Ich möchte an dieser Stelle ergänzen, dass ich dieses Potential der Entwicklung von Kindern als ein Element der Gestaltung der Wirklichkeit ansehe, die die Erwachsenen als bedeutsame Momente der Teilhabe aller rekonstruieren können.)

Die Idee, dass Bildung nur mit dem Ordnen nach bestimmten Kategorien zu tun haben könnte, wurde in diesem Gespräch anhand der Theorie wie auch anhand des Erlebens der Theorie seitens der Eltern bearbeitet. Die Mutter von Emily erkannte, „dass Emily im Moment noch ganz nah an der Welt ist und dabei ist, sich darauf einzulassen, was es an Möglichkeiten gibt, ‚Familie' zu sein. Das ‚Mutter-Vater-Kinder-Ding' ist ihres". Sie meinte, das müsse doch auch einen Sinn haben, dass sich Kinder mit diesen Spielen beschäftigten – abgesehen davon, dass es vorbereitetes Spielmaterial gäbe, das dazu verleite, es für solche Spiele zu nutzen. Da die Bauecke nicht wirklich der Ort für diese Thema war, sondern eher für das Konstruieren von Gebäuden und das Anlegen von Fahrbahnen, machte es umso wichtiger hervorzuheben, dass das ein Thema von Emily war.

Im Laufe der Zeit gingen wir mit unseren Gedanken in eine ganz andere Richtung, als die Erzieherin darauf hinwies, dass wir noch gar nicht wüssten, was das „Neue" überhaupt sei, das Emily und Anne konstruiert haben, falls wir die Script-Theorie weiterverfolgen wollten. Dass sich die jeweiligen Ordnungssysteme aufgelöst haben und die Mädchen nach einer Zeit ohne gemeinsames Thema wieder spielend zusammenkamen, könnte eine Bedeutung haben.

Die Leiterin fragte: „Was sind eigentlich die ‚Chinesischen'?" Wir hatten schon herausgearbeitet, dass diese Figuren schwarze Haare haben und sich von den anderen Duplofiguren in genau dieser Eigenschaft unterscheiden – aber was konnten die „Chinesischen" für Anne bedeuten? Die Erzieherin spekulierte, dass Anne damit vielleicht die beiden Schwestern meinte, die vor zwei Monaten in die Kita kamen und eine philippinische Mutter und einen deutschen Vater haben. Das Besondere an den Mädchen sei ihr schwarzes Haar und – anders als die anderen Kinder in der Kita mit sehr schwarzem Haar, die dunkle Haut hätten – sei ihre Haut sehr hell (die „asiatische" Augenform als ein besonderes Merkmal der Mädchen konnte von den Figuren nicht repräsentiert werden). Insofern war etwas Besonderes an den Mädchen, das Anne beschäftigte. Aber es war eben nicht nur die Haarfarbe, die Anne interessierte, sondern auch der Moment, der sie dazu veranlasste vorzuschlagen, dass Emilys Familienwelt und Annes getrennt kategorisierten Figuren zusammenfinden sollten in einem Urlaub, vielleicht auf einer Insel, zumindest aber irgendwo anders. Die „Nachbarschaft" war Anne wichtig. Auch wenn sie nicht hier und jetzt verwirklicht werden konnte, dann sollte es doch woanders gelingen. So transportierte sie das Spielthema mit Hilfe von Emily auf eine andere Szene.

Diesen Aspekt griff Annes Mutter auf. Sie betonte noch einmal, dass Anne nicht nur nach Mustern ordnen würde, dass sie gar nicht so „kalt" und „distanziert" zur Welt sei. Es komme ihr so vor, dass sich Anne mit der Situation nicht wohlfühlen würde, dass die beiden Mädchen nicht wirklich mitspielen würden und dass Anne nicht wisse, wie sie sie als Freundinnen in der Kita unterbringen solle. Die Leiterin bestätigte, dass die beiden Mädchen noch nicht wirklich in der Kita angekommen seien und dass sie sich schon damit beschäftigt habe, wie sie sie integrieren könnte. Letztendlich wollte sie ihnen aber noch Zeit geben, sich an die Kita zu gewöhnen.

Konstruktion: Annes Mutter, die auch im Elternbeirat ist, hatte die Idee, dass Anne die beiden Mädchen kennenlernen sollte als Teil einer Familie und nicht als die „Chinesischen", als eine „Kategorie". So machte sie den Vorschlag – auch vor dem Hintergrund, dass die Kita multikulturell herausgefordert ist – sehr viel öfter Familienfeste und Treffen der Eltern zu veranstalten. Dass das Wahrnehmen des Miteinanders und des „Nicht-Miteinanders", wie es Kinder anhand ihrer sozialen Gefühle tun, Spuren hinterlässt, wenn die Erwachsenen nicht für die „Nachbarschaft" sorgen, hatte Annes Mutter und im Laufe des anschließenden Gesprächs uns alle beschäftigt.

Das Spannungsvolle in Annes Inszenierung und die Suche nach einer Lösung dieser „sozialen" Spannung im Rahmen des Spiels mit Emily hinterließ auch Spuren in der Art und Weise, wie die Erwachsenen die Mädchen und Jungen und ihre gemeinsame Welt wahrnehmen, in der sie selbst eigene soziale und emotionale Wünsche nach Gemeinschaftlichkeit haben. Es würden sich noch sehr viele Sinnstränge aus der Geschichte herausarbeiten lassen. Wichtig ist, dass in diesem Rahmen die Entscheidung getroffen wurde, dass Integration von Mädchen und Jungen mit Migrationshintergrund nicht nur von den Fachkräften in der Einrichtung geleistet werden kann und dass sowohl die Kinder in der Kita wie auch deren Mütter und Väter wichtige Momente des Interkulturellen zu fassen bekommen, die hier und jetzt wichtig sind. Sich auf diese Struktur der Wahrnehmung interkultureller sozialer Phänomene einzulassen, wird die Einrichtung sicher verändern.

Aufgabe: Finden Sie im Austausch mit Ihren Kommilitoninnen und Kommilitonen Begriffe, die Annes Wahrnehmung der Situation und ihre Wünsche auch im Zusammenspiel mit Emily beschreiben können.

7.3 Zusammenfassung

Wie können diese Geschichten, die die Lebenswelten der Mädchen und Jungen bezeugen, von den Erwachsenen in der rekonstruktiven Elternarbeit geordnet werden? Vom Wunsch der Kinder nach Gemeinschaftlichkeit ausgehend, gilt es folgende Fragestellungen in die Elternarbeit aufzunehmen und sich von den Geschichten der Kinder ansprechen zu lassen:

- Was sagt das Spielen der Mädchen und Jungen darüber aus, wie sie das Miteinander selbst empfinden?
- Was kann das Spielen als Lebenswelten von Kindern, die anzuerkennen sind, in Bezug auf offene oder auch versteckte Vorstellungen und Ressentiments der Erwachsenen auch in Gang bringen?
- Wo sind die Wünsche der Kinder, miteinander zu sein, erkennbar?
- Wo und wie können Erwachsene, die für die Entwicklung und Bildung der Mädchen und Jungen verantwortlich sind, Hindernisse errichten, sodass die Kinder ihrem Wunsch nach Freundschaft und gemeinsamer Bildung und Entwicklung nicht nachgehen können?

Wichtig ist, dass die Erwachsenen als „vorherige Generation" ihre Art und Weise, die Bildung und Entwicklung von Kindern zu strukturieren, aus der Perspektive der Kinder betrachten und hinterfragen können: Was müssen wir ändern und wo müssen wir uns verändern?

Wichtig ist, dass die Erwachsenen in ihrem elterlichen oder professionellen Selbstverständnis hinter die Kinder zurücktreten können und begreifen, dass sie sich Mühe geben und gemeinsam als verantwortliche Erwachsene sehr aufmerksam sein müssen, um die Mädchen und Jungen überhaupt verstehen zu können.

Wichtig ist, die Sprache der Kinder und deren Art, sich in ihrem Erleben auszudrücken, nicht nur pauschal anzuerkennen, sondern darin wichtige Bezugspunkte für die Entwicklung der Kinder nicht nur als individuelle Lernleistung, sondern als Teilhabende in einer Gemeinschaft zu erkennen. Dies erfordert intensiven partizipativen Austausch wie auch theoretische Fundierung, die in der Elternarbeit heruntergebrochen werden kann.

Dem Erzählen liegt also insofern ein „intergenerationaler" Dialog (Honig 1999) zugrunde, also ein Austausch zwischen den Symbolen, die die Kinder über die Formen des Zusammenlebens erleben und erfinden, und dem, was die Erwachsenen davon begreifen können, wenn auch sie einander zuhören, um ihr Verständnis der Lebenswelten von Kindern zu erweitern (Göhlich 2007).

Anne hat die in ihrem Spiel konstruierte Welt, in der sich die deutsche Familie und die „Chinesischen" beggenen können, zur Sprache gebracht, weil die Erwachsenen ihr zugehört haben. Emily wurde ihr zur Partnerin in ihrer Konstruktion, weil sie mit Anne zusammen sein wollte und mit ihr gemeinsam an einem Spielsinn arbeitete. Diese Beziehungen unter den Kindern als die einer Generation ist ein wesentlicher Bezugspunkt für diejenigen, die in der vorherigen Generation die Bildung und das Lernen von Kindern gestalten. Dies als Bezugspunkt einer sozialen Bildung zu begreifen, die zu einer partizipativen Haltung und bürgerschaftlichem Engagement führen, erweitert die Lerndimensionen in einer Kindertageseinrichtung.

Diese Fähigkeiten von Anne lediglich als „soziale Kompetenz" zu bewerten, zu dokumentieren und ad acta zu legen, hätte all die anderen Dimensionen des Miteinanders in einer Kita wie auch die Verantwortung, das soziale Leben auch unter den Eltern ernst zu nehmen, unkenntlich gelassen. Im Rahmen der rekonstruktiven Elternarbeit wird es schließlich auch zu einer Herausforderung für die Erwachsenen, Handlungsstrukturen zu entdecken, wo sie sich zunächst auf vorhandene Strukturen verlassen hatten.

> **Aufgabe:** Diskutieren Sie: Auf welche Weise kann die Entwicklung der Eltern und der Fachkräfte im Rahmen der rekonstruktiven Arbeit, die Lebenswelten von Mädchen und Jungen zu verstehen, angeregt werden und die Kita wirklich zu einem „Ort für alle" werden lassen?

8 Lebenswelt von Familien erkunden und elterliche Bedarfe umsetzen

Harald Seehausen

Die klassische Herkunftsfamilie wird von einer Familienvielfalt abgelöst, weshalb Kinder heute in einer Pluralität unterschiedlicher Veränderungsprozesse aufwachsen. Außerdem nehmen die sozialen Unterschiede zwischen Familien zu. Dadurch ist eine größer werdende Gruppe von Familien von Arbeitslosigkeit und Armut betroffen. Auch Veränderungen in der Arbeitswelt zeigen erhebliche Auswirkungen auf den Familienalltag, denn Flexibilität und Mobilität beinhalten Chancen und Risiken für die Eltern-Kind-Beziehung. Zudem gewinnt aktive Vaterschaft an gesellschaftlicher Bedeutung.

Aus diesen Entwicklungen heraus wird die aktive Elternbeteiligung stärker in den Fokus öffentlicher Aufmerksamkeit gerückt, was zu einer Neubewertung früher Bildungsprozesse führt. Familiale Veränderungen brauchen neue sozialpädagogische und betriebliche Antworten. Damit Kinder in ihren Lernprozessen vielfältig unterstützt werden, bedarf es einer Kooperation zwischen Familie und all denen, die mit Kindern arbeiten.

Lebenswelt und Lebensweltorientierung

Eltern sind eine heterogene Gruppe in unterschiedlichen Lebenswelten, die die Lebenssituation von Kindern und Familien maßgeblich beeinflussen. Es ist eine vielfach bewiesene und unumstrittene Tatsache, dass die individuelle Entwicklung des Kindes durch das familiäre und soziale Umfeld geprägt wird. Gleichzeitig spielt die Art und Weise, wie Eltern mit ihren Kindern ihre Lebenswelt erfahren, interpretieren und vor allem gestalten eine bedeutende Rolle.

Das wissenschaftliche Konzept der Lebensweltorientierung bezieht sich sowohl auf die sozialpädagogische Theorieentwicklung als auch auf die sozialpädagogische, sozialpolitische und rechtliche Praxis (Grundwald/Thiersch 2001, 1136 ff.).

> Das Konzept der Lebensweltorientierung beschäftigt sich mit den Fragen „nach Ansprüchen von Menschen auf Hilfe in ihren konkreten Lebensverhältnissen, nach Ansprüchen gegenüber ökonomisch und global strukturierten Arbeits- und Lebensverhältnissen, nach den Potentialen – und auch Widerständigkeiten – in der konkreten Lebenswelt und ihren Ressourcen" (ebd., 1138).

Dabei wird die Lebenswelt zugleich dargestellt als

- Beschreibung von Raum, Zeit und sozialen Beziehungen, in der ein Mensch zurechtkommen muss,
- Überschneidung von unterschiedlichen Lebensräumen, die der Mensch vereinen muss (Familie, Beruf, Freizeit),
- historisches und sozial konkretes Konzept, in dem sich der Mensch zwischen gesellschaftlich geprägten Strukturen und subjektiv bestimmten Handlungsmustern einfinden muss (ebd., 1139).

Außerdem ist die Lebenswelt durch einerseits entlastende, Sicherheit gebende und Voraussetzungen schaffende, dagegen andererseits einengende, ausgrenzende und blockierende Normen widersprüchlich geprägt, die gleichzeitig „Ungleichheiten in den Ressourcen, in unterschiedlichen Deutungs- und Handlungsmustern" (ebd., 1140) hervorrufen.

Ziel lebensweltorientierter Hilfsangebote: Ihr Ziel ist demzufolge, „Menschen in ihrem vergesellschafteten und individualisierten Alltag zu Selbstständigkeit, Selbsthilfe und sozialer Gerechtigkeit zu verhelfen" (ebd., 1136). Lebensweltorientierte Angebote sollen also hilfreiche Dienstleistungen sein, die Menschen in schwierigen oder auch normalen Lebensverhältnissen unterstützen. Besonders an der Kooperation zwischen natürlichen Lebenswelten wie der Familie und fachlich arrangierten Lebenswelten wie der Kita zeigen sich die Möglichkeiten und Schwierigkeiten einer lebensweltorientierten sozialen Arbeit (Thiersch 2009, 7).

8.1 Kinder- und Familienzentren in unterschiedlichen Sozialräumen

Kinder- und Familienzentren arbeiten in unterschiedlichen Sozialräumen mit Eltern aus verschiedenen Lebenswelten. Dabei können wie in den Recherchen des Deutschen Jugendinstituts zu „Eltern-Kind-Zentren" (Diller 2006) drei Sozialräume unterschieden werden:

- Einrichtungen im benachteiligten Sozialraum „mit besonderem Erneuerungsbedarf"
- Einrichtungen in einem gemischten Sozialraum mit „normalen" und prekären Lebenslagen

- Einrichtungen in einem „gut situierten" Sozialraum mit hoher beruflicher Mobilität und hohem Bildungsstatus

Einrichtungen im benachteiligten Sozialraum: Sie arbeiten mit einer homogenen Gruppe von Familien, die einen besonderen Bedarf an Unterstützung haben. Die Familien leben hier in relativer Armut, sind von Armut bedroht und haben häufig einen Migrationshintergrund. Die Eltern sind überwiegend arbeitslos und haben existenzielle Misserfolge zu verarbeiten. Sie verlassen selten das Wohnumfeld.

> Den Eltern gelingt der Zugang zur Institution nur über niedrigschwellige Angebote sowie über ihre Kinder. Im Umgang mit dieser Elterngruppe ist eine akzeptierende und wertschätzende Grundhaltung entscheidend und wichtiger als das Sachprogramm.

Wichtig ist, die Eltern als Experten ihrer Kinder und ihres Familienalltags mit entsprechenden Ressourcen und Talenten zu sehen.

Einrichtungen im gemischten Sozialraum: In diesen Kinder- und Familienzentren möchten Eltern als Erziehungspartner anerkannt werden und nicht als „Objekt pädagogischer Belehrung". Diese Elterngruppe stellt hohe Anforderungen an das pädagogische Konzept. Sie setzt sich kritisch mit den Fachkräften auseinander und nimmt ihre Mitbestimmungsrechte wahr. Die Eltern verstehen die Einrichtung auch als eigenen Bildungsort und beteiligen sich an entsprechenden Angeboten. Mit Unterstützung der Fachkräfte bauen sie ein nachbarschaftliches Netzwerk auf. Es besteht hier die Gefahr der Abgrenzung zwischen den unterschiedlichen sozialen Milieus innerhalb der Elterngruppen.

Einrichtungen in einem gut situierten Sozialraum: Von diesen Einrichtungen erwarten Eltern die Berücksichtigung ihrer zeitlichen Bedarfe in Verbindung mit entsprechenden Angeboten, beispielsweise Tagespflege. Kindertageseinrichtungen mit herkömmlichen Öffnungszeiten sinken in der Wertschätzung der Eltern. Die Unzufriedenheit mit den Öffnungszeiten kann sich oft auf die Bewertung des pädagogischen Angebotes übertragen. Die Beteiligung von Eltern an Angeboten für Kinder und Familien ist stark abhängig von ihrer beruflichen Belastung. Angebote an Wochenenden erleichtern Eltern die Beteiligung. Eltern mit hohem Bildungsstatus sind an praxisbezogenen, weniger an „theoretisierenden" Angeboten im Umgang mit ihren Kindern interessiert.

Aufgabe: Selbsteinschätzung zum Thema „Eltern und Erzieherinnen sind Partner in der Betreuung, Bildung und Erziehung". Überprüfen Sie folgende Qualitätsansprüche (hilfreich kann dabei sein: Preissing 2003): Erzieherinnen

- gestalten die Erziehungspartnerschaft mit Eltern,
- beteiligen Eltern an Entscheidungen in wesentlichen Angelegenheiten der Kindertageseinrichtung,
- machen ihre Arbeit transparent.

8.2 Die Lebenssituation von Alleinerziehenden

Veränderungen von Familien

Veränderungen im Prozess der Familienentwicklung haben zugenommen. Im Jahr 2005 ließen sich ca. 40 Prozent aller Eheleute scheiden (Peukert 2008, 170). Familien von heute haben generell in ihrem Leben mehr Übergänge, mehr Brüche und Diskontinuitäten, mehr Verluste und mehr Belastungen zu bewältigen als in früheren Jahren, worauf viele nicht vorbereitet sind. In besonderer Weise gilt dies für alleinerziehende Mütter und Väter, deren Zahl in den letzten Jahren deutlich zugenommen hat (ebd., 187). „Etwa jedes siebte minderjährige Kind (15 Prozent) in Deutschland lebte (2005) (...) bei einem alleinerziehenden Elternteil" (ebd., 188). Dabei liegt die Anzahl alleinerziehender Frauen mit 85 Prozent erheblich über der alleinerziehender Männer (15 Prozent) (Rinken 2010, 145).

Durch die hohe Fallzahl haben Einelternfamilien heute kaum noch mit Diskriminierung zu kämpfen, denn sie „repräsentieren eine zunehmend selbstverständliche familiale Lebensform" (Geißler 2011, 345). Doch Einelternfamilien „zeichnen sich (...) gegenüber Normalfamilien durch sozioökonomisch deprivierte Soziallagen aus" (ebd.). Dies betrifft vor allem alleinerziehende Mütter, obwohl ihre Erwerbsquote mit 60 Prozent deutlich über der verheirateter Mütter liegt, allerdings liegt ihr Verdienst „überwiegend in den unteren Einkommensgruppen und ihr Risiko, arbeitslos zu werden, ist überdurchschnittlich hoch" (ebd.).

Fallbeispiel: *Corinna S. ist erwerbslos, seit ihre Töchter, heute elf und sieben Jahre alt, geboren wurden. Sie wäre „gerne in den Beruf zurückgegangen". Doch als gelernte Reiseverkehrsfrau und alleinerziehende Mutter konnte sie mit zwei kleinen Kindern nicht in Schichten am Flughafenschalter arbeiten. Corinna S. hat sich ein Netz aus sozialem Engagement geknüpft, das sie zugleich fordert und ihr Halt gibt. Sie übernahm den Vorsitz im Elternbeirat einer Kindertagesstätte, demonstrierte mit dem Gesamtelternbeirat der Kitas und arbeitet im Fachausschuss Kinderbetreuung der Stadt mit. Zudem engagiert sie sich als Betreuerin im Fußballverein, in dem ihre Töchter erfolgreich kicken. Sie wirkt ehrenamtlich in der Ferienbetreuung des Sportvereins mit und arbeitete ein Jahr in der Hausaufgabenbetreuung des Kinder- und Familienzentrums mit, das der Fußballverein* *auf dem Sportplatz aufbaute, für 1,50 Euro pro Stunde. Für ihren Arbeitsberater war dieses Engagement sehr erstaunlich, denn nur sehr wenige Mütter mit zwei Kindern nehmen solch einen Job an. Doch für sie, die gerne mit Kindern umgeht, bedeutete die im Monat 100 Stunden umfassende Arbeit „finanziell ein klein bisschen mehr durchatmen zu können". Leider wurde das Projekt wegen neuer Bedürfnisse der Eltern ausgesetzt. Inzwischen hilft Corinna S. immer wieder bei einem Sport-Ausstatter aus. Bei einer Wohnungsbegehung aufgrund ihres Bedürfnisses nach Renovierung bestätigten ihr zwei Mitarbeiter des Jobcenters, es müsse in der Tat dringend renoviert werden. Zwei Monate später wurde ihr jedoch schriftlich mitgeteilt, dass die Gelder leider ausgeschöpft seien, es gebe lediglich vier Euro pro Quadratmeter für Farbe. Über eine Stiftung erhielt Corinna S. schließlich Geld, um ein neues Kinderzimmer für ihre ältere Tochter zu kaufen und die Zimmer beider Mädchen streichen zu können. Corinna S. erzählt von der Klassenfahrt ihrer Tochter, bei der sie einen Zuschuss von 150 Euro zahlen musste. Sie beantragte das Geld vor geraumer Zeit, wusste jedoch drei Tage vor der Abfahrt noch nicht, ob der Zuschuss bewilligt wurde oder nicht. „Wenn man arbeitet, hat man seine Aufgaben durchstrukturiert und muss nicht so viele Sachen im Kopf haben, die finanziellen Sorgen, das Rumrennen, wo ich was am günstigsten einkaufe." Am Monatsende schaut Corinna S. wieder am Computer nach, „ob das Geld schon eingetroffen ist. Ich kann mein Konto nicht überziehen." Sie dreht dann „jeden Cent rum".*

Alleinerziehende haben durch ihre besondere Lage besondere Bedarfe, denn in der Selbstwahrnehmung der eigenen Lebenssituation überwiegen die negativen Aspekte (Geißler 2011, 345). Durch die Aufgabenvielfalt von Erwerbs-, Haus- und Erziehungsarbeit (Rinken 2010, 157), der Alleinerziehende gerecht werden müssen, haben sie eine hohe psychisch-emotionale Belastung (Geißler 2011, 346). Sie leiden unter der Alleinverantwortung, alleiniger Aufgabenlast, finanzieller Nachteile und dem hohen Maß an Organisationsleistung, das sie erbringen müssen (Peukert 2008, 195 f.). Dadurch wird der Mangel an persönlicher Zeit ebenso deutlich, der mitunter zu sozialer Isolation führen kann. Und auch „in besonderen Situationen wie eigener Krankheit, Krankheit des Kindes (...) oder auch bei Umzügen" (Peukert 2008, 157) benötigen Alleinerziehende zusätzliche Unterstützungsleistungen.

Aus den dargestellten Umständen, mit denen Alleinerziehende zurechtkommen müssen, ergeben sich Bedarfe, die speziell diese soziale Gruppe betreffen. Deshalb ist die Bedeutung von sozialen Netzwerken, die eine „emotionale, informative und praktische Unterstützung" (Rinken 2010, 158) für Alleinerziehende übernehmen, groß.

> **Aufgabe:** Diskutieren Sie: Wie kann eine emotionale, informative und praktische Unterstützung für Alleinerziehende aussehen? Welche Rolle kann dabei die Kindertageseinrichtung übernehmen? Welche Angebote können Sie im Rahmen Ihrer Möglichkeiten machen?

Alleinerziehende verfügen meistens über ein verlässliches soziales Netz (Geißler 2011, 346). Erfahrungen aus Kinder- und Familienzentren sowie Mehrgenerationenhäusern zeigen: Das freiwillige Engagement alleinerziehender Mütter und Väter, von Frauen in Elternzeit und von Hausfrauen eröffnet neue Möglichkeiten zum Erwerb von Zusatzqualifikationen. „Selbstorganisation und Engagement hat Alleinerziehende, Musliminnen und erwerbslose Jugendliche gleichermaßen ermuntert, neue Ausbildungen zu beginnen. Das freiwillige Handeln und Eintreten für eigene und andere Interessen zugunsten von Familien wird sichtbar in der „Lebenslaufperspektive", dem partnerschaftlichen Zusammenleben zwischen Frauen und Männern und in der veränderten Erziehung der Kinder" (Mankau/Seehausen/Wüstenberg 2010, 8). Zahlreiche Personen entscheiden sich für eine berufliche Neuorientierung in der sozialen Arbeit mit Kindern, Jugendlichen und Erwachsenen nicht selten mit der Geburt eigener Kinder. Pädagogische Fachkräfte begleiten und beraten dabei das schrittweise Hineinwachsen in neue soziale Aktivitäten. Offensichtlich bietet diese Art von Projekten personale Solidarität und familienähnliche Lebenskreise, denn auffällig ist die Suche der Personen nach einer sinnstiftenden Tätigkeit.

8.3 Bildungsorientierte Eltern unter Druck

Sowohl in räumlicher als auch in kultureller Hinsicht ist ein deutliches Auseinanderdriften der Milieus zu beobachten. Die Studie „Eltern unter Druck" kommt u. a. zu dem Ergebnis: „Deutschland scheint auf dem Weg in eine neue Art von Klassengesellschaft zu sein, wobei die Trennungslinie eben nicht nur über Einkommen und Vermögen, sondern auch über kulturelle Dimensionen wie etwa Bildungskapital und Bildungsaspirationen, aber auch Werte und Alltagsästhetik verläuft. Ebenso erweisen sich Ernährung, Gesundheit, Kleidung und Medienumgang als Abgrenzungsfaktoren" (Merkle/Wippermann 2008, S. 8).

Aus der Praxis der Kinder- und Familienzentren ergeben sich folgende Fragen zur Lebenswelt bildungsorientierter Eltern:

- Was geschieht in den Lebensrealitäten von bildungsorientierten und engagierten Eltern, die ihre Bildungsabschlüsse an den Fachhochschulen und Universitäten erreicht haben?
- Wie sieht der Familienalltag von qualifizierten berufstätigen Müttern und Vätern mit entsprechender beruflicher Position aus?
- Welche Auswirkungen haben die Lebenssituationen von Akademikerfamilien und Eltern der breiten Mittelschicht auf die Entwicklungsmöglichkeiten von Kindern?
- Welche milieu- und kulturspezifischen Ausprägungen formen das unterschiedliche Verständnis von Bildung, von Erziehungszielen und -stilen in den Familien?
- Warum wird die Gruppe der bildungsorientierten Eltern in der Fachöffentlichkeit bisher vernachlässigt?

An- und Herausforderungen der individualisierten Elternschaft

Mütter und Väter der bildungsorientierten Elterngruppe gehören der „individualisierten Elternschaft" an. Diese Elterngruppe ist den gesellschaftlichen Entwicklungen im Spannungsfeld von Individualisierung, Digitalisierung und Globalisierung besonders ausgesetzt. Frauen wie Männer befinden sich in einer „Individualisierungsspirale" (Beck/Sopp 1997) aus Werten, „die die persönlichen Entfaltungsmöglichkeiten des Individuums, seine Freiheiten und seine subjektiven Lebensziele in den Mittelpunkt stellen" (Bertram 1997, 69). Diese Elterngruppe setzt sich permanenten Abstimmungs- und Aushandlungsprozessen, zum Beispiel über Flexibilität, Mobilität und Karrierechancenverteilung, sowohl innerhalb der Familie und Partnerschaft als auch außerhalb der Familie aus. Tagtäglich wird an der eigenen Biografie „gebastelt". Kinder werden im Stil des „kooperativen Individualismus" erzogen: Die Persönlichkeitsentwicklung des eigenen Kindes wird mit der Erziehung zur Selbstständigkeit und Verantwortlichkeit für andere verbunden.

Bildungsbewusste Eltern setzen sich mit veränderten Rollenbildern auseinander, denn „die eingefahrene Arbeitsteilung zwischen Frauen und Männern konnte nur geringfügig aufgelockert werden" (Geißler 2011, 317). Frauen erwarten von ihren Partnern eine stärkere Integration in die Familienarbeit. Erfolgreich, da sich die veränderte Rolle der Väter in der verstärkten Teilhabe an der familialen Erziehungsaufgabe niederschlägt (ebd., 348). Außerdem fordern Männer zunehmend von ihren Unternehmen Möglichkeiten zur aktiven Vaterschaft und väterfreundliche Maßnahmen ein.

Wechselbeziehung von Kind und Karriere: Das Thema „Kind und Karriere" nimmt für bildungsorientierte Eltern einen hohen Stellenwert ein. Der moderne Arbeitsmarkt erfordert überschaubare und damit kurze Abwesenheitszeiten nach der Geburt eines Kindes, um die persönliche berufliche Entwicklung nicht zu beeinträchtigen. Zugleich nehmen Kinder- und Familienleben einen hohen Stellenwert bei der Sicherung der eigenen Identität ein. Dadurch entstehen Konflikte zwischen Familien- und Arbeitsrolle, weshalb erwerbstätige Eltern mit hohem Bildungsniveau von ihrem Arbeitgeber und der Kindertageseinrichtung bestimmte Bedingungen erwarten, um ihre individuellen Lebensentwürfe mit den Bedürfnissen eines Kindes verknüpfen zu können. Je mehr diese Familien- und Arbeitsrolle zueinanderkommt, desto größer sind die Möglichkeiten, mit einem zufriedenen und ausgeglichenen Familienleben im Beruf gute Leistungen zu erreichen (Frankfurter Agentur für Innovation und Forschung/Prognos AG 2009).

8.4 Verändertes Vaterbild als Herausforderung

Kinder- und Familienzentren verfolgen das Ziel, die weibliche Orientierung durch eine männliche sichtbar zu ergänzen. Kinder erhalten somit die Chance, sich mit männlichen Bezugspersonen und ihren Aktivitäten zu identifizieren. Die aktive Mitarbeit von Erziehern, neue Zugänge zum aktiven Vaterengagement und soziales Engagement von männlichen Jugendlichen, Singles und Senioren spiegeln veränderte Wünsche und Erwartungen wider. Das zunehmende persönliche Interesse nach „aktiver Vaterschaft" wird mit einer stärkeren Einbindung in die Erziehung der Kinder verbunden. Das Bedürfnis, sich über Tageseinrichtungen für Kinder in der Nachbarschaft mit anderen Vätern auszutauschen und zu engagieren, ist in den letzten Jahren gewachsen (Mankau/Seehausen/Wüstenberg 2010, 9). In den folgenden Beispielen (Seehausen/Sass 2007) berichten Väter von ihren Erfahrungen.

Beispiele: *„Ich bin ein Fan der Geschlechterdemokratie. Ich will engagiert mit Job, Frau und Kind leben, die tradierte Rollenverteilung hat für mich ausgedient. Der Prozess dorthin war für meine Frau und mich eine Herausforderung und nicht immer konfliktfrei, doch daran sind wir beide gewachsen. Diese Kompetenz hilft mir auch im Job. Mit der Geburt unserer Tochter haben wir beide auf Teilzeit umgestellt."*

„Mein privates Lebensmodell funktioniert unter anderem wegen relativ freier Gestaltungsmöglichkeiten. Als ich noch alleinerziehend war, hatte ich die Chance, meinen Vollzeit-Job teilweise am Tele-Arbeitsplatz zu Hause auszuüben. Es gibt für mich keine absolute Trennung von beruflich und privat, sondern die Möglichkeit zur Harmonie zum Vorteil beider Seiten."

„Teilzeit-Arbeit sollten mehr Männer nutzen. Aber es ist eine finanzielle Frage: Man(n) muss es sich auch leisten können, auf Einkommen zu verzichten. Von einem Teilzeit-Modell müssen unterm Strich beide Seiten profitieren: Der Mitarbeiter und das Unternehmen. Dann werden sich auch beide flexibel zeigen und gemeinsam eine tragfähige Lösung finden."

„Mir geht es um den Ausgleich zwischen beruflichem und privatem Leben, die Work-Life-Balance. Als Mitarbeiter, der zufrieden ist, weil er berufliches und privates Leben miteinander vereinbart, weil er viel Vater sein darf, bin ich motivierter. Meine Aufgaben im Beruf erfülle ich selbstverständlich wie zuvor – nur leicht zeitverschoben."

Diese Aussagen von Männern aus den modernen Mittelschichtmilieus im Rahmen einer explorativen Studie signalisieren einen Wandel von Vaterschaft. Familie und Kinder erhalten aus der Sicht von erwerbstätigen Vätern eine höhere Anerkennung, weshalb das traditionelle Männerbild brüchig geworden ist. Männer leben heute in einem Spannungsfeld von wirtschaftlichen Zwängen und familiärem Strukturwandel sowie widersprüchlichen beruflichen und gesellschaftlichen Erwartungen. Dadurch haben sich auch das Selbstbild und die individuellen Lebensentwürfe verändert. Viele Männer erleben das „Vater sein" als Bereicherung ihres Lebens. Gleichzeitig geht die identitätsstiftende Bedeutung der Erwerbstätigkeit zurück. 70 Prozent aller werdenden Väter bewerten heute ihre Erzieher-Funktion für ihre Kinder höher als ihre Brotverdiener-Funktion für ihre Familie (Fthenakis/Minsel 2002). Es existieren bereits neue, vielfältige männliche Selbstbilder, bei deren Umsetzung Männer jedoch noch mit zahlreichen Hindernissen zu kämpfen haben. Diese können sowohl in der eigenen Unsicherheit liegen als auch im Verhalten und Selbstverständnis der Partnerin sowie im privaten, beruflichen und gesellschaftlichen Umfeld und den darin gesetzten Rahmenbedingen. In der steigenden Inanspruchnahme der Elternzeit zeigt sich das neue Männerleitbild. Seit der Einführung von Elterngeld und Partnermonaten ist der Anteil der Elternzeit-Väter von 3,5 auf über 25 Prozent gestiegen (BMFSFJ 2011).

Kindertageseinrichtungen als Ort für Väter und Kinder

Kindertageseinrichtungen nehmen den Wandel von Vaterschaft zunehmend in den Blick. Dieses pädagogische Handlungsfeld der Jugendhilfe bietet für Väter aus unterschiedlichen Herkunftsländern gute Voraussetzungen, um sich für Kinder zu engagieren. Die einseitige Ausrichtung der Elternarbeit auf Mütter wurde im Feld der Kindergärten bereits Mitte 2005 kritisch unter die Lupe genommen. Verlinden und Külbel kritisierten die schwerwiegende „Unterväterung" bei gleichzeitiger „Übermütterung" (Verlinden/Külbel 2005, 20).

Ansatzpunkte und Zielsetzungen für eine stärkere Väterbeteiligung in der Erziehungspartnerschaft sind z. B.,

Abb. 8.1: Vater-Kind-Treffpunkte fördern eine stärkere Väterbeteiligung in der Kita

- den Austausch der Väter über Alltagsfragen zu fördern,
- Väter so früh wie möglich zu erreichen,
- die Vater-Kind-Beziehung über kleine Projekte zu fördern,
- einen Vater-Kind-Treffpunkt aufzubauen,
- Vätern zu ermöglichen, sich mit den Räumen der Einrichtung vertraut zu machen und zusammen mit ihren Kindern in der Einrichtung Erlebnisse zu teilen.

Aufgabe: Machen Sie eine Bestandsaufnahme zu Ihren bisherigen Erfahrungen und Kontakten mit Vätern und entwickeln Sie Ziele zur „Väterbeteiligung". Bestimmen Sie dazu aus der gemeinsamen Kommunikation Schlüsselsituationen und Themen. Wie kann ein zentrales Motto zur Zusammenarbeit mit Vätern lauten? Machen Sie ein Brainstorming zu den o. g. Ansatzpunkten und Zielen einer „Väterbeteiligung".

8.5 Vereinbarkeit von Familie und Beruf unterstützen

Die klassische Halbtagsstelle am Vormittag gehört weitgehend der Vergangenheit an. Immer mehr Mütter mit Kindern unter drei Jahren bevorzugen Möglichkeiten einer individuellen Arbeitszeitgestaltung im Umfang zwischen 19 und 32 Stunden (Stöbe-Blossey 2005, 151 ff.). Neben den ökonomischen Notwendigkeiten versuchen vor allem Mütter, persönliche und familiäre Zeitbedürfnisse mit den betrieblichen Abläufen besser abzustimmen. Die zunehmend vielfältigen und individuell flexiblen Arbeitszeitregelungen zeigen nachhaltig positive Wirkungen auf die psychologische Situation des Kindes und beeinflussen gleichzeitig die pädagogische Arbeit der Kindertageseinrichtung.

Beispiele:

- *Eine Mutter arbeitet in einem Logistikunternehmen 32 Stunden in der Woche und teilt sich ihre Tätigkeit so ein, dass sie montags immer zu Hause bleiben kann, weil die fünfjährige Tochter in die Turnstunde geht.*
- *Eine andere Mutter arbeitet im öffentlichen Dienst von Donnerstag bis Mittwoch der folgenden Woche (ohne Wochenende) jeden Tag 7,5 Stunden, um daraufhin eine Woche völlig frei zu haben. Die Familie kommt nur unter schwierigsten Umständen mit dieser Regelung zurecht.*
- *Ein Vater von drei Kindern ist als Autoschlosser von 7.00 bis 13.00 Uhr erwerbstätig, während seine Frau von 14.30 bis 18.00 Uhr in einer Apotheke arbeitet. Beide haben diese Form der Arbeitsaufteilung gesucht, um die Kinderbetreuung und Hausarbeit partnerschaftlich miteinander zu teilen.*
- *Eine Mutter arbeitet 20 Stunden pro Woche bei einer Bank, am Montag und Donnerstag Vollzeit und den halben Dienstag. Diese Zeiteinteilung kommt ihr wegen der unregelmäßigen Arbeitszeit ihres Mannes entgegen. Zum anderen spart sie Zeit wegen des langen Anfahrtswegs zur Arbeitsstelle. Das Kinder- und Familienzentrum bietet neben langen Öffnungszeiten (12 Std./pro Tag) ein Platz-Sharing-Konzept an.*
- *Eine alleinerziehende Mutter arbeitet als Verkäuferin an drei bis vier Tagen von 9.00 bis 14.00 Uhr, je nach Anforderung des Betriebes auch fünf Tage. Sie ist mit dieser Regelung bedingt zufrieden, weil sie über mehr Zeit für sich selbst und für die beiden Kinder verfügt.*

Viele teilzeitarbeitende Mütter (und zunehmend eine wachsende Minderheit von Männern) sehen in der individuellen Arbeitszeitflexibilität Chancen, um die Zeitprobleme im Tagesablauf im Interesse der Kinder, des Partners sowie der eigenen Interessen besser lösen zu können. Gerade Alleinerziehende sind bei Organisation und Zeitmanagement auf Hilfe bei der Kinderbetreuung angewiesen. Die „Nachfrage nach bedarfsgerechter und flexibler Kinderbetreuung" (Geißler 2011, 346) ist sehr hoch.

> Flexible Modelle der Kinderbetreuung mit einer größeren Bandbreite unterschiedlicher Formen antworten der wachsenden Vielfalt von Lebensstilen und dem Wandel von Kindheit. Zukunftsweisende Kindertageseinrichtungen mit einer Dienstleistungsvielfalt befinden sich auf dem Weg zu einer neuen Balance der Vereinbarkeit von Familie, Beruf und Freizeit.

Die Herausforderung für die flexiblen Betreuungseinrichtungen besteht darin, das gegenwärtige Nebeneinander der Arbeits- und Lebenswelt von Eltern und Kindern zu einem ganzheitlichen Miteinander zusammenzuführen. Die flexiblen Modelle verbinden „Orte für Kinder" mit „Orten für Eltern". Sie experimentieren mit einer Vielfalt von Angeboten, um ein neues professionelles Verhältnis privater und öffentlicher Verantwortung für Kinder und Familien zu begründen.

Flexible Betreuungsmodelle brauchen Qualität

Die Konzeptionsentwicklung flexibler Modelle orientiert sich am Grundverständnis des Kinder- und Jugendhilfegesetzes (KJHG), dass Kinder- und Familienzentren ein den Lebenswelten von Kindern und Familien entsprechendes qualitativ und quantitativ bedarfsgerechtes Angebot stellen, in dem Erziehung, Bildung und Betreuung aufeinander bezogen sind (auch § 80 Abs. 2 KJHG-Jugendhilfeplanung).

Die flexiblen Angebote müssen so gestaltet werden, dass

- die Tagesbetreuung ortsteilbezogen ist,
- die Vernetzung zwischen verschiedenen Angeboten gefördert wird,
- Mütter und Väter Aufgaben in der Familie und im Beruf besser miteinander vereinbaren können,
- Eltern ihre Mitsprachemöglichkeiten nutzen können,
- Familienselbsthilfe gefördert wird,
- die Einrichtungen sich der Nachbarschaft öffnen,
- Verbundmodelle mit Betrieben unterstützt werden,
- das Zusammenleben in altersgemischten Gruppen angeboten wird,
- Kinder bei Bedarf auch kurzzeitig betreut werden können,
- eine Mittagsverpflegung angeboten wird,
- die Öffnungszeiten auf die Bedürfnisse der Familien abgestimmt werden,
- die finanziellen Beiträge familiengerecht gestaffelt sind,
- die Integration von Kindern mit Migrationshintergrund möglich wird,
- die Integration behinderter Kinder möglich wird,
- das Personal über notwendige Qualifikationen verfügt.

Vor allem die Vereinbarkeit von Familie und Beruf und der frühe Wiedereinstieg in den Beruf nach der Geburt eines Kindes erfordern flexible Betreuungszeiten und die Aufnahme von Kleinkindern in die Betreuungseinrichtung. Aufgabe der Erzieherinnen ist es z. B. beim Aufnahmegespräch mit den Eltern, die Erwartungen, Bedürfnisse und Lebenslagen der Familien zu erforschen. Mit einem offenen Interviewleitfaden, der z. B. Fragen zum Milieu, den Wohnverhältnisse, den Arbeits- und Lebensverhältnisse und insbesondere die Zeitfrage klärt, können sie die Lebenssituation von Familien erkunden und ggf. flexiblere Betreuungsmodelle entwickeln. Reformbeispiele flexibler Betreuungsmodelle antworten auf die heutigen Bedürfnisse von Kindern und Familien. Zu nennen sind zum Beispiel: Kindertagesstätte Zauberwald Oberursel (Flexibler Hort) und „Orte für Kinder" im Mütterzentrum Darmstadt (Seehausen 2005, 173 ff.).

Aufgabe: Entwickeln Sie einen Interviewleitfaden, der sich für ein Aufnahmegespräch mit Eltern eignen würde. Welche Aspekte sind Ihnen besonders wichtig?

9 Eltern-Kind-Gruppe als niedrigschwelliges Angebot

Simone Hess, Angelika Baumann-Klett

Die Konstellation, bei der eine Pädagogin mehrere Mütter mit ihren Säuglingen oder Kleinstkindern in einer Gruppe anleitet, reicht bis in die Mitte des 19. Jahrhunderts zurück. Sie wurde als Mütterschule bezeichnet und fußt auf einer Grundidee von Friedrich Fröbel (Mengel 2007). Mütterschulen hatten in den 1920er Jahren nach dem Krieg eine große Verbreitung in Deutschland gefunden. In dieser Zeit lag das Ziel darin, vor allem Frauen der unteren gesellschaftlichen Schichten in die bürgerlichen Lebensvorstellungen einzuweisen. Ihnen wurde lebenspraktisches Wissen über die Familie, die Rolle der Frau und Aufgaben einer Mutter nahegebracht. Im Nationalsozialismus erfuhren die Mütterschulen dann einen Bedeutungswandel und dienten der Verbreitung des nationalsozialistischen Frauenbildes. Rückblickend lässt sich sagen: Das Ziel dieser Eltern-Kind-Gruppen war von der familienpolitischen Ausrichtung und den sozialen Problemlagen in der jeweiligen Zeit bestimmt.

In historischer Perspektive sind Familienbildungsstätten die Nachfolger der Fröbel'schen Mütterschulen. Seit den 1970er Jahren gehören angeleitete Gruppen für Mütter zusammen mit ihren Kindern unter drei Jahren zum selbstverständlichen Angebot von Familienbildungsstätten in kirchlicher, frei-gemeinnütziger oder seltener auch kommunaler Trägerschaft. In den ersten Jahrzehnten stand neben der kindlichen Förderung mehr noch als heute auch der Vernetzungsgedanke zwischen den Müttern im Vordergrund. Bis heute wird in Familienbildungsstätten das Angebot vor allem von Müttern der Mittelschicht wahrgenommen – auch wenn Väter zunehmend mit angesprochen werden. Allerdings zeigt dieses mittelschichtorientierte Format bundesweit eine rückläufige Tendenz, auch wenn mittlerweile verschiedene pädagogische Programme wie Spielkreise, PeKip, Pikler-Spielraum u.a. dieses Gruppenformat anbietet (Thiessen 2010). Der Anteil von Eltern aus benachteiligten Lebenslagen ist mit unter zehn Prozent in dieser klassischen Form sehr niedrig, wie eine Untersuchung zur Nutzung von Elternbildungsangeboten ergab (Lösel u.a. 2006). Um Mütter und Väter in sozial prekären Lebenssituationen und mit Migrationshintergrund als Zielgruppe besser zu erreichen, sind neue Konzepte für Eltern-Kind-Gruppen entwickelt worden. Der vorrangige Nutzwert dieser Gruppen liegt auf dem kindlichen Übergang in die öffentlichen Einrichtungen wie Krippe und Kindertagesstätte (Thiessen 2010). Doch darf auch bei Eltern in prekären Lebenslagen der Aspekt der Vernetzung nicht vernachlässigt werden.

9.1 Angebotsformate für Eltern in prekären Lebenslagen

Spezielle Angebotskonzeptionen für Familien in sozial schwierigen Lebensverhältnissen haben Vor- und Nachteile: Einerseits soll dadurch sichergestellt werden, tatsächlich benachteiligte Mütter und Väter zu erreichen, um ihre Themen, Nutzungsformen und Gestaltungswünsche zu berücksichtigen. Andererseits besteht bei dieserart Fokussierung auf soziale Benachteiligung zugleich wiederum das Risiko der Stigmatisierung dieser Zielgruppe. Aber auch im Hinblick auf den Lernprozess der benachteiligten Eltern ist eine herkunftsbezogene Mischung eher wünschenswert – zu hoffen wäre gleichermaßen ein Lernzuwachs von nicht benachteiligten Eltern hinsichtlich einer Sensibilität gegenüber Familien in sozialen Problemlagen.

Bildungsangebote vor Ort

Als Lösung für den geschilderten Zwiespalt bietet sich der sogenannte Settingansatz an. Dieser kommt aus der Gesundheitsförderung. Er zielt auf die Veränderung durch niedrigschwellige Angebote in konkreten Lebenswelten wie Schule, Kindergarten oder Stadtteil ab, in denen die Zielgruppe selbst lebt (Altgeld 2012). Grundsätzlich gilt beim Settingansatz, dass die Zielgruppe als aktiv Handelnde mit Kompetenzen ausgestattet anerkannt wird – in der Gesundheitsförderung wird hier von Empowerment gesprochen – und eben nicht als Empfänger von Botschaften und moralisierenden Angeboten wahrgenommen wird.

> Das Ziel liegt darin, dass die Menschen solche Lebenskompetenzen (weiter-)entwickeln, die ihre Partizipation und soziale Teilhabe erhöhen. Übertragen auf die Eltern-Kind-Gruppe bedeutet das: die elterlichen Kompetenzen sollen gestärkt und ausgebaut werden und die Bedürfnisse der Kinder in ihrer jeweiligen Entwicklungsstufe sind wegweisend.

Die seit einigen Jahren voranschreitende Öffnung der Kindertageseinrichtungen für Familien und die Entwicklung vieler Einrichtungen hin zu Kinder- und Familienzentren bieten sich als optimaler Ort für Eltern-Kind-Gruppen sowie andere Formen der Elternbildung an. Gerade Kindertageseinrichtungen in Einzugsgebieten mit hohen Anteilen von Familien in sozial prekären Familienlagen sind dazu aufgerufen, ihr Angebot an dem Präventionsgedanke wie ihn das Netzwerk Frühe Hilfen im Sinne eines Kinderschutzes (Nationales Zentrum Frühe Hilfen 2011) vertritt, auszurichten. Hier könnte eingewendet werden, dass Kindertageseinrichtungen nur Eltern mit ihren Kindern, die bereits in Kindertageseinrichtungen sind, ansprechen. Doch empirisch ausgewertete Angebote eines großen Trägers (AWO-Bundesverband 2010, 59) wie auch Erfahrungen der Autorinnen haben gezeigt, dass sich die für alle Eltern offenen Angebote in einem Stadtteil herumsprechen und mit zunehmender Bekanntheit auch andere Eltern mit, in diesem Fall, jüngeren Kindern erreichen.

Formen von Niedrigschwelligkeit

Eltern-Kind-Gruppen sollten niedrigschwellig ausgerichtet sein. Der Begriff „niedrigschwellig" bezieht sich auf den sozialen Kontext. Er bedeutet, dass ein Angebot so gestaltet werden soll, dass die Zielgruppe, ohne eine große Hemmschwelle oder formale Hürde zu überwinden, daran teilnehmen kann. Als Beispiele für nicht niedrigschwellige Angebote können Erziehungsberatungsstellen oder niedergelassene Therapeuten angeführt werden (Leuzinger-Bohleber 2009, Kap. 4.1).

Für die Nicht-Inanspruchnahme – auch wenn Erzieherinnen Eltern behutsam darauf aufmerksam machen – bieten sich folgende Erklärungen an:

- Vielfach wollen die Eltern aus Scham Probleme nicht wahrhaben, auch weil sie vor anderen Eltern zeigen wollen „mit unserem Kind ist alles in Ordnung".
- Die eigene Angst vor Schuldzuweisung stellt eine zu hohe Hürde dar.
- Formalitäten müssen eingehalten werden, z. B. telefonische Terminvereinbarung oder pünktliches Erscheinen an einem zudem fremden Ort.

Demgegenüber sind solche Elternbildungsangebote in Kindertageseinrichtungen wie die Eltern-Kind-Gruppe, thematische Elternabende und Elterncafés, die in zwangloser Atmosphäre nachgefragte Themen wie „Früher Spracherwerb" und „Medienkonsum" erörtern und Gesprächskontakte zwischen Eltern anregen, für viele Mütter und Väter in benachteiligten Lebenshintergründen einfacher anzunehmen.

Wann ein Angebot als niedrigschwellig gilt, hängt stets von der Perspektive der Nutzer, aber auch vom Blickwinkel des Fachpersonals ab. Deshalb ist bei der Entwicklung von Elternbildung auf die Situation der Familien für die Konzeption, Organisation und Durchführung des Angebots zu achten, um sie als Adressaten und Nutzer auch wirklich zu erreichen. In Tabelle 8.1 werden niedrigschwellige Aspekte Teilnahmehürden und Zugangsschwellen gegenübergestellt.

Was fördert die Teilnahme?	Was behindert die Teilnahme?
- Keine Teilnahmebeiträge	- (Zu hohe) Teilnahmebeiträge
- Offener Zugang ohne Anmeldung - Spontanes Dazustoßen möglich	- Formales Anmeldeverfahren - Pünktliches Erscheinen
- Offenheit für neue Angebotszeiten	- Angebotszeiten außerhalb der Norm
- Wertschätzende Kommunikation, Vertraulichkeit, ggf. Anonymität	- Unpersönlicher, förmlicher Kommunikationsstil
- Nicht moralisierende und beurteilende, stärken- und ressourcenorientierte Haltung	- Hierarchischer, bevormundender Umgang - Schuldzuweisung

Was fördert die Teilnahme?	Was behindert die Teilnahme?
• Spielerische sowie alltags- und handlungsorientierte Ansätze • Beteiligung an Themenentwicklung	• Theoretische, problemorientierte Ansätze • Informationen, die nur über Sprache angeboten werden
• Differenziertes, individuelles Eingehen auf jede Mutter und ihr Kind • Ausreichend Zeit für den Aufbau eines Vertrauensverhältnisses	• Alle Eltern mit Kindern werden als homogene Teilnehmerschaft angesprochen
• Informelle Lernangebote • Tipps und Informationen im Kontext des gemeinsamen Tuns	• Zu allgemeine unspezifische (Erziehungs-)Hinweise

Tab. 9.1: Niedrigschwelliger Zugang vs. Teilnahmehürden

Aufgabe: Informieren Sie sich ausführlich über Niedrigschwelligkeit (Literaturhinweise: AWO-Bundesverband 2010, Kap. 4 sowie unter www.mobile-familienbildung.de). Führen Sie anschließend ein Rollenspiel durch: Eine Mutter kommt zum ersten Mal mit ihren ein- und zweijährigen Kindern zu einer Eltern-Kind-Gruppe. Wie könnte ein erstes Gespräch aussehen? Welche Haltungen und Kompetenzen zeigt die Pädagogin?

Wie können die Eltern erreicht werden?

Vernetzung und interdisziplinäre Kooperation mit anderen Einrichtungen erweisen sich als hilfreich, um Eltern zu erreichen, die die Kindertageseinrichtung und das Elternbildungsangebot nicht kennen. Die meisten Kindertageseinrichtungen sind ohnehin mit dem Allgemeinen Sozialen Dienst (ASD) des Jugendamtes, anderen Kinder- und Jugendhilfeeinrichtungen, dem Jugendamt, Kinderärzten und weiteren Hilfesystemen vor Ort in Kontakt. Oftmals existieren bereits Vernetzungskontakte durch die Teilnahme der Leitungskraft oder der Trägervertretung an sogenannten Runden Tischen. Darüber hinaus bietet es sich an, mit Vertretern der Frühen Hilfen und dem Kinderschutz, aber auch mit Vereinen und anderen Anlaufstellen für Familien mit Migrationshintergrund Kontakt herzustellen. Eine persönliche Vorstellung der Eltern-Kind-Gruppe und seiner Konzeption durch die Gruppenleiterin bei allen Kooperationspartnern und an allen Schnittstellen empfiehlt sich. Auf diese Weise können die Mitarbeiter der Einrichtungen die ihnen bekannten Familien direkt ansprechen und gegebenenfalls in das neue Angebot in noch fremder Umgebung hineinbegleiten.

Es ist sinnvoll, bereits integrierte Familien dazu zu ermuntern, Familien aus der Nachbarschaft, aus dem Familien- oder Freundeskreis mitzubringen. Ein bebilderter, leicht verständlicher, informativer Flyer kann an alle, auch an die Nachbarn im Quartier, verteilt werden.

Beispiel: (Originalton einer Gruppenleiterin) *„Erfahrungen zeigen, dass unsere teilnehmenden Eltern unsere beste Referenz darstellen und auf diesem Wege immer wieder neue Familien zu uns finden. Grundsätzlich gelingt die Brücke ins Angebot im Grunde nur über den persönlichen Kontakt und die Begleitung in die Gruppe hinein. Die schriftliche Form erleben wir seltenst als hilfreiches Mittel. Immer wieder wird Eltern von Seiten des ASD die Teilnahme an unserem Gruppenangebot empfohlen. Ein konstanter Transfer kommt oftmals auch erst über die Begleitung eines Mitarbeiters der sozialpädagogischen Familienhilfe zustande. Dann ist eine tragfähige Anbindung meist gut möglich."*

9.2 Arbeitsweise und pädagogische Haltung

Das hier vorgestellte Konzept der Eltern-Kind-Gruppe ist sowohl für Eltern als auch ihre Kindern von ca. ein bis drei Jahren gedacht – Angebote für Familien mit Kindern im ersten Lebensjahr sind ebenso sinnvoll, bedürfen jedoch eines veränderten Konzepts. Unter Anleitung einer Pädagogin sollen Eltern und Kinder gemeinsam spielen und neue Erfahrungen machen. Dabei bilden sich die Mütter in ihrer Elternrolle und Erziehungskompetenz weiter und die Kinder werden in ihrer Entwicklung unterstützt. Eltern haben zugleich auch die Gelegenheit, Kontakte zu anderen Müttern zu knüpfen, Erfahrungen auszutauschen und Erziehungsaufgaben zu erkennen, zu besprechen sowie Fragen zu stellen. Kinder mit wenigen Spielmöglichkeiten mit Gleichaltrigen können mit anderen Kindern spielen (lernen).

Eine altersentsprechende Umgebung vorbereiten: „Die selbstständige Aktivität im freien Spiel, das nicht angeleitet wird, ist für die Persönlichkeitsentwicklung des Kindes von besonderem Wert" (Pikler®-SpielRaum 2011), heißt es im Konzept von „SpielRaum", das in Anlehnung an die Pädagogik der ungarischen Kinderärztin Emmi Pikler (1902–1984) entwickelt wurde und wegweisend für viele Eltern-Kind-Gruppen in Deutschland ist. „In einer altersentsprechend vorbereiteten Umgebung können Kinder aus eigener Initiative sich selbst und die Spielmaterialien erkunden, damit experimentieren und in ihrem Rhythmus die nächsten Bewegungsschritte erproben. Auf diese Weise entwickelt das Kind sein äußeres wie inneres Gleichgewicht. Seine Bewegungen werden harmonisch und sicher und seine Ausdauer, sich selbst zu beschäftigen, wächst" (Pikler®-SpielRaum 2011).

Aufgabe: Die Internetseite www.pikler-spielraum.de/bietet Texte, Literaturhinweise und Links zum pädagogischen Konzept von „SpielRaum". Informieren Sie sich und tauschen Sie sich in Kleingruppen über die wesentlichen Merkmale des Konzepts aus.

Loyalitätskonflikte vermeiden: Leiterinnen einer Eltern-Kind-Gruppe haben in der Regel über ihr Interesse an der Entwicklung des Kindes hinaus besondere Freude an der Arbeit mit Müttern/Vätern und Spaß am Miteinander des Paares Mutter-/Vater-Kind. Sie achten stets darauf, dass beim Kind keine Loyalitätskonflikte zwischen sich und der Mutter entstehen. Ebenso dürfen Mütter nicht das Gefühl bekommen, dass die Pädagogin in Konkurrenz zur Mutter als erste Bindungsperson des Kindes treten möchte. Gegebenenfalls kann diese Befürchtung einer Mutter auch von der Erzieherin angesprochen werden.

Die Bedürfnisse von Eltern und Kindern achten: Für die Gruppenleiterin einer Eltern-Kind-Gruppe ist die gleichzeitige Anwesenheit zweier Adressatengruppen, den Erwachsenen und den Kindern, eine hohe Anforderung: Sie muss gleichwertig die unterschiedlichen Bedürfnisse beider Gruppen beachten und differenziert wahrnehmen sowie praktische Umsetzungen anbieten (Tuschhoff/Daude 2010).

Individuell auf Mutter und Kind eingehen: Eltern-Kind-Gruppen mit Familien in prekären Lebenslagen verlangen zudem ein betont individuelles Eingehen auf die einzelne Mutter mit ihrem Kind. Die Zielgruppe erfordert es vielfach, dass die Gruppenleiterin neben Kenntnisse aus der Entwicklungspsychologie möglichst auch über heil- und sonderpädagogisches Wissen verfügt. Das erleichtert es, die kindlichen Entwicklungsbedürfnisse zu erkennen und differenziert unter Einbezug der Mutter darauf eingehen zu können. Verschiedenartige Formen prekärer Lebenssituationen in den Familien können zu Benachteiligungserfahrungen der Kinder führen und Entwicklungen beeinträchtigen. Dies verlangt eine genaue Beobachtung durch die Pädagogin.

> Die wertschätzende Haltung gegenüber den Eltern ist grundsätzliche Voraussetzung. Eine Offenheit und Akzeptanz gegenüber anderen Lebensformen der Familien, die nicht mit den eigenen möglicherweise sehr bürgerlichen Lebensvorstellungen der Pädagogin übereinstimmen, sind eine wichtige Bedingung, um die Mütter oder Väter zu erreichen.

Ein Verdacht der Kindeswohlgefährdung, z. B. Verwahrlosung oder Gewalt, sollte mit Kolleginnen der eigenen Einrichtung und Professionellen aus anderen Institutionen, die die Familie kennen, besprochen werden, um gegebenenfalls weitere Schritte einzuleiten.

Rolle und Funktion der Gruppenleiterin

Die Aufgabe der Gruppenleiterin teilt sich in drei grundsätzliche Bereiche (Tuschhoff/Daude 2010):

- den äußeren Rahmen gestalten (Zeit, Raum und Material)
- Angebote an die aktuelle Situation der Teilnehmer anpassen
- Ansprechpartnerin für Eltern und Kinder sein

Die konkrete Planung der Gruppenstunden kann als Rahmen dienen. Es muss aber die Möglichkeit offengehalten werden, dass Ideen und Eigenaktivität von Eltern und Kindern eingebracht werden können. Der tatsächliche Verlauf der Gruppenstunde muss sich stets an der aktuellen Situation der Kinder und Erwachsenen orientieren:

- **Perspektive auf die Kinder**
    - ganzheitlich Erfahrungsmöglichkeiten fördern: emotional, sprachlich, musisch, motorisch, kognitiv und kreativ
    - Möglichkeiten für intensives freies Spielen schaffen
    - Selbstständigkeit fördern
    - notwendige Regeln und Grenzen aufstellen

- **Perspektive auf die Eltern**
    - Ansprechpartnerin bei aktuellen Fragen/Vertrauensperson sein
    - zum Beobachten des Kindes anregen/„Deutungshilfen" zu kindlichen Bedürfnisse anbieten
    - Eltern- und Erziehungskompetenz stärken durch Ermunterung, Vorschläge, Vormachen, Anbieten von Modellen u. Ä.

Abb. 9.1: Beim gemeinsamen Tun lernen Eltern viele alltägliche Förder- und Spielmöglichkeiten kennen

- **Perspektive auf das Eltern-Kind-Paar**
  - Beziehungen stabilisieren: für zuwendungsbezogene, sicherheitsvermittelnde, stressreduzierende Bindung sensibilisieren
  - explorationsunterstützende Bindungsformen verdeutlichen
  - Kind als Individuum erkennbar machen, Loslösung ermöglichen
  - begleiten statt leiten

Ablauf einer Veranstaltung

Um keine großen Hürden aufzubauen, empfiehlt sich ein offener Beginn für eine Veranstaltung, bei festen Anfangs- und Endzeiten die ca. zwei Stunden umfassen sollten, z. B. zwischen 10 und 12 Uhr. Auch Familien, die nur noch für eine halbe Stunde dazu stoßen, sollten willkommen sein.

Erfahrungen zeigen, dass viele Eltern die nachfolgende Struktur einer Eltern-Kind-Gruppe schätzen:

- **Freies Spiel** von etwa 45 Minuten – dabei werden die Kinder von Müttern und Mitarbeiterinnen begleitet. Flankiert von offenen Angeboten, z. B. aus den Bereichen Rollenspiel, Musik oder Wahrnehmungsförderung/Kreativität. Hierbei können Eltern viele alltägliche Förder- und Spielmöglichkeiten mit geringem Ressourceneinsatz kennenlernen. Wäscheklammern, Klopapierrollen und andere Alltagsgegenstände werden als wertvolle Materialien schätzen gelernt.
- **Gemeinsame Mahlzeit** gerahmt von wiederkehrenden Ritualen – hierbei ergeben sich häufig themenentsprechende Gespräche beispielsweise zu kindgerechter/gesunder Ernährung und der Stellenwert von Mahlzeiten in der Familie. Auch die Bedeutung von Ritualen für ein Kind lassen sich beispielhaft erörtern.
- **Gemeinsamer Spielkreis** geprägt durch immer wiederkehrende, altersentsprechende Lieder, Fingerspiele, Kreisspiele – im Miteinander kann diese Möglichkeit der Kommunikations- und Sprachförderung für Kleinkinder kennengelernt werden. Angebote dieser Art können das Zusammensein in einer Gruppe in einer besonderen Weise für Eltern und Kinder erfahrbar werden lassen.
- **Gemeinsamer Aufenthalt im Außenspielbereich** – dabei steht, neben Angeboten im motorischen Bereich, die Integration in die Kindertageseinrichtung im Vordergrund. Spielmaterialien und Angebote werden gemeinsam genutzt von den Kleinen der Eltern-Kind-Gruppe und den Großen aus der Kita.

9.3 Beispiele im Kontext kindlicher Entwicklung

In der Kindertagesstätte „Sebastian-Kneipp-Straße" im sozialen Brennpunkt einer Großstadt hat die langjährige Beobachtung, dass ungünstige Entwicklungsverläufe sich bei Kindern, wenn sie mit drei Jahren in den Kindergarten kommen, schon weitgehend stabilisiert haben, zur Einrichtung einer Eltern-Kind-Gruppe geführt.

> **Aus der Konzeption der Kindertagesstätte „Sebastian-Kneipp-Straße" zum Thema Eltern-Kind-Gruppe:** „Aufgrund vieler Familien mit Migrationshintergrund und/oder bildungsfernem Hintergrund, sozialer Isolation vieler Mütter (Netzwerkarmut), Arbeitslosigkeit der Familien, anregungsarmer Umgebung für die Kinder, häufiger Versuche junger Frauen durch frühe Schwangerschaften einen Ausweg aus der Spirale der Benachteiligung zu suchen – die letztendlich die Situation nur manifestiert –, Vernachlässigung und Gewalt, die sich schon seit Generationen durch die Familien ziehen, versteht sich die gesamte Einrichtung als Teil eines Frühwarnsystems, um Merkmale so früh wie möglich zu erkennen und ihnen entgegenzuwirken. Mit der Eltern-Kind-Gruppe sollen jüngere Kinder und ihre Eltern erreicht werden, um sie in ihrer Entwicklung zu begleiten und ihnen ein Weg in die Kindertagesbetreuung zu zeigen."

Den Übergang von der Familie in die Kindertageseinrichtung gestalten

Der Bezug auf Gleichaltrige vollzieht sich in der Regel über das Spielen, denn Bindungsbeziehungen im Kleinkindalter entstehen in den meisten Fällen aus Spielbeziehungen (Howes 2000, nach Griebel/Niesel 2004, 59). Über die Säuglingszeit hinaus, in der die Familienmitglieder primär Interaktionspartner sind, bekommen außerfamiliäre Spielpartner eine Bedeutung: Andere Kinder stellen nun neue Herausforderungen für den Kompetenzerwerb des Kindes dar. In den Spielen mit den Peers in der Eltern-Kind-Gruppe und später in der Kindertageseinrichtung ohne die Rückversicherungsmöglichkeit auf die Mutter finden zunehmend komplexere Interaktionen statt.

Um mit anderen Kindern zu spielen und dabei involviert zu sein, geht es konkret um folgende Aspekte in der Entwicklung eines Kindes: zuerst einmal das grundlegende beobachtende Zur-Kenntnis-Nehmen von anderen Kindern, dann das Wahrnehmen von Peers als konkrete Interaktionspartner, es folgt das Spielen. Dies hält Herausforderungen bereit, wie das Sich-aufeinander-Beziehen in der konkreten Spielsituation („Ich tu dies und du tust das" oder „Wir tun gemeinsam das") sowie der Austausch über die Bedeutung, z.B. in Als-ob-Spielen („Ich bin das Kind", „Du bist der Vater"), oder das Verständigen über das weitere Vorgehen (z.B. beim Sandburgen-Bauen: „Da oben kommt ein Turm drauf"). Dies verdeutlicht, soziale Interaktion (im Spiel) steht direkt mit Kommunikation in Verbindung. Aushandeln, Handlungsschritte gemeinsam begehen und benennen muss dabei von den Kindern mittels Sprache kommuniziert werden (Hess 2011).

Thema: Selbstständigkeit und soziale Kompetenz

Frau A. ist Mutter von sechs Kindern. Sie geht begleitet von ihrer sozialpädagogischen Familienhelferin mit ihrem jüngsten Sohn Max (2,6 Jahre) schon seit mehreren Monaten fast regelmäßig einmal wöchentlich in die Eltern-Kind-Gruppe einer Kindertageseinrichtung. In einem Gespräch mit einer Studentin berichtet Frau A. auf die Frage hin, welche Entwicklungsfortschritte sie mit der Eltern-Kind-Gruppe bei ihrem Sohn in Verbindung bringt, Folgendes:

Erfahrungsbericht: *„Ja, der ist frecher geworden, kann besser reden, er hat sehr viel angenommen von den anderen Kindern, zum Reden jetzt und auch so, mit dem Teilen zum Beispiel, dass er nicht alleine da ist, dass er sich mit den Kindern zusammenschließt und dass er mit den Kindern auch teilen muss und mit den Kindern spielt und Spielzeug teilen muss, also nicht mehr alleine für sich spielt. Weil zu Hause ist er jetzt allein die Zeit und da wird er natürlich doch bevorzugt, weil er der Einzigste ist, der zu Hause ist. Also das kann er schon, das nutzt er schon aus und im Kindergarten weiß er halt: stopp, da sind seine Grenzen und da kann er sich auch sehr gut eigentlich argumentieren"* (ausführliche Besprechung in: Hess 2011).

Die Mutter nennt ihren Jüngsten zwar „frecher", doch lässt sich diese Eigenschaft in der Erzählpassage weniger als ein rabiates, bösartiges Verhalten interpretieren, als dass hier vielmehr Assoziationen zu einem kleinen Jungen aufkommen, der mit einer neuen Kühnheit exploriert, mit seiner Umwelt, vor allem mit den anderen Kindern in der Gruppe, interagiert und sich zu behaupten versteht. Die Mutter berichtet damit von einem im Vergleich zu vorher, wo vermutlich ein eher passives Verhalten von ihr wahrgenommen wurde, im positiven Sinn aggressiveren Agieren ihres Kindes. Dieses extrovertierte Verhalten lässt sich entwicklungspsychologisch als zunehmende Selbstbehauptung des Kindes interpretieren – eine Fähigkeit, die dabei hilft, eigene Ziele zu erreichen.

Weiter stellt die befragte Mutter die Sprache als wichtige Fähigkeiten für das soziale Miteinander dar. Durch die Redefertigkeit befreit sich ihr Sohn zunehmend aus der körpernahen und weitgehend sprachlosen Verschmelzung mit ihr, der Mutter, in der isolierten Situation im Elternhaus – aus dem weiteren Gesprächsverlauf ist zu entnehmen, dass er als jüngstes Kind tagsüber seine Zeit weitgehend alleine mit der Mutter verbringt. Dort genießt er zwar besonderen Schutz, dieser hindert ihn aber zugleich auch in seiner weiteren Entwicklung. Spracherwerb steht damit in enger Verbindung mit Persönlichkeitsentwicklung und zunehmender Unabhängigkeit vom mütterlichen Schonraum.

Thema: Sprachentwicklungsförderung

Das folgende Beispiel aus der Praxis soll die Fördermöglichkeiten der Sprachentwicklung speziell von Kindern aus Familien mit Migrationshintergrund in einer Eltern-Kind-Gruppe verdeutlichen.

Beispiel: *„Familie Yu ist indonesischer Herkunft. Herr Yu sowie seine 12-jährige Tochter verständigen sich in Beruf bzw. Schule in deutscher Sprache. Innerhalb der Familie wird konsequent indonesisch gesprochen. Frau Yu kann nur sehr wenig deutsch. Sie besucht mit der jüngsten Tochter Sinta, seit diese 1,2 Jahre alt ist, regelmäßig über zwei Jahre hinweg eine Eltern-Kind-Gruppe, die einer Kindertagesstätte angegliedert ist. Im Laufe der Zeit hat sich folgende Vorgehensweise eingespielt: Frau Yu begleitete die Rituale, Spielinhalte und Geschehnisse für ihre Tochter in indonesischer Sprache – nicht als akribische Dolmetscherin, sondern als einfühlsame Moderatorin. Frau Yu steht der Interaktion der Gruppenleiterin sowie bei Gesprächen ihrer kleinen Tochter mit anderen Kindern und Eltern sprachlich vermittelnd zur Verfügung.*

Anfangs waren es einzelne, einfache und wiederkehrende deutsche Wörter aus Bilderbüchern, Sing-Reimspielen sowie aus Ritualen und wiederkehrenden Abläufen („Wer kommt mit Hände waschen?", „Magst du Äpfel?", „Jetzt ziehen wir die Schuhe wieder an!"). Es zeigte sich nach einigen Monaten deutlich, wie freudig und aufmerksam die bald Zweijährige die Spielgruppe genoss. Ihr gelang es zunehmend, die Inhalte und Bedeutungen wahrzunehmen und zu erkennen. Vorerst ließen sich entsprechende Reaktionen auf der motorischen und praktisch handelnden Ebene ablesen, dann begann sie selbst zu sprechen. Im Laufe der Zeit löste sich Sinta schrittweise von der Mutter ab, begab sich alleine in Spielsituationen und suchte selbstständig Kontakt zu anderen der Gruppe. An ihren Handlungen ließ sich im Laufe der Zeit erkennen, dass ihr erworbener, passiver deutscher Wortschatz angewachsen war und sie deutlich sicherer und orientierter wurde. Es wurden situationsadäquate, einfache sprachliche Reaktionen auf die „zweisprachige" Kommunikation mit ihrer Mutter und der Pädagogin beobachtbar. Während einem der letzten Gruppenbesuche mit ihrer Mutter, kurz vor ihrem Wechsel in die Kita, hat Sinta alle Teilnehmer der Eltern-Kind-Gruppe erfreut: Sie hat alle Lieder laut und begeistert mitgesungen. Den Start in die Kita konnte sie in nahezu fließendem Deutsch meistern."

Bei stimmiger Ansprache sind bildungsferne sowie bildungsnahe Eltern mit Migrationshintergrund interessiert an Förderangeboten für ihre Kinder, wie Sprachberatung, allgemeinen Eltern-Kind-Gruppen oder auch an solchen Gruppen, die explizit auf den Spracherwerb ausgerichtet sind (Tracy/Lemke 2009, 108 ff.). An dem oben aufgeführten Beispiel wird sichtbar, dass Eltern ihre Kinder auch dann beim Erwerb einer neuen Sprache unterstützen können, wenn sie diese Sprache selbst nicht oder nur in Ansätzen sprechen, indem sie der Zweitsprache gegenüber positiv eingestellt sind. Unterstützend für Kinder sind die Haltungen ihrer Eltern, wenn sie ihre Erwerbfortschritte mit Stolz und Anerkennung verfolgen und damit die Sprechfreude des Kindes fördern.

> Für die Gruppenleiterin ist es nicht notwendig und sinnvoll, Kinder explizit zu korrigieren oder sie gar aufzufordern, Sätze und Äußerungen nachzusprechen. Viel eher ist es nützlich, die kindlichen Äußerungen auf der inhaltlichen Ebene aufzugreifen, Gespräche thematisch weiterzuführen und offene Fragen („Was ist denn hier geschehen?") zu stellen, um Sprechanlässe für das Kind zu schaffen.

Dies sollte die Pädagogin in ihrer Kommunikation mit dem Kind den Eltern vorbildhaft aufzeigen und zusätzlich den Eltern als Information für deren kommunikative Haltung gegenüber dem Kind mitteilen (ebd. Kap. 5.3).

An den zwei Fallbeispielen wurden die besonderen Möglichkeiten von Eltern-Kind-Gruppen deutlich: wie sie – quasi nebenbei, ohne moralisierenden Ton – zugleich in einem Angebot vielfältige Informationen an die Eltern vermitteln können und die Förderung kindlicher Entwicklung durch handlungsorientierte und die Sinne einbeziehende Aktivitäten unterstützen können.

> **Aufgabe:** Planen und führen Sie alleine (oder mit einer zweiten Studierenden) ein Spiel-Angebot für eine oder zwei Mütter mit ihrem/n Kind/ern durch. Für ein erstes Vertrautwerden mit der Leitung eines Eltern-Kind-Paares können Sie durchaus auch Mütter mit über dreijährigen Kindern anfragen.
>
> - Erstellen Sie einen Ablaufplan und wählen Sie Spiele/Aktivitäten/Themen aus. Rollen und Aufgaben sollten bei zwei Gruppenleiterinnen genau bestimmt werden. In der Durchführung sollten Sie sich allerdings flexibel auf das situative Geschehen bzw. auf die Reaktionen von Mutter und Kind einlassen.
> - Reflektieren Sie im Anschluss (ggf. mit einer vertrauten Person, die Sie in der Durchführung beobachtet hat) das Gruppenangebot. Wenn alle Beteiligte damit einverstanden sind, bietet die filmische Dokumentation eine gute Auswertungsbasis. Gehen Sie dabei ein auf
>   - die Reaktion/Interaktion von Mutter und Kind,
>   - Ihre Rolle als Leiterin in der Beziehung a) zur Mutter, b) zum Kind, c) zu beiden als Paar,
>   - die Bewertung des Ablaufs und der Eignung der durchgeführten Aktivität.

10 Eltern als Gestalter des Übergangs Kindertageseinrichtung – Grundschule

Sabine Lingenauber, Janina L. von Niebelschütz

Der Übergangsprozess von der Kindertageseinrichtung in die Grundschule stellt für Kinder einen bedeutenden Entwicklungsabschnitt dar. Ein gelungener Übergangsprozess stärkt die Kompetenzen des Kindes (Griebel/Niesel 2004, 130). Schwierigkeiten in der Bewältigung des Übergangsprozesses wirken sich auch auf nachfolgende Bildungsprozesse aus (ebd., 131). Für Kinder mit Behinderungen ist der Eintritt in die Schule mit der Gefahr der Selektion in das Förderschulsystem verbunden (Kron 2009, 218). Für das Gelingen des Übergangsprozesses sind nicht allein die Kompetenzen des Kindes entscheidend. Vielmehr ist die Partizipation sämtlicher am Übergangsprozess beteiligter Akteure – nämlich der Kinder, der Eltern, der Erzieherinnen und der Grundschullehrerinnen – ausschlaggebend (Lingenauber/von Niebelschütz/ThILLM 2010, 8). „Somit ist es die Kompetenz des sozialen Systems, die Erfolg oder Misserfolg der Übergangsbewältigung maßgeblich bestimmt" (Griebel/Niesel 2004, 193). Kinder und Eltern bringen unterschiedliche Kompetenzen in den Übergangsprozess ein und verfügen über unterschiedliche Ressourcen. Darüber hinaus unterscheiden sich die Bedürfnisse und Erwartungen der Kinder im Übergangsprozess stark von den Bedürfnissen und Erwartungen der Eltern und diese sich wiederum von denen der Pädagoginnen (Dockett/Perry 2001, 4).

> Der Übergang sollte durch professionelles Handeln von Erzieherinnen und Grundschullehrerinnen so gestaltet werden, dass Kinder und Eltern zu Akteuren im Übergangsprozess werden und die spezifischen Voraussetzungen sowie unterschiedlichen Bedürfnisse und Erwartungen von Kindern und Eltern Grundlagen des professionellen Handelns sind.

10.1 Stand der Forschung

Der Übergangsprozess von der Kindertageseinrichtung in die Grundschule steht im Fokus vieler internationaler und nationaler Forschungsaktivitäten im Bereich der frühkindlichen Bildung (Griebel 2004, o. S.). Nur wenige Untersuchungen berücksichtigen jedoch bisher die individuellen Perspektiven von Eltern im Übergangsprozess (Griebel/Niesel 2011, 162). Es zeigt sich, dass Eltern sehr daran interessiert sind, ihre

Kinder im Übergangsprozess zu unterstützen (Dockett/Perry 2007, 4). Gleichzeitig wird die Perspektive der Eltern in der Gestaltung des Übergangsprozesses bislang kaum berücksichtigt (Griebel/Niesel 2011, 161). Nur sehr wenige Eltern zukünftiger Schulkindern sprechen beispielsweise mit den Lehrerinnen und Lehrern über ihre „eigene Befindlichkeit" (ebd.). Demzufolge liegen bislang zwar einige Forschungsergebnisse über die Bedürfnisse von Eltern im Übergangsprozess vor. Es gibt aber kaum Erkenntnisse darüber, wie Eltern Aktivitäten erleben und einschätzen, in denen sie durch professionelles Handeln zu Akteuren im Übergangsprozess werden bzw. wie sich diese Aktivitäten auf den Übergangsprozess von Eltern und Kindern auswirken.

Eltern von Kindern mit Behinderungen haben die gleichen Bedürfnisse und Erwartungen im Übergangsprozess wie andere Eltern. Jedoch ist der „Komplexitätsgrad" des Übergangsprozesses von Kindern mit Behinderungen und ihren Eltern wesentlich erhöht (Kron 2009, 218). Für sie ist beispielsweise häufig unsicher, in welche Schule der Übergang stattfinden wird (ebd., 217). Die Situation von Kindern mit Behinderungen und ihren Eltern werden jedoch überwiegend nicht betrachtet. Auf Übergangsprozesse aus integrativen/inklusiven Kindertageseinrichtungen in (integrative/inklusive) Schulen wird wenig eingegangen (ebd., 220).

Im Projekt „Stärkung der Bildungs- und Erziehungsqualität in Kindertageseinrichtungen und Grundschulen" (TransKiGs) wurden sehr gute Erfahrungen mit der Partizipation der Eltern im Übergangsprozess gemacht (Lingenauber/von Niebelschütz/ThILLM 2010). Im TransKiGs-Teilprojekt Thüringen konnte zudem der Übergang eines Kindes mit Behinderung von einer integrativen Kindertageseinrichtung in den gemeinsamen Unterricht einer Grundschule aus der Perspektive sämtlicher beteiligter Akteure dokumentiert werden (ebd.). Die Ergebnisse der Partizipation der Eltern werden im Folgenden anhand von Praxisbeispielen aufgezeigt.

10.2 Partizipation im Übergangsprozess

Strategien zur Partizipation im Übergangsprozess können sich insgesamt auf drei Akteursgruppen beziehen: Kinder, Eltern und Erzieherinnen. Nach Lingenauber lassen sich dabei sieben Ebenen professionellen Handelns unterscheiden:

- Ebene 1: Erzieherin und Grundschullehrerin
- Ebene 2: Erzieherin, Grundschullehrerin und Kindergarteneltern
- Ebene 3: Erzieherin, Grundschullehrerin und Kindergartenkind
- Ebene 4: Kindergarteneltern und Grundschuleltern
- Ebene 5: Kindergartenkind und Grundschulkind
- Ebene 6: Kindergartenkind, Erzieherin, Grundschullehrerin und Kindergarteneltern
- Ebene 7: Kindergarteneltern und Kindergartenkind (Lingenauber 2008, 199)

Sämtliche Ebenen sind als gleichwertig zu betrachten. Ziel ist es auf allen Ebenen, den Dialog zwischen den genannten Akteuren systematisch zu unterstützen und dabei die unterschiedlichen Perspektiven bewusst zu berücksichtigen. So wären beispielsweise bei der Gestaltung eines Elternabends von Erzieherinnen und Grundschullehrerinnen zum Thema Übergang, eine Strategie der 2. Ebene, nicht nur die Perspektiven der Pädagoginnen grundlegend, sondern in besonderem Maße auch die Fragen und Erwartungen der Eltern.

Eine Abbildung des „Ebenenmodells professionellen Handelns", die das Zusammenspiel der sieben Ebenen verdeutlicht, findet sich auch in der Publikation zum Übergangsbuch (Lingenauber/von Niebelschütz 2010, 10). Forschungsergebnisse zeigen, dass die Bildungsqualität im Übergangsprozess durch eine Berücksichtigung der sieben Ebenen erheblich erhöht wird (Lingenauber/von Niebelschütz/ThILLM 2010, 9).

Ebene	Idee	Ziele
1 Erzieherin und Grundschullehrerin	Gegenseitige Hospitationen	Personenbezogenes und institutionsbezogenes Kennenlernen der jeweils anderen Bildungspraxis
2 Pädagoginnen und Eltern		
3 Pädagoginnen und Kinder		
4 Kindergarteneltern und Grundschuleltern		
5 Kindergartenkind und Grundschulkind		
6 Kind, Pädagoginnen und Eltern		
7 Eltern und Kind		

Tab. 10.1: Arbeitsvorlage zum Ebenenmodell als Reflexionsgrundlage zur Vorbereitung der konzeptionellen Gestaltung des Übergangs

Aufgabe: Das „Ebenenmodell professionellen Handelns" (Lingenauber 2008) ermöglicht es u. a., die bestehende Übergangsgestaltung in der eigenen beruflichen Praxis zu reflektieren und zu systematisieren. Eruieren Sie auf dieser Basis den Ist-Stand der Übergangsgestaltung in Ihrer Einrichtung. Nutzen Sie dafür die Tabelle 10.1. Überlegen Sie dann, welche Aktivitäten gemeinsam mit der Grundschule entwickelt werden könnten, um sämtliche Ebenen in der Gestaltung des Übergangs zu berücksichtigen.

Neben den individuellen Bedürfnissen und Erwartungen der einzelnen beteiligten Kinder und Eltern im Übergangsprozess zeigen internationale Forschungsergebnisse auch Erwartungen und Bedürfnisse in Bezug auf gesamte Akteursgruppen auf. So ist für Eltern beispielsweise von Bedeutung, dass die zukünftige Lehrerin das individuell Besondere an ihrem Kind wertschätzt und dass sie als Eltern sowohl die Möglichkeit haben mit anderen Eltern als auch mit der Lehrerin in Kontakt zu treten (Dockett/Perry 2001, 4 ff.).

10.3 Umsetzungsbeispiel: Partizipation der Eltern

Im Folgenden wird anhand von Praxisbeispielen aus dem TransKiGs-Teilprojekt Thüringen näher erläutert, wie Eltern durch professionelles Handeln der Pädagoginnen im Übergangsprozess partizipieren können und so zu Akteuren innerhalb dieses Prozesses werden.

Eltern als Experten

Die integrative Kindertageseinrichtung „Tausendfüssler" und die „Staatliche Grundschule Neuhaus" beteiligen die Eltern seit vielen Jahren bei der Gestaltung der Übergangsprozesse. Beide Institutionen bilden zusammen ein sogenanntes Tandem. Gemeinsam mit der wissenschaftlichen Begleitung entwickelte dieses Tandem einen innovativen Elternabend. In diesem wird Kindergarteneltern systematisch ein Austausch mit übergangserfahrenen Grundschuleltern ermöglicht, eine Strategie der 4. Ebene. Auch internationale Forschungsergebnisse machen deutlich, dass Eltern von Schulkindern eine wichtige Informationsquelle für Eltern von angehenden Schulanfängern sind (Griebel/Niesel 2011, 161). Darüber hinaus lässt sich anhand bestehender Erkenntnisse ableiten, dass sich Eltern in besonderen Ausgangslagen, z. B. mit Migrationshintergrund, im Übergangsprozess den Austausch mit übergangserfahrenen Grundschuleltern in vergleichbaren Lebenssituationen wünschen (ebd., 163 f.).

> Es ist nicht selbstverständlich, dass Kindergarteneltern über Kontakte zu Grundschuleltern verfügen und von diesen lernen können. Daher sollte der Austausch zwischen diesen beiden Gruppen durch professionelles Handeln der Pädagoginnen gestaltet werden.

Zum Elternabend des Tandems Neuhaus wurden verschiedene Expertengruppen zum Thema Übergang eingeladen wie Kinder, Grundschuleltern, darunter auch die Mutter eines Kindes mit Behinderung, Grundschullehrerinnen und Horterzieherinnen. Sie beantworteten an verschiedenen Tischen die Fragen der Eltern zukünftiger Grundschulkinder. Im Verlaufe des Abends wechselten die Kindergarteneltern die Expertentische (Lingenauber/von Niebelschütz/ThILLM 2010, 66).

Beobachtungsergebnisse: *In der teilnehmenden Beobachtung dieses Elternabends wurde deutlich, dass die gezielt hergestellte offene Atmosphäre zu einem regen Austausch an den einzelnen Expertentischen führte. Eltern, die sich an regulären Elternabenden eher scheuten, ihre Fragen zu stellen und Sorgen sowie Erwartungen zu äußern, kamen auf diese Weise schnell ins Gespräch mit anderen Eltern.*

Als eine Expertin für den Übergang von der integrativen Kindertageseinrichtung in die Integration in der Regelgrundschule wurde die Mutter eines Kindes mit Behinderung eingeladen. So ermöglichten die Pädagoginnen systematisch den Kontakt zwischen Müttern eines Kindes mit Behinderung. Die Kindergartenmutter konnte ihre spezifischen Fragen an eine übergangserfahrene Grundschulmutter richten, die sich seinerzeit mit einer vergleichbar besonderen Ausgangslage im Übergangsprozess befand. An einem Expertentisch beantworteten Grundschulkinder den Eltern aus Kinderperspektive Fragen zur Schule. Um das zu ermöglichen, fand der Elternabend bereits am frühen Abend statt. Es hat sich gezeigt, dass Eltern, die auch gegenüber anderen Eltern kaum Fragen stellten oder mögliche Sorgen äußerten, Fragen an Grundschulkinder richteten. Die Eltern betonten in ihren Rückmeldungen, dass sie die Art des Austausches sehr schätzten und sich weitere Elternabende in dieser Form wünschen (ebd., 67).

Übergabegespräch

Das Tandem Nordhausen hat eine Strategie entwickelt, um im Übergangsprozess einen gemeinsamen Austausch von Kindern, Eltern, Erzieherinnen und Grundschullehrerinnen zu ermöglichen: das sogenannte Übergabegespräch. In einer Woche in den Osterferien führen die Pädagoginnen aus beiden Institutionen für jede Familie, die im Sommer von der Kindertageseinrichtung in die Grundschule wechseln wird, in einem festlich geschmückten Raum der Grundschule ein Übergabegespräch (ebd., 50). Grundlage dieses Gesprächs ist ein Brief in Form einer zusammenfassenden Lerngeschichte, den die abgebende Erzieherin über die Kindergartenzeit des Kindes verfasst hat. Diesen liest sie dem Kind im Beisein der Eltern sowie der zukünftigen Grundschullehrerin vor. In der teilnehmenden Beobachtung einzelner Übergabegespräche konnte beobachtet werden, wie stolz sowohl das Kind als auch die Eltern den Erzählungen der Erzieherin folgten.

Da bis zum Zeitpunkt des Übergabegesprächs bereits einige Besuchstage des Kindes in der Grundschule stattgefunden haben, kann auch die beteiligte Grundschullehrerin von ihren ersten Erlebnissen mit dem zukünftigen Grundschulkind berichten. Dabei stehen stets die Kompetenzen des Kindes im Mittelpunkt. Dokumentationen wie Zeichnungen und Arbeiten des Kindes, die während der Schulbesuchstage entstanden sind, sowie Fotos geben dem Kind viele Möglichkeiten, den Eltern Erlebnisse selbst zu erklären oder eigene Erinnerungen zu ergänzen (ebd.). Abschließend werden sowohl das Kind als auch dessen Eltern gebeten, offene Fragen zu äußern. Für die Eltern stellt das Übergabegespräch eine Möglichkeit dar zu erleben, wie ihr Kind durch die Pädagoginnen in seinen individuellen Kompetenzen und Bedürfnissen wahrgenommen wird und diese im Übergangsprozess auch Berücksichtigung finden. So wird das Kind beispielsweise im Übergabegespräch gefragt, mit welchen Kindern aus dem Kindergarten es befreundet ist, um dies in der Zusammensetzung der sogenannten Stammgruppen berücksichtigen zu können. Die Eltern erhalten darüber hinaus Informationen zur Einschulungsfeier und die Einladung für einen weiteren Elternabend in der Grundschule (ebd., 51). Das Übergabegespräch informiert und unterstützt die Eltern. Es hilft ihnen dabei, kompetente Grundschuleltern zu werden.

Übergangsbuch

Der Dialog zwischen Kindern und Eltern im Übergangsprozess ist eine Ebene, die bislang kaum durch professionelles Handeln gestaltet wird (Lingenauber/von Niebelschütz 2010, 9 f.). Im TransKiGs-Teilprojekt Thüringen wurde durch die wissenschaftliche Begleitung gemeinsam mit dem Tandem Neuhaus das sogenannte Übergangsbuch entwickelt. Es unterstützt systematisch den Dialog zwischen Kindern und Eltern. Das Übergangsbuch begleitet Kind und Eltern durch das letzte Kindergartenjahr und das erste Grundschuljahr. Es berücksichtigt damit die Tatsache, dass der Übergangsprozess nicht mit dem Zeitpunkt der Einschulung abgeschlossen ist, sondern sowohl durch das Kind als auch dessen Eltern erst im Verlauf des ersten Grundschuljahres bewältigt wird (ebd., 14).

Das Übergangsbuch setzt sich aus zwei Teilen zusammen. Im ersten Teil dokumentiert das Kind gemeinsam mit seinen Eltern besondere Ereignisse im letzten Kindergartenjahr, im zweiten Teil besondere Ereignisse, die im ersten Grundschuljahr stattfinden. Jeder Teil wird mit einem farblich segmentierten Jahreskreis eingeleitet, in den die Aktivitäten von Kindertageseinrichtung und Grundschule für das letzte Kindergarten- bzw. das erste Grundschuljahr eingetragen werden. Dem folgt eine Seite, die für ein Selbstportrait des Kindes in seiner jeweiligen Rolle vorgesehen ist.

Den Hauptbestandteil des Buches bilden die Monatsseiten. Diese bestehen aus einer leeren Seite, die in der Farbe des entsprechenden Monats umrandet ist, und einer danebenliegenden linierten Seite (ebd., 14 f.). Nach einer besonderen Aktivität im letzten Kindergarten- bzw. ersten Grundschuljahr nimmt das Kind sein Übergangsbuch mit nach Hause und zeichnet dort seine Erlebnisse und Eindrücke auf die entsprechende leere Monatsseite (Lingenauber/von Niebelschütz/ThILLM 2010, 72). „Die Mutter oder der Vater (oder auch beide) setzen sich anschließend zum Kind und lassen sich das Erlebte zum Bild erzählen. Sie schreiben wortwörtlich in das Buch, was ihr Kind zu seinem Bild erzählt" (ebd., 72). Auf diese Weise ermöglicht das Übergangsbuch den Eltern zu erfahren, welche Aktivitäten im letzten Kindergartenjahr bzw. ersten Grundschuljahr stattfinden und welche Aspekte dabei für ihr Kind von besonderer Bedeutung waren (ebd., 73).

Zeichnungen von Kindern bieten Eltern zahlreiche Ansätze, um ganz konkrete Nachfragen zu den Erlebnissen ihres Kindes stellen zu können.

Die gemeinsame Zeit, die mit dem Ausfüllen des Übergangsbuches verbunden ist, wird von Eltern als besonders wertvoll erachtet (ebd., 80). Die Nutzung des Übergangsbuches über zwei Jahre hinweg ermöglicht es, die Wahrnehmung bestimmter Aktivitäten aus der Sicht der Kinder in zwei unterschiedlichen Rollen sichtbar werden zu lassen.

Beispiel: *Im Tandem Neuhaus übernehmen Grundschulkinder Patenschaften für Kindergartenkinder. Die Grundschulpatenkinder begleiten „ihre" Kindergartenpatenkinder während der sogenannten Schnuppertage in der Grundschule. Im ersten Teil des Übergangsbuches zeichnen die Kinder, welche Bedeutung diese Patenschaft für sie als Kindergartenkind hat. Im ersten Grundschuljahr übernehmen sie dann selbst die Patenschaft für ein Kindergartenkind. Im zweiten Teil ihres Übergangsbuches dokumentieren sie, welche Bedeutung die Patenschaft für sie als Grundschulkind hat.*

Die Erfahrungen mit dem Übergangsbuch zeigen zum einen, dass auch Kinder, die ihren Eltern vorher nur wenig über ihre Erlebnisse im Kindergarten berichteten, durch das Zeichnen im Übergangsbuch zu erzählen beginnen (ebd., 89). Zum anderen zeigen die Erfahrungen, dass auch Familien in besonderen Situationen, die beispielsweise aufgrund der sozialen Herkunft oder eines Migrationshintergrundes in einer größeren Distanz zum deutschen Bildungswesen stehen, sehr positiv auf das Übergangsbuch reagieren.

Dokumentation des Übergangs

Wie vorangehend dargestellt, werden im Übergangsbuch die authentischen Eindrücke der Kinder zu Aktivitäten festgehalten, die Teil des Übergangskonzeptes von Kindertageseinrichtung und Grundschule sind. Die Kinder halten ihre individuelle Perspektive in Form von Zeichnungen im Übergangsbuch fest. Die Eltern sind „zuhörende Zeugen" und Mitgestalter der Dokumentation des Übergangsprozesses

(Lingenauber 2009, 35 f.). Die damit verbundene Begleitung der Kinder in der Bewältigung des Übergangs ermöglicht es Eltern, diese aktiv zu unterstützen.

Anhand der Zeichnungen und Erzählungen erfahren Eltern zum einen, durch welche Aktivitäten die beiden Institutionen Kindertageseinrichtung und Grundschule den Übergangsprozess der Kinder professionell gestalten. Sie erhalten also bereits zu Beginn des Kindergarten- bzw. Grundschuljahres Informationen über geplante Ereignisse. Dies führte im Tandem Neuhaus dazu, dass viele Eltern Vorschläge einbrachten, „welche weiteren Projekte noch stattfinden könnten oder boten an, (die Pädagoginnen) bei Veranstaltungen zu unterstützen" (Lingenauber/von Niebelschütz/ThILLM 2010, 90). Das Übergangsbuch bietet damit Ansätze zur Partizipation der Eltern auch auf weiteren Ebenen professionellen Handelns. Zum anderen erfahren Eltern etwas über die individuelle Wahrnehmung, die Vorstellungen und Erwartungen sowie mögliche Sorgen oder Ängste ihrer Kinder im Übergangsprozess. Sie erhalten damit die Möglichkeit, ihr Kind gezielt zu unterstützen und mit den beteiligten Pädagoginnen in einen Austausch zu treten.

Die Verschriftung der Erzählungen der Kinder kann durch eine Methode der Reggio-Pädagogik unterstützt werden (Lingenauber 2009, 74). Elemente im Bild, die das Kind in seiner Erzählung benennt, werden dabei mit kleinen Ziffern versehen (Lingenauber/von Niebelschütz 2010, 16). Diese Ziffern werden zudem hinter die entsprechenden Wörter in der Verschriftung gesetzt, sodass die Bezeichnungen den jeweiligen Elementen im Bild zugeordnet werden können (ebd.). In Abbildung 10.1, einer Zeichnung aus dem Übergangsbuch des Kindergartenkindes Moritz zur Schulrallye, wurde diese Methode angewandt.

Abb. 10.1: Zeichnung des Kindergartenkindes Moritz (6,6 Jahre) in seinem Übergangsbuch zur sogenannten Schulrallye

Moritz erzählte zu seiner Zeichnung: *„Auf dem Schulhof gibt es ein tolles Gebüsch. Da kann ich mich mit Josef gut verstecken (1). Es war lustig, mit Mama (2) und Papa (3) durch die Schule zu laufen. Ich habe ihnen alles gezeigt. Am besten hat mir das Schul-Puzzle gefallen"* (Lingenauber/von Niebelschütz 2010, 39).

Kinder, deren bevorzugte Ausdrucksform aufgrund z. B. einer visuellen oder motorischen Beeinträchtigung nicht das Zeichnen ist, können im Übergangsbuch auch die Möglichkeit der Fotografie nutzen. Während der Aktivitäten fotografieren entweder die Pädagoginnen oder die Kinder selbst. Ein ausgewähltes Foto wird dann in das Übergangsbuch eingeklebt und die Eltern kommen über dieses Foto mit ihrem Kind ins Gespräch.

Einzelne Elternteile signalisierten aufgrund geringer Kenntnisse über die deutsche (Schrift-)Sprache Hemmungen, die Erzählungen ihres Kindes selbst im Übergangsbuch aufzuschreiben (Lingenauer/von Niebelschütz/ThILLM 2010, 80). Die Eltern brachten dann die Aussagen ihrer Kinder, die sie auf Papier notiert hatten, mit in die Einrichtung und die Erzieherinnen übertrugen die Aussagen dann in die Übergangsbücher der Kinder (ebd.). Andere Elternteile haben die Erzählungen des Kindes in ihrer Muttersprache in das Übergangsbuch eingetragen. In der Kindertageseinrichtung wurde der Text dann in die deutsche Sprache übersetzt – zum Teil auch von den Kindern selbst, die zweisprachig aufwachsen. Die Zweisprachigkeit der Kinder konnte auf diese Weise als große Kompetenz wahrgenommen und wertgeschätzt werden.

> **Aufgabe:** Bitten Sie die Kinder in Ihrer Einrichtung nach einer besonderen Aktivität zu zeichnen, was sie erlebt haben. Lassen Sie sich anschließend von jedem Kind erzählen, was es gezeichnet hat. Ihre Bitte an das Kind könnte lauten: „Erzähl mir doch einmal, was du da gemalt hast." Hören Sie aktiv zu, d. h. versuchen Sie, bewusst die erinnerten Eindrücke des Kindes nachzuvollziehen. Schreiben Sie die Erzählungen der Kinder wörtlich auf ein gesondertes Blatt. Nutzen Sie dazu die oben beschriebene Methode der Reggio-Pädagogik.

10.4 Zusammenfassung

In der Gestaltung des Übergangsprozesses von der Kindertageseinrichtung in die Grundschule ist grundlegend anzuerkennen, dass Eltern als Experten in Bezug auf ihre Kinder über die Kompetenzen verfügen, diese im Übergangsprozess zu begleiten und zu unterstützen. Gleichzeitig verfügen sie über Kompetenzen, um ihren eigenen Übergang von Eltern eines Kindergartenkindes zu Eltern eines Grundschulkindes zu bewältigen. Zu diesen zählt bereits die Möglichkeit, Erwartungen, Bedürfnisse, Sorgen und Ängste auszudrücken. Pädagoginnen sollten davon ausgehen, dass trotz unterschiedlicher Ressourcen alle Eltern bereit sind, ihre Kinder im Übergangsprozess zu unterstützen. Die Kompetenzen der Eltern stellen einen Gewinn für die Kinder in der Bewältigung ihres Übergangsprozesses dar. Die Untersuchungsergebnisse zeigen jedoch auch, dass diese Kompetenzen bislang in der Übergangsgestaltung kaum wahrgenommen und genutzt werden.

> Es ist Aufgabe der Pädagoginnen, Eltern Möglichkeiten zur Partizipation zu geben und sie zu Akteuren sowie zu Experten im Übergangsprozess werden zu lassen. Dies gelingt, wenn Eltern in ihren Erwartungen und Bedürfnissen sowie in ihren unterschiedlichen Ausgangslagen wahrgenommen werden. Die Gestaltung von Aktivitäten im Übergangsprozess sollte an diese Erwartungen, Bedürfnisse und Ausgangslagen anknüpfen.

11 Die Arbeit mit der Elterngruppe

Thilo Maria Naumann

Elternarbeit in der Kita wird heute zumeist als Erziehungspartnerschaft zwischen Eltern und pädagogischen Fachkräften verstanden, in deren Zentrum das gemeinsame Interesse an gelingenden Entwicklungs- und Bildungsprozessen der Kinder steht. Dabei soll sich die Kita an den Bedürfnissen der Familien orientieren, mit den Erziehungsberechtigten zusammenarbeiten und diese an wesentlichen Entscheidungen beteiligen, die die Bildung, Erziehung und Betreuung der Kinder betreffen. Mithilfe pädagogischer Fachlichkeit können Erzieherinnen die Eltern bei der Gestaltung eines gelingenden Alltags mit ihren Kindern unterstützen.

In diesem Kontext ist die Arbeit mit der Elterngruppe eine große Chance und zugleich eine besondere Herausforderung. Die Chance besteht darin, dass die Eltern auch ihre konflikthaften Erziehungs- und Familienthemen in die Gruppe einbringen und diese im Austausch mit den Eltern und Erzieherinnen auf eine Weise bearbeiten können, die ihre Empfindungs- und Handlungsfähigkeit erweitert. Die Herausforderung ergibt sich aus den heftigen Affekten, die mitunter in der Elterngruppe aufkommen. Schon die Begegnung mit einer Vielzahl von Eltern und pädagogischen Fachkräften löst bei manchen Eltern Verunsicherung aus, weil sie vielleicht taxierende Blicke oder gar Beschämungen fürchten. Darüber hinaus kommen die Eltern in der Bearbeitung von Erziehungs- und Beziehungsfragen unweigerlich auch in Kontakt mit aufwühlenden Affekten ihrer Lebensgeschichte, etwa mit Angst, Wut, Scham- oder Schuldgefühlen. Umgekehrt sind auch manche Erzieherinnen angesichts der Elterngruppe und ihrer affektiv hoch besetzten Themen verängstigt.

> Erst wenn die Affekte, Bedürfnisse und Konflikte der Eltern berücksichtigt werden, können die Potenziale der Arbeit mit der Elterngruppe zur Entfaltung kommen, nämlich durch lebendige Verständigungsprozesse zu einem gelingenden Alltag beizutragen.

Schon diese einführenden Sätze machen deutlich, dass die Arbeit mit der Elterngruppe eine anspruchsvolle Aufgabe ist. Um diesem Anspruch gerecht werden zu können, stehen nun zunächst psychosoziale Themen der Elternschaft, Grundlagen gruppenanalytisch orientierter Pädagogik sowie Dynamiken der Elterngruppe am Beispiel des

Elternabends im Blickpunkt. Abschließend wird die Frage erörtert, was die Erzieherinnen brauchen, um eine förderliche Elternarbeit zu verwirklichen.

11.1 Psychosoziale Themen der Elternschaft

Die Elternschaftskonstellation

Wenn ein Kind auf die Welt kommt, begegnen die Eltern nicht nur dem realen Kind, sondern auch dem Kind, das sie selbst waren oder gerne gewesen wären.

> Über ihr Kind geraten die Eltern einerseits in Kontakt mit den guten Anteilen ihrer eigenen Kindheit und der eigenen Eltern, mit dem Gefühl des Gehaltenwerdens oder der lustvollen Exploration der Welt. Andererseits aber kommen sie auch in Kontakt mit den schmerzhaften Erfahrungen und ungelösten Konflikten ihrer frühen Lebensgeschichte (Metzger 2009, 40 f.).

Mit diesen aktualisierten Vorerfahrungen treten die Eltern in einen Raum, den Daniel Stern „Mutterschaftskonstellation" nennt, der aber unter Berücksichtigung auch des Vaters als Elternschaftskonstellation bezeichnet werden kann. Die Eltern sind in diesem Raum mit vier Themen konfrontiert:

- **„Thema des Lebens und Wachstums":** Dieses Thema bezieht sich auf die elterliche Fähigkeit, das Überleben und Gedeihen des Babys zu gewährleisten.
- **„Thema der primären Bezogenheit":** Damit ist das Vermögen der Eltern gemeint, eine eigenständige und für sie selbst stimmige emotionale Beziehung zum Baby herzustellen, die diesem zugleich eine möglichst von affektiven Verzerrungen freie Entwicklung erlaubt, indem die Eltern etwa auf das Weinen des Babys nicht mit Wut, sondern feinfühlig und prompt antworten.
- **„Thema der unterstützenden Matrix":** Hier ist die Frage aufgeworfen, inwiefern es den Eltern gelingt, sich gegenseitig in der Begleitung des Kindes zu entlasten und zudem ein Netz mit weiteren Helfern zu knüpfen.
- **„Thema der Reorganisation der Identität":** Dieses Thema umfasst die Aufgabe der Eltern, ihre Rolle als Mutter und Vater auf eine Weise in ihre Identität zu integrieren, die für die Beziehung zum Kind und die Schaffung einer unterstützenden Matrix förderlich ist (Stern 1998, 211).

Eltern und die Entwicklungsthemen der Kinder

Neben der Elternschaftskonstellation stellt das Kind die Eltern mit seinen entwicklungsspezifischen Themen und Bedürfnissen vor immer neue Herausforderungen.

Mit den affektiven Zustände des Babys umgehen: Die Zeit nach der Geburt ist durch Schlafmangel, permanente Verfügbarkeit und etwaige Unsicherheit im Umgang mit dem Säugling geprägt. In eben dieser anstrengenden Zeit muss die primäre Bezugsperson, zumeist noch immer die Mutter, die mitunter extrem affektiven Zustände ihres Babys aushalten und regulieren helfen. Zugleich muss sie Kontakt zur strukturierten Erwachsenenwelt halten, damit sie sich nicht in der entgrenzten Babywelt verliert (Pedrina 2008, 176). Wenn dies geschieht, kann die Mutter in eine prekäre Situation geraten. „Auf der einen Seite kann sie sich zu sehr mit der Verzweiflung und der Wut des Kindes identifizieren und sich von ihr anstecken lassen. Sie wird dann gefährliche, aggressive Gefühle auf andere Personen ihrer Umgebung verschieben oder sie sogar – wenn dieser Mechanismus versagt – gegen das eigene Kind selbst wenden. Auf der anderen Seite könnte sich die Mutter zu sehr mit der regressiven Bedürftigkeit und Empfänglichkeit des Kindes identifizieren, sich gehenlassen und vermehrt vom Partner oder anderen Personen abhängig werden" (ebd., 177). Die Gefahr einer solchen Dynamik ist sicherlich geringer, wenn die Mutter, oder besser noch beide Eltern, auf eigene Erfahrungen genügend guter „Bemutterung" zurückgreifen können. Zudem sind hier die wechselseitige Entlastung der Eltern bei der Betreuung des Kindes sowie die Verfügbarkeit einer unterstützenden Matrix besonders wichtig.

Mit den Autonomiebestrebungen des Kindes umgehen: In der Folgezeit des zweiten und dritten Lebensjahres sind die Eltern mit ersten Trennungsprozessen und Autonomiekämpfen ihres Kindes konfrontiert. Manche Eltern, die die Nähe der ersten Lebensmonate des Kindes regelrecht genießen konnten, geraten nun in emotionale Turbulenzen:

- Einige können das Kind nur schwer in die Unabhängigkeit begleiten, weil sie die unbedingte Nähe brauchen.
- Andere zerschmettern die aufkeimenden, trotzigen Autonomiebestrebungen, weil sie unbewusst zu sehr an die eigenen herrschsüchtigen Eltern erinnern.
- Wieder andere lassen das Kind vollständig gewähren, weil sie auf keinen Fall so autoritär sein wollen, wie sie ihre Eltern erlebt haben (Ahlheim 2009, 29).

Die Aufgabe, das Kind je nach Situation flexibel loszulassen, zu begrenzen und zu bemuttern, können Eltern besonders gut bewältigen, wenn sie sowohl mit den Geborgenheits- als auch mit den Autonomiewünschen des Kindes identifiziert sind, und dies bedeutet, dass sie diese Wünsche auch in sich genügend gut miteinander vereinbaren konnten (Naumann 2011, 65).

Mit Sexualität und Rivalität umgehen: Nicht zuletzt können in der ödipalen Phase zwischen dem vierten und sechsten Lebensjahr Konflikte aufkommen, wenn also die Kinder die sexuelle Dimension der elterlichen Beziehung wahrnehmen und sich ihr Begehren verstärkt auf den gegengeschlechtlichen Elternteil richtet. Sie geraten in Rivalität zum gleichgeschlechtlichen Elternteil und begehren gegen diesen auf, um an dessen Stelle zu treten. Angesichts der nun drängenden Themen Sexualität und Generationenverhältnis kann es passieren, dass Eltern, die die vorherigen Autonomie-Abhängigkeits-Konflikte gut bewältigen konnten, hoch verunsichert reagieren, weil die

Entwicklungsthemen der Kinder eigene unbewältigte ödipale Konflikte aktualisieren. So kann ein Vater, der soeben noch stolz auf seinen selbstbewussten Sohn war, nun dessen auf die Mutter gerichtetes Begehren als das eines erwachsenen Rivalen missverstehen und bekämpfen. Oder es kommt zur Idealisierung des Kindes und zu dessen Überforderung als Partnerersatz. Wenn die Eltern aber über eine hinreichend erwachsene geschlechtliche und sexuelle Identität verfügen, muss das kindliche Begehren weder verleugnet noch mit dem eines Erwachsenen verwechselt werden. Das Kind wird somit als Kind entlastet, es kann sich mit den Eltern identifizieren und die Erfüllung seiner Wünsche mit einer eigenen Zukunftsperspektive verknüpfen (Perner 2010, 217).

Wenn diese etwaigen Konflikte unbearbeitet bleiben, kann das reale Kind den Erwartungen der Eltern nach Wiedergutmachung oder Ergänzung nie gerecht werden und zieht stattdessen narzisstische Wut auf sich: Die Beziehung zum Kind ist dann von Aggression unterlegt, die nicht selten den eigenen Eltern gilt (Figdor 2006, 143 f.). So erleben manche Eltern ihr trotziges Kind unbewusst ähnlich, wie sie früher ihre herrschsüchtigen eigenen Eltern erlebt haben, und agieren die aufkeimende Wut in Form von besonders restriktiven Erziehungsmethoden aus. Wenn die Eltern hingegen mit ihrer durch die Beziehung zum Kind aktualisierten Lebensgeschichte genügend gut versöhnt sind, können sie auch das reale Kind als eigenständiges und geliebtes Wesen wahrnehmen (Gerspach 2004, 56).

Elternschaft und gesellschaftliche Kontexte

Allerdings sind es nicht allein die biografisch gefärbten Themen der Elternschaft, sondern auch ihre gesellschaftlichen Kontexte, die sich in Alltagspraxis übersetzen: Eltern sind heute zunehmend unsicheren Arbeitsverhältnissen, einer fortschreitenden Vereinzelung und Ungleichheit sowie immer geringeren sozialen Gestaltungsmöglichkeiten innerhalb einer globalisierten Gesellschaft ausgesetzt. Überdies müssen sie mit der Verunsicherung durch das Aufbrechen überkommener Geschlechterverhältnisse und den Irritationen infolge interkultureller Begegnungen umgehen.

Angesichts dieser Vielfalt verwirrender Herausforderungen stellt die Familie häufig ein letztes Refugium dar, das Glück, Lust, Geborgenheit und Handlungsfähigkeit verbürgen soll (Naumann 2010, 86). Doch diese Aufwertung der Beziehung

Abb. 11.1: Familie stellt heute häufig ein letztes Refugium dar, das Glück, Lust, Geborgenheit und Handlungsfähigkeit verbürgen soll

zwischen Eltern und Kind geht mit ihrer potenziellen Überlastung einher, die die Kinder mit Erwartungen und Ansprüchen überfrachtet (Dornes 2007, 18). Einerseits werden Kinder im engeren Sinne nicht gebraucht. Sie sind ein handfestes Armutsrisiko und stehen den Selbstverwirklichungsansprüchen und Regenerationsbedürfnissen der Eltern im Wege. Auch können sich alltägliche Hektik, ökonomischer Druck oder Ängste vor sozialem Abstieg der Eltern als Scham- und Schuldgefühle den Kindern gegenüber niederschlagen, die dann wiederum abgewehrt werden müssen (Figdor 2006, 143). Andererseits aber fungieren Kinder geradezu als Sinnstifter eines häufig sinnentleerten Alltags. Denn die Beziehung zwischen Eltern und Kind ist wie keine andere soziale Beziehung durch Nähe und Abhängigkeit geprägt; hier können sich die Eltern noch als mächtig, liebevoll oder handlungsfähig erleben. Unter ungünstigen Bedingungen sind die Kinder dann extremen Entwertungs- oder Mittelpunktserfahrungen ausgesetzt. Sie werden weggewünscht, herbeigesehnt und vor die unlösbare Aufgabe gestellt: „Geh weg! Du stehst mir im Wege" und „Bleib da! Ich brauche Dich" (Naumann 2010, 87).

> Es gibt keine perfekten Eltern. Im Sinne einer gelingenden Entwicklung der Kinder reicht es, wenn die Eltern genügend gute Eltern sind. Die Erziehungspartnerschaft kann dabei einen förderlichen Beitrag leisten, indem sie den Eltern einen lebendigen und affektfreundlichen Raum zur Verfügung stellt.

Besonders in der Elterngruppe können die Eltern gemeinsam die Themen und Konflikte ihres Familien- und Erziehungsalltags bearbeiten, sich in der Verständigung mit anderen besser kennenlernen und die Kita als Ort der Vernetzung nutzen (Pedrina 2008, 179/191).

11.2 Grundlagen gruppenanalytisch orientierter Pädagogik

Für Erzieherinnen können gruppenanalytische Kenntnisse bei der Leitung einer Elterngruppe außerordentlich hilfreich sein. Die gruppenanalytisch orientierte Pädagogik ist „geradezu prädestiniert für Arbeitsfelder, in denen es um die Unterstützung von Identitätsbildung, die Förderung kommunikativer und sozialer Kompetenzen und die Entwicklung der Fähigkeit zur Selbsthilfe geht", weil in diesem Ansatz „der Gruppenentwicklung großer Spielraum gelassen und einer Fixierung auf die Leiterautorität entgegengearbeitet wird" (Brandes 1999, 23 f.).

Der Mensch als Gruppenwesen

Nach S. H. Foulkes, dem maßgeblichen Begründer der Gruppenanalyse, ist der Mensch kein isoliertes Individuum, das schlicht seinen Interessen oder Trieben folgt, sondern von Anbeginn des Lebens ein Gruppenwesen. Schon in der Familie, dann in der Kita, in der Schule, in Peer-Gruppen, im Arbeitsleben und selbstverständlich auch in der Elterngruppe macht der Mensch Gruppenerfahrungen. Diese Erfahrungen werden einerseits bewusst und unbewusst in der psychischen Struktur verinnerlicht. Andererseits setzt der Mensch seine verinnerlichten Gruppenerfahrungen in allen weiteren Gruppen in Szene. Weil dies aber für sämtliche Gruppenmitglieder gilt, ist die Gruppe mehr als die Summe ihrer einzelnen Mitglieder. Sie ist ein Netzwerk, in dem der Einzelne einen Knotenpunkt bildet. Daraus folgt umgekehrt, dass jede Handlung der einzelnen Mitglieder eine Veränderung des Netzwerks der gesamten Gruppe bewirkt (Foulkes 1974, 33).

Gruppendynamik

Die Dynamik der Gruppe ergibt sich nicht allein durch das Zusammenwirken ihrer Mitglieder, sondern ist auch von gesellschaftlichen und institutionellen Kontexten abhängig. Zum einen sind dies die mehr oder minder ähnlichen Erfahrungen der Menschen in ihrer soziokulturellen Welt, gruppenanalytisch auch „Grundlagenmatrix" genannt. So kommen etwa in einer Elterngruppe Eltern zusammen, die alle Erfahrungen gemacht haben mit

- vorherrschenden oder alternativen Erziehungsmustern,
- interkulturellen – und Geschlechterverhältnissen,
- mit sozialer Ungleichheit und ökonomischen Zwängen (Brandes 1999, 10).

Diese Erfahrungen sind Grundlage der Gruppe: Sie können sich als Reproduktion von Konkurrenz oder Beschämung zeigen, sind aber auch die Basis gemeinsamer Verständigung.

Zum anderen wird die Gruppendynamik durch ihren institutionellen Kontext beeinflusst, der als „institutionelle Matrix" bezeichnet werden kann. So entwickelt sich die Elterngruppe im Kontext der Kita mit ihrem gesetzlichen Auftrag im KJHG, ihrer konzeptionellen Ausrichtung sowie ihrer personellen und räumlichen Ausstattung. Erst innerhalb dieser gesellschaftlichen und institutionellen Kontexte entsteht die „dynamische Matrix", die Veränderung der Gruppe und ihrer Mitglieder im Rahmen des gemeinsamen Prozesses (Potthoff 2008, 97).

> Der Beginn einer Gruppe oder das Neuankommen in einer Gruppe wird häufig als große Verunsicherung erlebt. Bisherige Gewissheiten, Handlungsweisen, Sicherheiten und Abwehrstrategien werden aufgestört. Dabei können alte Ängste aufkommen, etwa vor Ablehnung oder Beschämung, aber auch Hoffnungen auf glücklichere Erfahrungen der Anerkennung oder Geborgenheit.

Im Gruppenprozess kommt es dann zu vielfältigen Übertragungen, d.h. die Mitglieder übertragen ihre verinnerlichten bewussten und unbewussten Beziehungserfahrungen auf die Beziehungen in der Gruppe. Einerseits werden andere Gruppenmitglieder auf ähnliche Weise wie vormals erlebte oder ersehnte bedeutsame Bezugspersonen wahrgenommen, also etwa als unzuverlässige oder fürsorgliche Mutter. Andererseits werden, im Sinne einer „projektiven Identifizierung", eigene noch nicht integrierte Persönlichkeitsanteile an anderen Gruppenmitgliedern erlebt und mitunter auch bekämpft. Wenn etwa im eigenen Leben Unsicherheit immer als Schwäche ausgelegt wurde, kann es passieren, dass ein Gruppenmitglied verächtlich gemacht wird, das besonders offen über Unsicherheiten sprechen kann – zugleich aber bietet eben diese Gruppenerfahrung eine Chance, die eigene Unsicherheit kennenzulernen und Unterstützung von anderen anzunehmen.

Insgesamt erzeugen die Mitglieder im Gruppenprozess wechselseitige Resonanzen, die zu gemeinsamen Themen heranwachsen wie etwa Sehnsucht nach Gehalten- und Gesehenwerden oder Umgang mit Differenz und Rivalität. Die Gruppe fungiert als Spiegel für den Einzelnen, der entweder Bilder festgefahrener Gewissheiten bestätigt oder aber einen neuen Blick eröffnet, der bislang unverstandene Gefühle zu integrieren erlaubt und neue Entwicklungschancen eröffnet (Behr/Hearst 2009, 229 f.).

Gruppenleitung

Die Gruppenleitung sorgt zu Beginn der Gruppe oder schon in Vorgesprächen mit den Teilnehmern für ein affektfreundliches Klima.

> Durch Hinweise darauf, dass alle Beteiligten mit ähnlichen Befürchtungen und Hoffnungen beschäftigt sein dürften, dass es in der Gruppe nicht um Belehrungen geht, dass vielmehr alle Gefühle und Themen der Teilnehmer ausgesprochen werden können, entsteht eine positive Übertragung sowie die Zuversicht in einen förderlichen Gruppenprozess.

Wenn dieser Prozess dann in Gang kommt, gilt aus gruppenanalytischer Perspektive jede Äußerung eines Mitglieds als bedeutsam für die ganze Gruppe, ob sie nun als konstruktiv oder destruktiv wahrgenommen wird. Auch Störungen, die zunächst Kommunikationsblockaden und Irritationen erzeugen, muss ein Sinn unterstellt werden. Die Aufgabe der Gruppenleitung ist dabei nicht etwa, heftige Affekte und Störungen klein zu halten, sondern vor allem, Interaktion und Kommunikation immer wieder in Gang zu halten, damit Störungen sich zeigen und sich im Gruppenprozess zunehmend auflösen können (Foulkes 1974, 34).

> **Aufgabe:** Lesen Sie den Text „Individuum und Gemeinschaft in der Sozialen Gruppenarbeit: der gruppenanalytische Ansatz" von Holger Brandes (Internetadresse → Literaturangaben). Diskutieren Sie die für Sie wichtigsten Erkenntnisse in Ihrer Lern- bzw. Kollegengruppe.

Für die Gruppenleitung ist das Holding (Winnicott) und Containing (Bion) von besonderer Bedeutung:

- **Holding:** Damit ist das (Aus-)Halten jedweder Affekte in der Gruppe, ob Wut, Angst, Freude, Schuld- oder Schamgefühle, durch die Leiterin gemeint. Dies spendet den Mitgliedern die Sicherheit und Geborgenheit, von der aus sie weitere Entwicklungsprozesse wagen können (Leuzinger-Bohleber u. a. 2006, 243).
- **Containing:** Mit „Containing" ist die Fähigkeit gemeint, wie im u. g. Beispiel die noch unsagbaren Affekte der Mitglieder aufzunehmen und ihnen in „verdauter", symbolisierter Form zur Verfügung zu stellen (Steinhardt 2006, 10).

Szenisches Verstehen: Mithilfe des „szenischen Verstehens" (Lorenzer) schließlich kann die Bedeutung des Gruppenprozesses auch in seinen affektiven Dimensionen erschlossen werden. Es richtet sich nicht auf isolierte Verhaltensweisen oder scheinbar objektive Zusammenhänge, sondern auf den Sinn von Szenen, die sich im Netzwerk der Gruppe ereignen (Lorenzer 1973, 141 ff.). Ein wichtiges Mittel ist dabei die Beachtung der Gegenübertragung, also die Wahrnehmung der Gefühle, die im Leiter durch das Gruppengeschehen ausgelöst werden. Dadurch werden Affekte spürbar und verstehbar, die in der Gruppe zwar auftauchen, aber noch nicht versprachlicht werden können.

Beispiel: *Es mag sich die Leiterin einer Elterngruppe in der Kita unfähig und beschämt fühlen, weil sie den Erwartungen der Eltern nicht zu genügen glaubt. Wenn dieses bedrohliche Gefühl abgewehrt wird, kann es schnell zu autoritärer Überaktivität kommen, um die Scham zu bewältigen. Die Eltern aber, die ihre noch unsagbare Scham, etwa weil sie in manchen Erziehungssituationen hoch verunsichert sind, in der Leiterin deponiert haben, fühlen sich dann noch kleiner. Wenn dieses Gefühl stattdessen als Gegenübertragung verstanden und der Gruppe behutsam zurückgemeldet wird – beispielsweise durch die Bemerkung: „Ich bin gerade sehr verunsichert und frage mich, ob das mit unserem Thema ‚Erziehung' zu tun haben könnte." – können die Eltern ihre Schamgefühle besser integrieren und sich erleichtert auf weitere Gruppenprozesse einlassen.*

Gelingt ein solcher Prozess, kommt es zur wachsenden Identifizierung der Mitglieder mit der verstehenden Haltung der Leitung. Die Gruppe selbst bekommt „Containing-Funktion", d. h. ihre Mitglieder können sich nach Innen und Außen öffnen und bei all ihrer Unterschiedlichkeit wechselseitig unterstützen. Im Übergangsraum der Gruppe vermag sich eine affektfreundliche Gruppenkultur und stabile Gruppenkohäsion zu entwickeln.

Die Gruppe als Übergangsraum

Mit Donald Winnicott kann die Gruppe als Übergangsraum verstanden werden. Ein Übergangsraum entsteht durch eine raumzeitlich geschützte Situation, dem kindlichen Spiel ähnlich, er ermöglicht der Gruppe den Abgleich von Fantasie und Realität, gleichsam ein Probefühlen und Probehandeln. Dabei werden durchaus ernste Themen, Bedürfnisse und Konflikte verhandelt, doch können sie sich auf eine genügend angstfreie und spielerische Weise zeigen (Brandes 2009, 5). Sie werden somit erst der Bearbeitung zugänglich, die Mitglieder erhalten förderliche Antworten von der Gruppe und es werden Prozesse wachsender Kreativität und Symbolisierungsfähigkeit freigesetzt, d. h. die Mitglieder können zunehmend über ihre Gefühle sprechen und neue Handlungsmöglichkeiten entwickeln (Winnicott 2006, 25). Ein solcher Übergangsraum aber muss in pädagogischen Settings immer wieder gesichert werden. Ein Beispiel aus dem Alltag einer Kita-Gruppe soll diesen Zusammenhang illustrieren.

Beispiel: *„In einer Kita-Gruppe ist häufig zu beobachten, dass wiederkehrende, heftige und unaussprechbare Wut aufflammt, dass sich die Gruppe spaltet in übergriffige Kinder und solche, die sich zunehmend zurückziehen oder Schutz bei den Erzieherinnen suchen. Jenseits der individuellen Konflikte der Kinder kann es dabei um die Aufspaltung entwicklungsspezifischer Themen der Autonomie und Abhängigkeit gehen. Die übergriffigen Kinder behaupten eine aggressive Autonomie und projizieren ihre Abhängigkeitswünsche und Gefühle des Kleinseins auf die zurückgezogenen Kinder. Diese wiederum werden ohnmächtig gemacht und projizieren ihre Autonomiewünsche auf die ‚starken' Kinder."*

Wenn im Beispiel schlicht auf das Einhalten der Regeln gepocht würde, blieben die Gefühle aller Kinder unbewältigt. Sicherlich müssen in gefährlichen Situationen die Kinder zunächst geschützt werden. Doch vor allem müssen die Kinder die Gewissheit haben, dass auch ihre heftigen Affekte ausgehalten werden. Im szenischen Verstehen können die Gegenübertragungsgefühle wie die Wut auf das Kleinsein, Ohnmacht oder auch Wünsche nach Ruhe und Geborgenheit spürbar werden. Und dann können im Sinne des „Containings" Ideen entwickelt werden, wie die Kinder ihre Affekte gemeinsam erleben und zunehmend symbolisieren können (Naumann 2010, 151). So entsteht für die Kindergruppe ein Übergangsraum, wie er auch in der folgenden Gruppenszene zum Ausdruck kommt.

Beispiel: *„Im Außengelände einer Kita spannt eine Erzieherin mit einer Gruppe von zehn Kindern zwischen Bäumen kreuz und quer Seile, sodass ein enges Geflecht entsteht. Die Gruppe einigt sich darauf, dass dies ein Spinnennetz sei. Die nun entwickelte Spielidee sieht vor, dass die Kinder im Spinnennetz wohnen und die Pädagogin ein wildes Tier sei, das die kleinen Spinnen angreift. Zwei Kinder beunruhigt die Vorstellung, im Netz attackiert zu werden, sie wollen lieber im Windschatten der Erzieherin bleiben. Jetzt kann das Spiel beginnen. Das wilde Tier kreist um das Netz, versucht immer wieder eine Spinne zu schnappen, wird aber von den tapferen Spinnen in die Flucht geschlagen. Die Erzieherin ist dabei darauf bedacht, den Als-ob-Charakter des wilden Spiels zu schützen, in dem sie ihre Bewegungen, Geräusche und Worte spielerisch moduliert, manchmal auch ihren beiden Gefährten beruhigende oder aufmunternde Blicke zuwirft. In einem finalen Angriffsversuch verstrickt sich das wilde Tier dann im Netz und wird von der Spinnengruppe überwältigt. Diese feiert ihren Sieg, die beiden kleineren wilden Tiere verwandeln sich in Spinnen, und gemeinsam wird das größere wilde Tier gepflegt. Schließlich erhalten alle ihren Platz im gemeinsamen Netz. Ein wenig später folgt ein Gespräch über das Spiel.*

Hier wird von den Gefühlen während des Spiels erzählt, manche Kinder berichten von Konflikten aus ihrem Alltag, und auch die Pädagogin gibt eine Rückmeldung zu ihrem Erleben, etwa zu ihrer Bewunderung der Stärke der Spinnen oder zu ihrer Begeisterung, dass alle, trotz ihrer Unterschiedlichkeit, ihren Platz im Netz finden konnten" (Naumann 2011, 49 f.).

Sicherlich steht bei Kindern das Spiel im Dienste ihrer Selbstbildung im Vordergrund, während das spielerische Moment in Erwachsenengruppen eher hintergründig mitschwingt (Brandes 2009, 7). Gleichwohl bietet gerade auch die Elterngruppe einen Übergangsraum, in dem die Eltern sich zeigen und gemeinsam neue Empfindungs- und Handlungsweisen entdecken können.

Aufgabe: Warum ist die Beachtung von Affekten, Bedürfnissen und Konflikten im Übergangsraum der Elterngruppe eine wesentliche Bedingung gelingender Elternarbeit?

11.3 Elternabend und andere Kooperationsformen

Die hier skizzierten Merkmale von Gruppen und ihrer Veränderung gelten natürlich auch für die Arbeit mit einer Elterngruppe in der Kita. Die Eltern lösen in der Gruppe mit ihren biografischen und lebensweltlichen Themen wechselseitig Resonanz aus. Dies können etwa Wünsche nach Gesehenwerden in den alltäglichen Bemühungen der Haus-, Erziehungs- und Erwerbsarbeit sein, Wünsche nach Entlastung und Vernetzung, aber auch Ängste vor Beschämung, Unsicherheit in Erziehungskonflikten oder Rivalität um die kompetenteste Elternschaft. Wie oben bereits bemerkt, finden vielfältige Übertragungen statt, wenn etwa andere Gruppenmitglieder wie die erlebten oder ersehnten eigenen Eltern wahrgenommen werden oder wenn Selbstanteile in anderen Eltern oder den Erzieherinnen wohlwollend wiedererkannt oder auch bekämpft werden. So kommt es zu vielfältigen Spiegelungsprozessen, die destruktive Entwicklungen bestätigen können, bestenfalls aber neue und förderliche Entwicklungswege eröffnen. Weil sich all diese Themen und Prozesse am Elternabend verdichten, sollen im Folgenden Konsequenzen für die Gestaltung von Elternabenden erörtert werden.

Der Elternabend

Voraussetzung gelingender Elternabende: Wichtig ist hier zunächst die Anerkennung der Heterogenität der Elterngruppe sowie die Vermeidung von Beschämungen durch pädagogische Belehrungen oder durch die Festlegung der Eltern auf ihre vermeintliche soziale oder kulturelle Herkunft. Des Weiteren sollten die Eltern an der Vorbereitung und Durchführung von Elternabenden partizipieren, ihre Interessen und Themen schon in die Planung einbringen können. Auch muss der zeitliche Rahmen des Elternabends klar abgesteckt sein, zumal damit die Rücksicht auf die elterlichen Zeitressourcen deutlich wird. Zugleich sollte der Elternabend nicht vollständig durchgeplant sein, weil sonst entmündigende und regressive Prozesse wie Rückzug oder Trotz in Gang gesetzt werden – rein organisatorische Themen können kurz gegen Ende des Elternabends abgehandelt werden, ergänzt um einen Infobrief oder den Verweis auf einen entsprechenden Aushang (Figdor 2006, 147 f.). Auf diese Weise geht der Elternabend von den Geschichten und Bedürfnissen der Eltern sowie vom gemeinsamen Alltag in der Kita aus, die Eltern kommen ins Sprechen, Zuhören, Fühlen, Nachdenken und Lachen (Sikcan 2008, 195).

Typische Herausforderungen bei Elternabenden: Natürlich hat jede Elterngruppe ihre eigenen Besonderheiten. Dennoch tauchen in der Praxis immer wieder typische Herausforderungen auf, die nun an einigen Beispielen verdeutlicht werden sollen:

- **Veränderungen in der Elterngruppe:** „Besonders die Veränderung der Elterngruppe, wenn Familien die Kita verlassen und andere Eltern dazustoßen, muss gut begleitet werden. So bringen manche Eltern, die neu in die Gruppe kommen, Ängste vor der ungewissen Situation oder übersteigerte Erwartungen mit. Die Restgruppe hat ihrerseits den Abschied von den vormaligen Mitgliedern zu verarbeiten und kann den Neuen unter ungünstigen Umständen begegnen, als seien sie störende kleine Geschwister. In diesem Kontext ist es sinnvoll, der Gruppe einen guten Abschied von den scheidenden Eltern zu ermöglichen, mit der verbleibenden Gruppe einen freundlichen Empfang der neuen Mitglieder vorzubereiten und vor allem einen Raum zu bieten, der zum Mitsprechen einlädt und in dem die etwaigen Gefühle der Trauer, der Angst und der Neugier im Prozess des Abschieds und des Ankommens zum Ausdruck kommen können" (Naumann 2011, 130).
- **Ängste und Unsicherheit bei Eltern:** Eine weitere Bedingung für die Entwicklung einer affektfreundlichen Gruppenkultur ist das Ansprechen etwaiger Ängste der Eltern, sich einer Gruppe anderer Eltern und pädagogischer Fachkräfte zu präsentieren. Besonders die Erzieherinnen werden häufig als mächtig wahrgenommen, kommen sie doch scheinbar mühelos mit einer Gruppe von 20 und mehr Kindern zurecht, während zu Hause mit dem eigenen Kind immer wieder anstrengende Konflikte aufflammen. Bleibt dieses Thema tabuisiert, werden die Eltern zum Schweigen gebracht oder aber sie verkehren ihre Scham in trotzige Entwertung der Erzieherinnen. Demgegenüber können die Eltern durch die Aufklärung darüber entlastet werden, dass die Eltern-Kind-Beziehung mit ihrer großen Nähe auch ebenso intensive wie normale Konflikte mit sich bringt, dass Eltern keinesfalls Angst haben müssen, die Liebe ihrer Kinder zu verlieren, wenn diese ihre Erzieherinnen mögen, und dass die Erzieherinnen im Alltag der Kita selbstverständlich auch mit Konflikten und Unsicherheiten zu tun haben. Erst wenn die Eltern spüren, dass ihre Themen und Fragen Ausgangspunkt der Elterngruppe sind, können sie auch die Unterstützung durch andere Eltern und durch die Fachlichkeit der Erzieherinnen annehmen (Figdor 2006, 144 ff.).

- **„Das große Schweigen"**: Mitunter breitet sich in der Elterngruppe Schweigen aus, vielleicht weil die Themen des Elternabends sich immer weiter von den Bedürfnissen der Eltern entfernen oder weil die Gruppe von der Angst, durch unbewältigte Affekte überflutet zu werden, regelrecht gelähmt ist. Hier besteht die Gefahr, dass die aufkeimende Scham der Erzieherinnen, das Gefühl den Eltern nicht zu genügen, durch immer weitere, zunehmend belehrende Vorträge bekämpft wird. Dagegen kann es hilfreich sein, den Eltern diese Scham zurückzumelden, damit sie wieder in Kontakt mit ihren Gefühlen, Bedürfnissen und Themen kommen (Naumann 2011, 130).
- **Um Anerkennung buhlende Eltern**: In anderen Situationen können in der Gruppe Eltern auftreten, die sich als Musterschüler gerieren, die den Erzieherinnen nach dem Mund reden, sie über Gebühr vor anderen Eltern verteidigen und offenbar um Anerkennung ringen. In solchen Fällen droht die Spaltung der Gruppe in jene Eltern, die vermeintlich die Normen der Kita repräsentieren, und andere, die sich nun abweichend fühlen und ihre Unzufriedenheit nur mehr subtil zum Ausdruck bringen. Hilfreich ist dann, freundliche Differenz zu markieren und eine Haltung zu kommunizieren, die den Respekt vor der Unterschiedlichkeit der Eltern, die Wahrnehmung mehr oder minder ähnlicher Sorgen und Bedürfnisse sowie die Zuversicht, gemeinsam in der Gruppe Bedingungen eines gelingenden Alltags zu schaffen, spürbar macht (ebd., 131).
- **Aufbrausende Eltern**: Nicht zuletzt kann ein aufbrausender Elternteil mit pädagogischen Forderungen aufwarten, etwa endlich schulische Kompetenzen zu trainieren oder deutliche Sanktionen bei Regelverstößen der Kinder auszusprechen. Dem Rest der Gruppe verschlägt es möglicherweise immer mehr die Sprache. Wenn die Erzieherinnen abwiegeln oder aber mit der ganzen verfügbaren Fachlichkeit im Rivalitätskampf zurückschlagen, ist die Situation nur scheinbar überwunden. Stattdessen bietet es sich an, die Wucht der Einlassung humorvoll anzusprechen und ein Gespräch über kindliche Erziehung und Bildung vorzuschlagen. In einem solchen Gespräch können dann unterschiedliche Themen auftauchen: die Belastungen des Erziehungsalltags, Erinnerungen an die Erfahrungen mit den eigenen Eltern, etwaige Schuldgefühle, nicht genügend für die Kinder da sein zu können, zu streng oder zu nachlässig zu sein, Ängste vor dem schulischen Konkurrenzkampf usw. Die Erzieherinnen können dabei auch ihre Eindrücke vom Gespräch moderierend zurückmelden oder die Eltern durch Aufklärung über kindliche Entwicklungs- und Selbstbildungsprozesse entlasten (ebd., 130 f.).

Wenn die hier erwähnten potenziellen Herausforderungen nicht berücksichtigt werden, bleiben bedeutsame Gefühle des Gruppengeschehens unsagbar und letztlich wird die gemeinsame Entwicklung blockiert. Die Konsequenz ist dann, dass Elternabende als lästig oder gar beängstigend erscheinen, dass sie immer seltener stattfinden und von den Eltern nur noch widerwillig, aus bloßem Pflichtgefühl oder gar nicht mehr besucht werden.

> Wenn die Erzieherinnen auch mit irritierenden Gefühlen rechnen und auf
> die Entwicklungspotenziale der Gruppe vertrauen, besteht die Chance, Elternabende zu einem gelingenden und freudvollen Ereignis zu machen.

Interaktions- und Kommunikationsprozesse fördern: Die wichtigste Aufgabe der Erzieherinnen bei Elternabenden ist, Interaktions- und Kommunikationsprozesse zu fördern. In diesem Sinne wäre eine direktive Gruppenleitung eher hinderlich. Vielmehr bieten sich Interventionen an, die wie in den oben genannten Beispielen die Gruppenaffekte berücksichtigen und die Eltern zum Fühlen und Sprechen einladen, indem sie z. B.

- der Gruppe behutsam, respektvoll oder auch humorvoll die in der Gegenübertragung wahrgenommenen Gefühle zurückmelden, um den Eltern die Integration dieser Gefühle zu erleichtern,
- die Eltern durch die Aufklärung über kindliche Entwicklungsthemen, alltägliche Erziehungskonflikte usw. von etwaigen Scham- und Schuldgefühlen entlasten, damit Empfindungs- und Denkräume freigegeben werden,
- Themen für den gemeinsamen Austausch in der Gruppe vorschlagen, die bislang nur mitschwingen oder sich als Rivalität, Beschämung usw. zeigen,
- die Eltern ermuntern, weniger die Beiträge anderer zu kommentieren oder gar zu bewerten, sondern vor allem von sich selbst zu sprechen (Brandes 1999, 17).

Weitere Kooperationsformen

Der Elternabend ist nicht die einzige Form der Elternarbeit in der Kita, aber er ist gleichsam ihr Angelpunkt. Besonders wenn Elternabende durch eine zugewandte, affektfreundliche Atmosphäre gekennzeichnet sind, können den Eltern hier weitere Möglichkeiten der Elternarbeit eröffnet werden:

- Über die Teilhabe am Elternabend hinaus, können die Eltern mit ihren Kochkünsten, ihren künstlerischen oder handwerklichen Fähigkeiten an den Belangen der Kita partizipieren. Sie machen Erfahrungen der Selbstwirksamkeit und Kooperation, erhalten soziale Anerkennung und erleben den Stolz ihrer Kinder (Naumann 2011, 129).
- An Elternabenden können im Dialog auch Themen für Fachvorträge diskutiert werden. Solche Vorträge, wenn sie alltags- und elternnah verfasst sind, entlasten die Eltern aufgrund ihres theoretischen Zugangs zu alltagspraktischen Fragen von den affektiven Verwirrungen in unmittelbaren Beziehungen und mildern damit etwaige Ängste. Ihre lebendige Gestaltung lädt die Eltern zum Mitschwingen ein, und der gemeinsame Austausch im Anschluss macht erfahrbar, dass alle Eltern mit mehr oder minder ähnlichen Fragen befasst sind (ebd., 132 f.) (→ Kap. 12).
- Zudem sollte die Kita Zeiten und Räume bereitstellen, in denen sich die Eltern selbstbestimmt vernetzen können. Die Kita kann damit gerade heute, angesichts

der Notwendigkeit für Familien, soziale Netze selbst zu konstituieren, zur Herstellung einer unterstützenden Matrix beitragen (Ahlheim 2009, 31 f.). Hier sind die Erzieherinnen aufgefordert, an Elternabenden auf die Möglichkeit der Vernetzung in Kita-Räumen hinzuweisen (Naumann 2011, 131 f.).
- Nicht zuletzt muss betont werden, dass der Elternabend in der Regel nicht der bevorzugte Rahmen ist, um massive Erziehungsprobleme oder manifeste psychische Schwierigkeiten einzelner Eltern zu besprechen. In solchen Fällen kann den Eltern ein Extratermin zur Beratung angeboten werden, bei dem den Eltern gegebenenfalls auch der Kontakt zu Erziehungsberatungsstellen, Sozialen Diensten oder Psychotherapeuten geebnet werden muss. Ein solcher Termin aber wird sicherlich eher angenommen, wenn die Eltern schon den Elternabend in einer angstfreien, empathischen und dialogischen Stimmung erleben (ebd., 140 ff.).

11.4 Was brauchen Erzieherinnen?

Konzeptionelle Verankerung: Die Elternarbeit und besonders die Elternabende sollten unbedingt konzeptionell verankert sein. Dazu gehört einerseits die organisatorische Seite, etwa Zeitplanung inklusive Vor- und Nachbereitung, und andererseits die fachliche Seite, etwa Positionen zum Verständnis heutiger Elternschaft, zur Bedeutung der Elterngruppe und zu möglichen Kooperationspartnern wie Beratungsstellen, Ärzten oder Psychotherapeuten. Für die Erzieherinnen ermöglicht ein solches Konzept Orientierung und Handlungssicherheit. Für die Eltern macht es die Chancen und Angebote der Elternarbeit transparent (ebd., 149).

Weiterbildung: Angesichts der vielfältigen Bedürfnisse und Konflikte in der Elternschaft und ihrer sich rasant wandelnden gesellschaftlichen Kontexte ist Weiterbildung ein unabdingbarer Bestandteil der Elternarbeit. Die Inhalte der Weiterbildung hängen natürlich von den Interessen der Erzieherinnen einer konkreten Kita ab. Im Sinne des hier behandelten Themas liegen sicherlich Fortbildungen zu psychosozialen Belastungen von Familien, zu unterschiedlichen Familienformen und zu Gruppendynamik in der Elternarbeit nahe. Zudem ist Weiterbildung in szenischem Verstehen zu empfehlen, damit auch das Affektive sowie die Dynamik von Übertragung und Gegenübertragung weiter in die Elternarbeit integriert werden kann (ebd.).

Supervision: Über Teambesprechungen hinaus brauchen Erzieherinnen regelmäßige Supervision. Durch den fachlich zugewandten Blick von außen, durch die Einführung eines „exzentrischen Standpunkts" eröffnen sich erweiterte Perspektiven auf Fragen der Elternarbeit (Trescher 2001, 193 ff.). In der Supervisionsgruppe bilden sich die verschiedenen Affekte und Dynamiken der Fälle szenisch ab, die die Erzieherinnen aus der Elterngruppe mitbringen. Vom Supervisor als unabhängigem Dritten können sie auf eine Weise „contained" werden, die den subjektiven, intersubjektiven und institutionellen Sinn der Szenen zu rekonstruieren erlaubt. Dieses erweiterte Verstehen können die Erzieherinnen dann in die Gestaltung der Elternarbeit einbringen.

Selbstreflexion: Nicht zuletzt benötigen die Erzieherinnen genügend Räume zur Selbstreflexion. Denn besonders im vielfältigen Getümmel der Elterngruppe begegnen den Erzieherinnen in Gestalt der realen Eltern auch die verinnerlichten eigenen Eltern, mit denen mehr oder minder heftige Konflikte offen sein können.

> **Aufgabe:** An welche schönen, an welche schmerzhaften Erfahrungen mit Ihren eigenen Eltern können Sie sich erinnern? Versuchen Sie, zu einzelnen Episoden kleine Geschichten aufzuschreiben.

Sicherlich ergreifen einige den Beruf der Erzieherin, weil sie ihren Reichtum guter Erfahrungen weitergeben möchten. Doch schon hier können Idealisierungen der eigenen Kindheit und Eltern mitschwingen, die dazu dienen, erlebte Kränkungen und Verwerfungen abzuwehren. Andere haben den Beruf gewählt, um erlittenes Leid zu heilen, um sich von den eigenen Eltern zu unterscheiden und anderen Kindern solch leidvolle Erfahrungen zu ersparen. Wenn diese oder ähnliche Motive unverstanden bleiben, löst der Kontakt mit manchen realen Eltern Reaktionen aus, die diesen Eltern nicht gerecht werden. Je nach Disposition der Erzieherinnen können einige zur vorschnellen Idealisierung von Eltern neigen, die sie als machtvoll und beeindruckend wahrnehmen, andere begegnen Eltern von oben herab mit einem gut gemeinten Sendungsbewusstsein und wieder andere reagieren auf bestimmte Eltern mit bodenlosen Ohnmachtsgefühlen, die dann durch Abwertung und Wut den Eltern gegenüber kompensiert werden müssen. Wenn es aber gelingt, die guten und schlechten Erfahrungen der eigenen Geschichte zu integrieren, erwächst daraus eine besondere Ressource für die Elternarbeit, nämlich die Fähigkeit, empathisch auf die realen Eltern einzugehen (Naumann 2011, 151).

Abschließend lässt sich also festhalten, dass auch die Erzieherinnen von ihrer Kita genügend gut gehalten werden müssen. Dann kann eine Elternarbeit gelingen, die ihre Potenziale und ihre Grenzen kennt, die die Erzieherinnen gerade deshalb als meist freudvoll erleben und die so ihrem Auftrag gerecht wird, der Elterngruppe einen Übergangsraum für ihre Bedürfnisse und Konflikte zur Verfügung zu stellen.

> **Grundübung:** Reflektieren Sie die konzeptionelle Beachtung der Elterngruppe sowie Ihre persönlichen Erfahrungen mit Elterngruppen in Ihrer Kita, bzw. in einer Kita, die Sie kennenlernen konnten.
>
> **Vertiefung:** Entwickeln Sie in Bezug auf die Inhalte des Textes und die Ergebnisse Ihrer Reflexion Ideen zur pädagogischen Haltung in der Gestaltung von Elternabenden unter besonderer Berücksichtigung der Elterngruppe.

12 Thematische Elternabende

Norbert Neuß

In den 1970er Jahren, die unter den Postulaten (Forderungen) nach Partizipation, Kooperation und Emanzipation standen, entwickelten sich zahlreiche praktische und theoretische Ansätze zur Integration von Eltern in institutionelle Erziehungsinstanzen, die noch heute von wichtiger Bedeutung sind. Während damals von „Elternarbeit" gesprochen wurde, hat sich heute der Begriff „Erziehungspartnerschaft" durchgesetzt, weil er die kooperative und gleichberechtigte Zusammenarbeit von Erzieherinnen und Eltern eher betont.

> Zentrale Ziele in der Erziehungspartnerschaft sind die Abstimmung und Diskussion von erzieherischen Norm- und Wertvorstellungen sowie die Transparenz der pädagogischen Arbeit.

Bei der Transparenz der pädagogischen Arbeit geht es nicht nur darum, die positiven Seiten der pädagogischen Arbeit transparent zu machen, sondern auch um das Besprechen von Schwierigkeiten und Problemen, die aus der gemeinsamen Erziehung von Eltern und Erzieherinnen hervorgehen.

Ein weiterer Grund für die aktiv gestaltete Zusammenarbeit liegt in der Möglichkeit, über die Elternbildung dazu beizutragen, ein besseres Verständnis für das Kind zu entwickeln. Erzieherinnen können durch die Arbeit mit Eltern auch das Verhalten der Kinder besser einordnen und umgekehrt können Eltern mit Hilfe von Informationen der pädagogischen Fachkraft oder fachspezifischer Experten (Logopäde, Physiotherapeut usw.) die Erziehung des eigenen Kindes anders reflektieren. Insofern ist Erziehungspartnerschaft nicht ein einseitiger Informationsprozess von den Erzieherinnen zu den Eltern. Vielmehr muss die Kommunikation so gestaltet werden, dass es im Interesse aller Beteiligten zu einem wechselseitigen Austausch und Lernprozess kommen kann.

Es lässt sich zusammenfassen, dass die Formen der Erziehungspartnerschaft

- Norm- und Wertvorstellungen thematisieren und so dem Kind Konflikte ersparen,
- die Transparenz einer gemeinsamen Erziehung herstellen,

- der Erzieherin aus der Kenntnis der familiären Situation ein besseres Verständnis für das Kind ermöglichen,
- als Teil der Erziehungsberatung und der Familienbildung dienen können.

Als Aufgabengebiete der Kindertageseinrichtungen lassen sich im Bereich der Erziehungspartnerschaft die Elternbildung, die Elternberatung, die Elternmitarbeit und die Elternmitentscheidung differenzieren, die in unterschiedlichsten Arbeitsformen wie Elternbrief, Hausbesuch, beratendes Gespräch, Elternabend oder Eltern-Kind-Nachmittag umgesetzt werden können.

12.1 Gemeinsame Erziehungsthemen

Eine besondere Form der Elternarbeit sind thematische Elternabende, die man von den „organisatorischen Elternabenden" abgrenzen kann. Diese klären vor allem organisatorische Fragen zu bestimmten Abläufen in Kindertageseinrichtungen, z. B. die Organisation des Weihnachtsbasars o. Ä. Thematische Elternabende greifen hingegen zentrale Themen von Erziehung und Bildung auf und machen diese zum gemeinsamen Gesprächs- und Lerngegenstand.

Themen für die Altersspanne 0–3 Jahre: Im Hinblick auf diese Altersspanne sind u. a. folgende gemeinsame Erziehungsthemen von Eltern und Kitas bzw. Krippen interessant:

- **Entwicklungsschritte und Förderung der Entwicklung:** Junge Eltern sind in der Regel sehr an der Entwicklung ihres Kindes interessiert. Oftmals vergleichen sie auch die Kompetenzen der Kinder untereinander „Unser Kind kann schon dies und das...". Gerade für Eltern, die ihr erstes Kind bekommen haben, stellen sich so vielfach Fragen nach der „optimalen Förderung" und der altersspezifischen Entwicklung. Die damit verbundenen Sorgen und Ängste nach der optimalen Entwicklung werden auch kommerziell durch allerhand unsinnige „Förderspielzeuge" ausgenutzt. Elternarbeit in Kitas kann dazu beitragen, überzogene Förderideen von Eltern zu relativieren und über die grundlegenden Bedürfnisse von Kleinstkindern aufzuklären, indem Eltern Fachinformationen und Gelassenheit im Hinblick auf die kindliche Entwicklung vermittelt werden.
- **Autonomie- bzw. Trotzphase von Kindern:** Für junge Eltern stellt die sogenannte „Trotzphase" eine besondere Herausforderung dar. In dieser Phase wird den Zweijährigen bewusst, dass ihr Wunsch sich vom Wunsch der Eltern unterscheidet. Dabei testen sie bewusst die Reaktionen der Erwachsenen im Hinblick auf verbotene Dinge aus. In dieser Phase löst sich das Kind aus der symbiotischen Beziehung mit den Eltern und es entwickelt sich das Gefühl der eigenen Identität. Diese Autonomiebestrebungen der Zweijährigen erleben Eltern oftmals als Provokationen und reagieren entsprechend emotional. Entscheidend für die jungen Eltern ist es, im fachlich begleiteten Gespräch zu erleben, dass sie mit dieser Erfahrung nicht alleine sind und welche Bedeutung die Trotz- oder Autonomie-

phase in der Entwicklung der Kinder hat. Gemeinsam mitgeteilte Erfahrungen und Fachinformationen können dazu führen, etwas gelassener mit den Kindern umzugehen und nicht in autoritäre oder autokratische Erziehungsmuster zu verfallen.

Themen für die Altersspanne 3–6 Jahre: Im Hinblick auf diese Altersspanne sind u. a. folgende gemeinsame Erziehungsthemen von Eltern und Kitas verbreitet:

Abb. 12.1: Für junge Eltern stellt die Trotzphase eine Herausforderung dar

- **Ernährungserziehung und Gesundheitsförderung:** Wenn Kinder ihr Frühstück aus dem Elternhaus mitbekommen, werden darüber oftmals Irritationen bei Erzieherinnen ausgelöst. Anstatt eines Apfels gibt es die Fruchtzwerge und anstatt eines Brotes gibt es die Milchschnitte. Das Thema „gemeinsame Ernährungserziehung" wird zukünftig ein noch zentraleres Thema werden, weil durch einseitige oder falsche Ernährung bereits im Kindergartenalter mehr Kinder übergewichtig werden und dadurch Alterserkrankungen wie Diabetes schon in diesem frühen Alter auftreten. Daher sollten Erzieherinnen dieses gemeinsame Thema von Kita und Elternhaus ansprechen. Dies kann auch im Rahmen einer gesundheitsbezogenen Aktionswoche stattfinden, in der der Elternabend nur ein Teil ist.
- **Medienerziehung:** Im Schnitt sitzen Kinder ein bis zwei Stunden täglich vor dem Fernsehapparat. Auch wenn sie weniger als die meisten anderen Bevölkerungsgruppen fernsehen, gehen Fernseherlebnisse in das Denken, Fühlen und Handeln der Kinder ein. Zudem organisieren sich Freundschaftsgruppen der Kinder um prägnante Fernsehsendungen. Diese sind auch durch Merchandising-Produkte, Werbung, Hör-CDs und ähnliches allgegenwärtig. Eltern haben bezüglich der Mediennutzung ihrer Kinder vielfach Fragen. Dies betrifft die Auswahl qualitätsvoller Medien – Woran erkennt man gute Kinderbücher, Kinderfilme, Hör-CDs oder Lernspiele? –, die Länge der Mediennutzung durch Vorschulkinder, die Wirkungen von Mediennutzung auf ihre Entwicklung und der pädagogisch sinnvolle Umgang mit Medien.
- **Schulfähigkeit und Übergangsgestaltung:** Zu einem besonderen Lebensereignis gehört für die Kinder, Eltern und Erzieherinnen der Übergang von der Kita in die Grundschule. Dieser Übergang sollte pädagogisch bewusst gestaltet und für die Eltern erkennbar werden. Die Einschulung wird von den meisten Eltern als ein besonderer Teil des Lebens ihrer Kinder betrachtet, daher haben nicht nur die Kinder, sondern auch ihre Familien diesen Übergang zu bewältigen (→ Kap. 10). Die in diesem Übergang auftretenden Fragen und Informationsbedarfe wie z. B. nach der Schulfähigkeit der Kinder, nach den nötigen Vorläuferkompetenzen der Kinder und nach den formalen Schritten wie Anmeldung, Schuleingangsuntersu-

chung oder Sprachtests sind im Rahmen von begleitenden Elternabenden anzusprechen.

In knapper Form werden im Folgenden Überlegungen zur Methodik und Didaktik von thematischer Elternbildung am Beispiel der Medienerziehung angestellt. Dieses Beispiel liefert darüber hinaus auch zahlreiche allgemeine Hinweise für die Gestaltung von Elternarbeit.

12.2 Beispiel: Medienerziehung

„Elternarbeit ist out" berichtet eine befreundete Erzieherin. Sie wollte einen Elternabend zum Thema „Kinder und Medien" veranstalten und hatte die Eltern um eine persönliche Anmeldung gebeten. Da sich von den 26 Elternteilen nur drei zurückgemeldet hatten, wurde der engagierte Referent wieder ausgeladen, obwohl Medienerziehung als gemeinsame Aufgabe von Kita und Familie betrachtet wurde. Der kompetente Umgang mit den Medien wird mehr und mehr als eine zentrale Bildungsaufgabe erkannt (Neuß 2011). Wie können aber auch Themen auf Elternabenden aufgegriffen werden, die sperrig sind? Inwiefern kann ein Elternabend der organisatorische Rahmen sein, um gemeinsam auch über schwierigere Erziehungsthemen zu sprechen? Und wie sollte der Elternabend methodisch-didaktisch gestaltet sein, damit Eltern Lust haben, zu kommen und über ihre Fragen und Erfahrungen zu sprechen?

Perspektiven der Beteiligten auf das Thema

Um ein Thema für einen Elternabend vorzubereiten oder aufzugreifen, ist es zuvor nötig, sich die verschiedenen Perspektiven der Beteiligten zu verdeutlichen und vor dem Hintergrund eines systemischen Ansatzes zu planen. Im Folgenden werden deshalb zunächst die Medienäußerungen der Kinder, die vielfach den Anlass für die Notwendigkeit von Elternarbeit abgeben, aus drei Perspektiven betrachtet.

Medienerlebnisse aus der Kinderperspektive: Für Kinder gehören die Medien, die Medienangebote und die Medienerlebnisse zur unmittelbaren Erlebniswelt.

> Kinder leben heute nicht mehr mit oder ohne Medien sinnvoll oder nicht sinnvoll, sondern sie leben in Medienwelten.

Die von Erwachsenen immer noch vorgenommene Vorstellung von zwei Welten, nämlich der realen Welt, in der man echte Erfahrungen macht, und der künstlichen Welt der Medien, in der Kinder nur Erfahrungen aus zweiter Hand machen, greift zu kurz, weil Kinder über mediale Angebote ihre Gespräche organisieren, ihre Wünsche äußern und Handlungen gestalten. Insofern haben Medienangebote und Medienerlebnisse aus der Sicht der Kinder häufig sehr positive Funktionen, indem z. B. bestimmte

Medienerlebnisse oder -figuren Bestandteil der eigenen Selbstdarstellung werden. Aus der Sicht der Kinder sind weniger die Medienangebote, sondern eher die maßregelnden und verständnislosen Erwachsenen das Problem, zumal sie sich mit den phantastischen Freunden kaum auskennen.

Medienerlebnisse aus der Perspektive von Erzieherinnen: Anders geht es häufig Erzieherinnen. Ihnen fallen die medienbezogenen Äußerungen der Kinder eher negativ auf, weil sie darin zum einen keine eigenständigen Spielinhalte sehen, sondern Nachahmung, weil die Medienspiele das Gruppengeschehen stören oder weil sie darin Hinweise auf nicht kindgerechte Medienrezeption sehen. Diese Befürchtungen sind teils berechtigt, teils unberechtigt. Denn zunächst ist es für Erzieherinnen schwer festzustellen, was die Kinder in der Familie tatsächlich gesehen haben und wie die Familie mit dem Fernsehen oder den Medien generell umgeht: Ein Kind, das häufig Medienerlebnisse äußert, ist nicht automatisch ein „Vielseher" und ein Kind, das von sich aus überhaupt keine Medienerlebnisse äußert, ist nicht unbedingt eines ohne Medienerlebnisse. Dennoch sind die Bedenken von Erzieherinnen berechtigt, denn die Medienerlebnisse wirken in den pädagogischen Alltag hinein.

Medienerlebnisse aus Elternperspektive: Eltern bekommen von den medialen Äußerungen der Kinder und den Gefühlen der Erzieherinnen kaum etwas mit. Gerade wenn Kinder viel fernsehen oder zu Zeiten, von denen die Eltern selbst meinen, dass es nicht gut für die Kinder ist, hoffen sie, dass ihre Kinder nicht allzu offen über ihre Medienerlebnisse sprechen. Dahinter steht die Befürchtung, sich einer pädagogischen Belehrung von Seiten der Erzieherinnen aussetzen zu müssen. Gespeist wird diese Befürchtung auch durch das schlechte Gewissen der Eltern, bei der Erziehung der Kinder etwas „falsch" zu machen. Das Ergebnis von Gesprächen zwischen Eltern und Erzieherinnen ist dann häufig Konfrontation oder Unverständnis. Die Eltern erkennen nicht immer, dass sie mit ihrem Erziehungsverhalten im Allgemeinen und ihrer Medienerziehung im Besonderen auch in andere Bereiche hineinwirken. Sie meinen, dass es doch eine „Familiensache" ist und es die Erzieherin nichts angeht, wann, was und wie oft das Kind fernsieht.

Fahrplan für einen thematischen Elternabend

Wie muss ein Elternabend aussehen, auf dem über das Thema „Kinder und Fernsehen" geredet und informiert wird? Fragt man Eltern, so bekommt man zur Antwort: „Er muss unterhaltsam sein, sollte die Eltern einbeziehen, die Gesprächsatmosphäre und -bereitschaft fördern, Akzeptanz schaffen und Informationen vermitteln. Meinungen müssen angehört und es soll genau hingehört werden." Der Motivation, das Thema „Medienerziehung" anzugehen, liegt jedoch zumeist eine „negative Grundhaltung" der Erzieherinnen zugrunde.

Die Motivation hinterfragen: Bevor ein Elternabend organisiert wird, sollte die Erzieherin über die eigene Motivation nachdenken, dieses Thema anzugehen. Häufig liegt diese in einer negativen oder belehrenden Grundhaltung gegenüber dem Thema, die jedoch das Gelingen eines Elternabends behindern kann. Ist überhaupt eine positive Zugangsweise zu diesem Thema vorstellbar, oder ist das Thema „Kinder und Medien" nicht immer problematisch, schwierig und widerspenstig? Im Vorfeld sollte geklärt werden, wo lohnende positive Aspekte dieses Themas liegen, die auf einem Elternabend angesprochen werden können.

Die Voraussetzungen von Elternbildung beachten: Eltern sind nicht selten durch bereits erlebte Bewertungen ihres Fernsehverhaltens verunsichert. Oftmals treffen zwei Parteien mit unterschiedlichen Wertesystemen aufeinander. Es tritt die Problematik des bizentralen Erziehungssystems auf. Das bedeutet, dass zwei Gruppen von Interessenvertretern mit ihren jeweiligen Erziehungszielen auf das Kind Einfluss nehmen wollen. Gerade beim Fernsehen treten diese Interessenunterschiede deutlich hervor und behindern zumeist ein ehrliches Gespräch.

> Eine wichtige Voraussetzung für das Gelingen eines Elternabends ist, den Eltern die Sicherheit zu vermitteln, nicht in die Gefahr der Bevormundung zu geraten. Die Angst, bloßgestellt zu werden, verbunden mit dem schlechten Gewissen, etwas falsch gemacht zu haben, müssen Elternabende ausschließen.

Zielgruppen- und bedürfnisorientiert arbeiten: Um zu einem ehrlichen Gespräch über die Mediennutzung im Alltag zu gelangen, ist es notwendig, die innere Realität der Teilnehmerinnen zu erfassen und sie als relevante Größe in der Beratungs- und Bildungsarbeit ernst zu nehmen. Somit sind die Interessen, Bedürfnisse und Unsicherheiten der Eltern Ausgangspunkt für die Elternbildung. Angesetzt wird an der Reflexion und dem Verständnis der familiären und der kindlichen Alltags- und Medienwelt, weil die Veränderung von Alltagsstrukturen in der Reichweite der Betroffenen selbst liegt. Soll ein Elternabend zum Thema „Medien" stattfinden, dann ist es notwendig, die Eltern bei der Suche nach relevanten Fragen oder Themen mit Hilfe einer Poster- oder Handzettelbefragung zu beteiligen.

Aktivitäten durchführen und dokumentieren: Für eine konstruktive Elternarbeit ist es hilfreich, die Erfahrungsbereiche der Kinder, Erzieherinnen und Eltern miteinander zu verknüpfen. Das bedeutet, projektbezogene Aktivitäten in der Kita durchzuführen und mit der Elternbildung zusammenzubringen. Dabei geht es z.B. darum, Medienerfahrungen der Kinder mit Hilfe von medienpraktischen Angeboten und Projekten aufzugreifen und zu bearbeiten (Roboom/Eder/Orywal 2010). Die Grundlage für dieses Vorgehen ist das Akzeptieren und Annehmen der kindlichen Erfahrungen. Das Thema der medienpädagogischen Aktion mit den Kindern bestimmt in gewissem Maße das Thema des Elternabends. Einzelne dokumentierte Ergebnisse der Aktivitäten können als Grundlage für die didaktische Gestaltung des Elternabends dienen. Hinter diesem Vorgehen steht die Erfahrung, dass Eltern eher auf einen Elternabend kommen, wenn sich die Themen der Veranstaltung konkret auf ihre Kinder beziehen.

Ein Thema absprechen und einen Referenten einladen: Wurde ein Projekt oder eine Maßnahme durchgeführt, sollte das Thema des Abends aus dem Erfahrungsbericht der Erzieherinnen und einem ergänzenden, darauf Bezug nehmenden Themenschwerpunkt bestehen. Weil bei Fachthemen oftmals Expertenwissen hilfreich ist, empfiehlt es sich, einen fachlich ausgewiesenen Referenten einzuladen. Als mögliche Ansprechpartner für „Medienthemen" bieten sich zunächst das städtische Jugendamt oder eine medienpädagogische Institution an. Damit es bei dem Elternabend nicht zu unangenehmen Überraschungen kommt, sollte der theoretische Ansatz des Referenten mit den eigenen Zielen abgestimmt werden.

Eine ansprechende Einladung gestalten: Wirkt die Einladung zu unserem Elternabend wirklich einladend? Diese Frage sollte bei der Formulierung des Einladungstextes beachtet werden. Kreative Gestaltungsmittel können eine Einladung auflockern, beim Thema Medien z. B. fernsehbezogene oder werbebezogene Sprüche („Nicht immer, aber immer öfter", „Bei ARD und ZDF sitzen Sie in der ersten Reihe", „Abschalten können Sie woanders" usw.) oder fernsehbezogene Karikaturen oder Bilderwitze.

Eine offene Atmosphäre schaffen: Es hat sich für die Gestaltung des Raumes als positiv erwiesen, einen Stuhlkreis oder kleinere Sitzgruppen zu wählen, einige Getränke bereitzustellen und den Raum auch optisch so zu verändern, dass er bereits auf das Thema einstimmt.

Geeignete Methoden wählen: Elternabende finden am Abend statt. Das ist zwar trivial, bedeutet aber, dass alle Erwachsenen, die auf einem Elternabend zusammenkommen, in der Regel einen anstrengenden Arbeitstag im Beruf oder mit den eigenen Kindern hinter sich haben. Daher sollten aktivierende und gesprächsanregende Methoden eingeplant werden.

Methodenbeispiel 1 „Karikaturenausstellung": *Es ist 19.45 Uhr und für den Elternabend ist alles vorbereitet. Auch die Karikaturenausstellung wurde im Gruppenraum aufgehängt. Auf großen Pappen sind Karikaturen und Cartoons zum Thema „Kinder und Medien" zu sehen. Die ersten Eltern kommen und nutzen die Zeit bis zum offiziellen Beginn des Elternabends, indem sie sich die Ausstellung anschauen. Ziel ist es zunächst, die normale Umgebung zu verändern und auf das Thema einzustimmen. Nach der Begrüßung bekommt die Karikaturenausstellung eine weitere methodische Bedeutung. Die Erzieherin fordert die Eltern auf, noch einmal aufzustehen und sich alle Karikaturen unter dem Gesichtspunkt anzusehen und auszuwählen: „Welche Karikatur gefällt Ihnen besonders?" und „Woran erinnert Sie diese Karikatur?" Nachdem alle Eltern eine Karikatur gefunden haben, berichten sie anhand der Bilder über ihre persönlichen Erfahrungen, Beispiele, Ideen, Gefühle und Fragen zu diesem Thema.*

Auch die folgende Methode ist für die Elternarbeit entwickelt worden. Sie knüpft durch Bilder von Prominenten an den Erfahrungen der Teilnehmerinnen an und ist insbesondere für das Thema „Medienhelden und Identifizierung" geeignet.

Methodenbeispiel 2 „Die Wäscheleine mit Fernsehlieblingen": *Quer durch den Raum ist eine Wäscheleine gespannt, an der bunte Pappkartons mit Wäscheklammern befestigt sind, auf denen alle möglichen Fernsehlieblinge und Antihelden abgebildet sind. Diese Bilder sind aus Deckblättern von Programmzeitschriften zusammengesucht. Zu sehen sind beispielsweise Rudi Carell, Michael Jackson, Die Schöne und das Biest, Pippi Langstrumpf, Batman, die Crew des Raumschiff Enterprise, Meister Eder und sein Pumuckl, Die Maus, Heinz Ehrhard usw. Insgesamt hängen fast 70 Figuren an der Leine. Ähnlich wie bei der Karikaturenausstellung bittet die Erzieherin oder der Referent die Eltern, sich eine Figur unter folgender Fragestellung von der Leine zu nehmen: „Ist unter den Figuren eine Ihrer Fernsehlieblingsfiguren oder einer Ihrer Helden?"*

Haben sich die Eltern eine Figur ausgesucht, mit der sie etwas verbinden, werden sie aufgefordert, sich Erinnerungen, Erfahrungen und Gefühlen, die sich hinter den Bildern verbergen, gegenseitig mitzuteilen. „Die Pippi fand ich als Kind schon gut, und die sehe ich heute auch gern mit meinen Kindern an. Die ist so ein freches, selbstbewusstes Mädchen. Das finde ich gut", berichtet eine Mutter.

Die Heldenwäscheleine ist eine Methode zur Reflexion der eigenen Medienbiographie und den damit verknüpften Medienerlebnissen sowie der Identifizierung mit Medienhelden. Sie soll den Eltern helfen, ihren eigenen Helden oder Heldinnen und Idolen auf die Spur zu kommen, um so Offenheit, Verständnis und Sensibilität für die „grässlichen Filme und Figuren" der Kinder zu ermöglichen.

Im Hinblick auf viele Erziehungs- und Bildungsthemen ist es ratsam, Eltern eine Reflexion der eigenen biographischen Erfahrungen zu ermöglichen. Dadurch können unreflektierte oder unbewusste Erziehungseinstellungen erkannt und überdacht werden.

Einen Elternbrief versenden: Eine Möglichkeit, die Informationen des Elternabends weiterzuleiten, ist der Elternbrief. Der Inhalt des Briefes sollte sich dicht an den Inhalten, Methoden und Diskussionen des Elternabends ausrichten. Natürlich kann eine kurze Beschreibung der medienpädagogischen Aktivitäten in den Elternbrief einfließen. Der Medienbrief ist für die anwesenden Eltern eine Erinnerung an die Diskussion des Abends und vielleicht für andere Eltern eine Motivation, auch einmal zu einem Elternabend zu kommen. Dies gelingt eher, wenn in dem Medienbrief deutlich wird, dass dort über reale Probleme oder interessante Themen gesprochen wurde.

Aufgabe: Recherchieren Sie im Internet (www.ane.de/elternbriefe.html). Dort sind vom Arbeitskreis Neue Erziehung e.V. verschiedene Elternbriefe erhältlich. Passend zum Alter des Kindes werden alle wichtigen Entwicklungsschritte und Themen beschrieben und nützliche Tipps zur Erziehung und zum Familienalltag gegeben.

Evaluation: Um herauszufinden, wie den Eltern der Abend gefallen hat und was sich die Eltern weiterhin wünschen, bietet es sich an, den Eltern am Ende des Abends einen kurzen Feedbackbogen auszugeben: Wie haben Sie den Elternabend erlebt? Sind Sie zufrieden mit dem Elternabend? Was würden Sie sich zukünftig als Thema für einen Elternabend wünschen? Wie wichtig eine Rückmeldung für die zukünftige Planung von Elternabenden ist, zeigt der folgende Bericht einer Mutter über ihren ersten Elternabend in einer Kita.

Aufgabe: Lesen Sie den nachfolgenden Erfahrungsbericht und versuchen Sie zunächst zu beschreiben, was das Thema dieses Elternabends gewesen ist. Diskutieren Sie zu zweit, was auf diesem Elternabend möglicherweise aus Sicht der Mutter schief gelaufen ist. Entwickeln Sie Ideen, wie Sie diesen Elternabend interessanter gestaltet hätten.

Erfahrungsbericht: *„Also wenn es nicht so entsetzlich zäh und langwierig gewesen wäre, wäre es wirklich schon fast eine Comedyshow gewesen. Ich war gestern das erste Mal bei einem Elternabend – die Vorhölle. Ich bin da das erste und letzte Mal gewesen, ab jetzt gehe ich noch zu den 1:1 Elterngesprächen. Vorab: Es handelt sich um einen im Ort als „sehr gut" bezeichneten Kindergarten. Es fing damit an, dass eine Erzieherin den Wochenplan in aller Ausführlichkeit vorstellte. (...) Irgendwann beschwerte sich eine Mutter, dass nicht genügend gebastelt und gemalt würde. Ihr Sohn würde nie etwas nach Hause bringen. Eine andere Mutter meinte ganz entrüstet, ihr Sohn schon. Die Erzieherin meinte, bei zwei Leuten und 26 Kindern könne es schon sein, dass mal ein Kind, das eben nicht so gerne bastelt, durchrutscht, wenn sie Basteln oder Malen anbieten. Zwingen würden sie die Kinder aber nicht. Die Mutter wollte das gerne, schließlich könne man ja in der Schule auch nicht machen, was man wolle. Und überhaupt wollte sie mehr konkrete Themen und Projekte. Eine zweite Mutter pflichtete ihr bei. Die Leiterin meinte, mit zwei Personen wäre das halt schwierig in so einer großen Gruppe, weil eine immer damit beschäftigt sei, Hosen hochzuziehen, Hände zu waschen oder zu trösten. Eine endlose Diskussion. (...)*

Dann wurde gesagt, dass das Frühstücksgeld (13 Euro im Quartal) jetzt auf 14 Euro erhöht würde, weil Eltern sich beschwert hätten, dass es in jeder Gruppe unterschiedlich wäre, in der einen 13 und in der anderen 14, jetzt ist es halt überall 14 Euro. Dies führte sofort zu einer Diskussion, warum unsere Gruppe jetzt auch mehr zahlen soll.

Die Diskussion ging nahtlos über in eine Diskussion über Biogemüse. Das wäre doch letztes Jahr vom Biobauern gewesen, und warum das jetzt nur noch vom Discounter wäre. Und ob es denn überhaupt noch „bio" wäre, es wäre absolut inakzeptabel, wenn auf dem Tisch eine herkömmliche Paprika liegen würde! Eine Mutter im handgefärbten lila Sackleinenüberwurf war kurz vor dem Herzkasper und bekam Schnappatmung, denn sie hatte irrtümlich verstanden, dass es gar kein „bio" mehr gäbe. Drei Sekunden später sag-

te sie, ihr Sohn würde ja eh keine Paprika mögen. Tja, erst keine 14 Euro zahlen wollen, dann aber Biobauernhofprodukte haben wollen, wie passt denn das zusammen?

Ich gehe da jedenfalls nie wieder hin. Zweieinhalb Stunden auf Kinderstühlchen zu sitzen, verkraftet schon mein Rücken nicht. Ich habe volles Vertrauen in die Erzieherinnen, und mein Sohn hat Spaß im Kindergarten. Das ist das Wichtigste."

12.3 Fazit: Lernen ermöglichen, statt Rezepte zu verteilen

Plurale Gesellschaftsformen brauchen plurale Kommunikationsmethoden. Erzieherinnen sollten nicht als „Expertinnen" auftreten, die eine Idealerziehung propagieren. Stattdessen

- moderieren sie,
- regen Gespräche an und machen Vorschläge,
- inszenieren sie Erfahrungsräume für Kinder und Erwachsene und
- reflektieren Erlebnisse und besprechen Erfahrungen.

Hierbei sind alle beteiligten Kinder, Eltern und Erzieherinnen mit ihren Beiträgen und Meinungen gleichermaßen wichtig. Giesecke unterscheidet fünf Grundformen pädagogischen Handelns: Unterrichten, Informieren, Beraten, Arrangieren, Animieren (Giesecke 1987, 66ff). Diese Differenzierung ist für das Selbstverständnis von pädagogisch Handelnden in der medienpädagogischen Elternbildung von Bedeutung. Erzieherinnen erziehen die Eltern nicht, sondern sie arrangieren Lernsituationen, vermitteln Informationen und beraten zu zentralen Problemlagen. Ziel von Elternarbeit ist es, eine vertrauensvolle Gesprächsatmosphäre zu schaffen durch kreative Methoden, die Sichtweise der anderen Eltern zu erkunden und durch gezielte Sachinformationen zu enge Wirklichkeitsdeutungen zu erweitern. Das Verständnis für die Eltern wird alltagsnäher, wenn Fragen und Herausforderungen anhand von Elternbeispielen thematisiert werden können.

Aufgabe 1: Unterstreichen Sie alle allgemeinen Hinweise im „Fahrplan", auf die Sie besonders achten würden, wenn Sie einen Elternabend planen.

Aufgabe 2: Entwickeln Sie den Rahmen und Ablaufplan für einen zweistündigen Elternabend zum Thema „Trotz- und Autonomiephase". Formulieren Sie dazu ihre eigenen Erfahrungen mit Kindern in der Trotzphase, die Ziele des Elternabends, mögliche Fragen der Eltern, Ideen für aktivierende Methoden und zentrale Fachinformationen zu dem Thema.

Anhang

Autorinnen und Autoren

Baumann-Klett, Angelika, Heilpädagogin am heilpäd. Fachdienst der Stadt Reutlingen; Konzeptionierung und Durchführung von niedrigschwelligen Elternbildungsangeboten nach dem STÄRKE-Projekt des Landes BaWü an einem Kinder- und Familienzentrum.

Hansen, Dagmar, Geschäftsführerin der Xenia – interkulturelle Projekte gGmbH – KinderElternZentrum Bergkirchenviertel – in Wiesbaden, Beraterin für freie und selbstorganisierte Kindertageseinrichtungen, Schwerpunkte: gemeinwesenorientierte soziale Arbeit mit besonderem Schwerpunkt auf Elternorientierung, Entwicklung von Trägerqualität in Kindertageseinrichtungen.

Hess, Simone, Dr. phil., Erziehungswissenschaftlerin (M. A.), Universität Giessen – Abt. Pädagogik der Kindheit und Pädagogische Hochschule Ludwigsburg – Sonderpädagogik (bis 2012), Schwerpunkte: Elternzusammenarbeit, sozio-emotionale Entwicklung von Kindern, Professionalisierung von Erzieherinnen, Leitungsmanagement in Kitas, Hochschuldidaktik/Theorie-Praxis-Verzahnung.

König, Lilith, Dr. phil., Diplom-Psychologin und Systemische Therapeutin (SG), seit 2011 Professorin an der Fakultät für Sonderpädagogik der PH-Ludwigsburg für den Fachbereich Sonderpädagogische Psychologie/Frühförderung.

Kobelt Neuhaus, Daniela, Heilpädagogin und Psychologin (lic.), Vorstand Karl Kübel Stiftung für Kind und Familie; langjährige Erfahrung in der Weiterbildung von Erzieherinnen, Schwerpunkte: Inklusion, Zusammenarbeit mit Eltern.

Lingenauber, Sabine, Dr. phil., Hochschullehrerin, Hochschule Fulda, Fachbereich Sozialwesen.

Maier-Höfer, Claudia, Dr. phil., Professorin an der Evangelischen Hochschule Darmstadt.

Naumann, Thilo Maria, Dipl. Pol., Dr. phil., Professor für Pädagogik am Fachbereich Gesellschaftswissenschaften und Soziale Arbeit der Hochschule Darmstadt, Gruppenanalytiker, Mitglied im Frankfurter Arbeitskreis für Psychoanalytische Pädagogik, langjährige Praxiserfahrung in der Kinder- und Jugendhilfe.

Neuß, Norbert, Dr. phil, habil; Hochschullehrer an der Justus-Liebig-Universität für Pädagogik der Kindheit; Studiengangsleiter der Studiengänge „Bildung und Förderung in der Kindheit" (BA) und „Elementar- und Integrationspädagogik" (MA); zahlreiche Publikationen und Forschungsprojekte (www.dr-neuss.de).

Niebelschütz, von Janina L., Hochschule Fulda, Fachbereich Sozialwesen.

Schäfer, Jutta, Dr. phil, Grund- und Hauptschullehrerin, Professorin Pädagogische Hochschule Ludwigsburg – Sonderpädagogische Fakultät – Förderschwerpunkt Lernen.

Seehausen, Harald, Dr. Frankfurter Agentur für Innovation und Forschung. Sozialforscher und Berater von Kommunen, Unternehmen, Politik, Stiftungen und Sportvereinen zu Reformprojekten u. a. zur Vereinbarkeit von Familie und Beruf, Chancengleichheit von Frauen und Männern, Kinder- und Familienzentren. Herausgeber von KiTa aktuell in Hessen, Rheinland-Pfalz und Saarland und zahlreicher Veröffentlichungen.

Weiß, Hans, Dr. phil, Professor, Pädagogische Hochschule Ludwigsburg, Sonderpädagogik – Förderschwerpunkt körperliche und motorische Entwicklung; weitere Schwerpunkte: Frühförderung, Familien in Armutslagen.

Literatur

Einleitung

Bundesministerium für Familie, Senioren, Frauen und Jugend (2009): 13. Kinder- und Jugendbericht. Bericht über die Lebenssituation junger Menschen und die Leistungen der Kinder- und Jugendhilfe in Deutschland, Berlin

Neuweg, G. H. (2011): Distanz und Einlassung. Skeptische Anmerkungen zum Ideal einer „Theorie-Praxis-Integration" in der Lehrerbildung. In: Erziehungswissenschaft. Mitteilungen der Deutschen Gesellschaft für Erziehungswissenschaft, Jg. 22, H. 43, S. 33–45

Kapitel 1

Armbruster, M. (2011): ELTERN-AG – Für Eltern, die mit mehreren Schwierigkeiten gleichzeitig kämpfen. In: Fröhlich-Gildhoff, K./Pietsch, S./Wünsche, K./Rönnau-Böse, M. (Hrsg.): Zusammenarbeit mit Eltern in Kindertageseinrichtungen. Ein Curriculum für die Aus- und Weiterbildung. Freiburg, S. 228–235

Betz, T. (2010): Kindertageseinrichtung, Grundschule, Elternhaus: Erwartungen, Haltungen und Praktiken und ihr Einfluss auf schulische Erfolge von Kindern aus prekären sozialen Gruppen. In: Bühler-Niederberger, D. u. a. (Hrsg.): Kindheit zwischen fürsorglichem Zugriff und gesellschaftlicher Teilhabe. Wiesbaden, S. 117–143

Bronfenbrenner, U. (1981): Die Ökologie der menschlichen Entwicklung. Stuttgart

Dornes, M. (2006): Die Seele des Kindes. Entstehung und Entwicklung. Frankfurt a. M.

Durand, J./Eden, H./Staege, R. (2011): Kita-Praxis als Lernkultur. Eine Evaluation von Early Excellence Zentren des Pestalozzi-Fröbel-Hauses. Berlin

Early Excellence – Zentrum für Kinder und ihre Familien, Newsletter 2/2009: „EEC Kinder in der Schule – Emotional deutlich stabiler und kommunikativ". www.early-excellence.de/newsletter_content.php?nav_id=89 (11.10.10)

Fürstenau, S./Gomolla, M. (Hrsg.) (2009): Migration und schulischer Wandel: Elternbeteiligung. Wiesbaden

Helfer, D./Fries, A. (2010): Belastungen in Familien mit behinderten Kindern unter ausgewählten Aspekten. In: Behindertenpädagogik, Jg. 49, H. 3, S. 297–312

Hess, S. (2008): Elterntraining als Lernchance. In: TPS – Theorie und Praxis der Sozialpädagogik. Leben, Lernen und Arbeiten in der Kita. H. 1, 2008, S. 41–45

Hess, Simone (2011): Befähigung zur Zusammenarbeit mit Eltern. Professionalisierung von Pädagogen zur Unterstützung von Familien mit behinderten Kindern und Familien in sozialer Benachteiligung. In: Zeitschrift für Heilpädagogik, 62. Jg., H. 9, S. 346–354

Honneth, A. (1992): Kampf um Anerkennung. Zur moralischen Grammatik sozialer Konflikte. Frankfurt a. M.

Kalicki, B. (2010): Spielräume einer Erziehungspartnerschaft von Kindertageseinrichtung und Familie. In: Zeitschrift für Pädagogik, Jg. 56, H. 2, S. 193–205

Klein, L./Vogt, H. (2008): Eltern in der Kita. Schwierigkeiten meistern – Kommunikation entwickeln. Velbert

Köngeter, S. (2009): Relationale Professionalität. Eine empirische Studie zu Arbeitsbeziehungen mit Eltern in den Erziehungshilfen. Baltmannsweiler

Ludwig-Körner, C. (2008): Der Beitrag der Psychoanalyse in der Ausbildung zum kompetenten Frühpädagogen. In: Kinderanalyse. Jg. 16, H. 2, S. 143–157

Mayr, T. (2000): Entwicklungsrisiken bei armen und sozial benachteiligten Kindern und die Wirksamkeit früher Hilfen. In: Weiß, H. (Hrsg.): Frühförderung mit Kindern und Familien in Armutslagen. München/Basel, S. 142–163

Nentwig-Gesemann, I. (2007): Forschende Haltung. Professionelle Schlüsselkompetenz von FrühpädagogInnen. In: Sozial Extra, Thema: Praxis aktuell: Herausforderungen an die künftige Frühpädagogik, Jg. 13, H. 5 u. 6, 2007, S. 20–22

Oevermann, U. (2008): „Krise und Routine" als analytisches Paradigma in den Sozialwissenschaften (Abschiedsvorlesung). Frankfurt a. M. www.agoh.de/cms/de/downloads/uebersicht.html?func=startdown &id=68 (19. 12. 2010)
Prengel, A. (2010): Inklusion in der Frühpädagogik. Bildungstheoretische, empirische und pädagogische Grundlagen (Expertise des DJI/WIFF). www.weiterbildungsinitiative.de/uploads/media/Prengel.pdf (30.12.2011)
Sacher, W. (2011): Erziehungs- und Bildungspartnerschaften in der Schule: zum Forschungsstand. In: Stange, W./Krüger, R./Henschel, A./Schmitt, C.: Handbuch Erziehungs- und Bildungspartnerschaften. Elternarbeit in Kooperation von Schule, Jugendhilfe und Familie. Wiesbaden
Schwarzburg-von Wedel, E./Weiß, H. (2010): Erziehung und Bildung in früher Kindheit. In: Kaiser, A. u. a. (Hrsg.): Bildung und Erziehung. (Reihe: Behinderung, Bildung, Partizipation – Enzyklopädisches Handbuch der Behindertenpädagogik). Stuttgart, S. 251–255
Senatsverwaltung für Bildung, Wissenschaft und Forschung; Berlin (2009): Fachbrief 4, Kap. 4 „Kooperation von Schule und Eltern mit Migrationshintergrund". www.berlin.de/imperia/md/content/senbil dung/foerderung/sprachfoerderung/fachbrief_4_migrationshintergrund.pdf?start&ts=1299064168&f ile=fachbrief_4_migrationshintergrund.pdf (14.02.2012)
Sylva, K. u. a. (2010): Frühe Bildung zählt. Das Effective Pre-school and Primary Education Project (EPPE) und das Sure Start Programme. Berlin
Textor, M. R. (2011): 25 Jahre Elternarbeit: Rückblick, Draufblick und Ausblick. In: Kindergartenpädagogik – Online-Handbuch. www.kindergartenpaedagogik.de/2174.pdf (20.11.2011)
Thiersch, R. (2006): Familie und Kindertagesstätte. In: Bauer, P./Brunner, E. J. (Hrsg.): Elternpädagogik. Von der Elternarbeit zur Erziehungspartnerschaft. Freiburg, S. 80–106
Viernickel, S. (2009): Beobachtung und Erziehungspartnerschaft. Berlin
Weiß, H. (2010): Familien mit behinderten Kindern: Belastungen und Ressourcen im Kontext gesellschaftlicher Hilfen. In: Weiß, H./Stinkes, U./Fries, A. (Hrsg.): Prüfstand der Gesellschaft: Behinderung und Benachteiligung als soziale Herausforderung. Würzburg, S. 245–267
Wiezorek, C. (2006): Elternpädagogik jenseits der Pädagogisierung – Überlegungen zum pädagogischen Elternbezug aus anerkennungstheoretischer Perspektive. In: Bauer, P./Brunner, E. J. (Hrsg.): Elternpädagogik. Von der Elternarbeit zur Erziehungspartnerschaft. Freiburg, S. 42–60
WIFF-Weiterbildungsinitiative Frühpädagogische Fachkräfte (2010): Höher-Schneller-Weiterbildung. Dokumentation des Bundeskongresses Weiterbildungsanbieter in der Frühpädagogik in Berlin, Hrsg. Robert-Bosch-Stiftung

Kapitel 2

Ahnert, L. (2004): Bindungsbeziehungen außerhalb der Familie. Tagesbetreuung und Erzieherin-Kind-Bindung. In: Ahnert, L. (Hrsg.): Frühe Bindung, Entstehung und Entwicklung., 2. Aufl., München, S. 256–277
Ainsworth, M. D./Blehar, M. C./Waters, E./Wall, S. (1978): Patterns of attachment. Hillsdale, N. J.
Becker-Stoll, F./Textor, M. R. (Hrsg.) (2007): Die Erzieherin-Kind-Bindung. Zentrum von Bildung und Erziehung. Berlin
Bowlby, J. (1973): Attachment and loss, Vol II. Separation, anxiety and anger. London: The Tavistock Institute of Human Relations. (dt.: 2006, Trennung, Angst und Zorn. München)
Bowlby, J. (2008): Bindung als sichere Basis. Grundlagen und Anwendung der Bindungstheorie. München
Bretherton, I. (2012): Zur Konzeption innerer Arbeitsmodelle in der Bindungstheorie. In: G. Gloger-Tippelt (Hrsg.): Bindung im Erwachsenenalter. Ein Handbuch für Forschung und Praxis. 2. Aufl., Bern
Gloger-Tippelt, G. (2008): Individuelle Unterschiede in der Bindung und Möglichkeiten ihrer Erhebung bei Kindern. In: L. Ahnert (Hrsg.): Frühe Bindung, Entstehung und Entwicklung. 2. Aufl., München, S. 82–109
Main, M./Hesse, E. (1990): Parent's unresolved traumatic experiences are related to infant disorganized attachment status: Is frightened and/or frightening parental behaviour the linking mechanism? In: Greenberg, M. T./Cicchetti, D./Cummings, E. D. (Hrsg.): Attachment in the preschool years. Chicago, S. 121–160

Spangler, G./Zimmermann, P. (1999): Bindung und Anpassung im Lebenslauf: Erklärungsansätze und empirische Grundlagen. In: Oerter, R./von Hagen, C./Röper, G./Noam, G. (Hrsg.): Klinische Entwicklungspsychologie, Weinheim, S. 179-194

Kapitel 3

Brazelton, T. B./Greenspan, S. I. (2002): Die sieben Grundbedürfnisse von Kindern. Was jedes Kind braucht, um gesund aufzuwachsen, gut zu lernen und glücklich zu sein. Weinheim u. a.
Bundeszentrale für gesundheitliche Aufklärung (BzgA) (Hrsg.) (2006): Kinderspiele – Anregungen zur gesunden Entwicklung vom Baby bis zum Kindergartenkind. Köln. Zum Download unter: www.kinderspiele.info/ (01.01.2012)
Èl'konin, D. B. (2010): Psychologie des Spiels. International Cultural-historical Human Sciences (ICHS). Band 34. Sieber B./Rückriem G. (Hrsg.) (1980): Unveränderter Nachdruck. Berlin
Greenspan, S. I./Benderly, B. L. (1999): Die bedrohte Intelligenz. Die Bedeutung der Emotionen für unsere geistige Entwicklung. München
Greenspan, S. I. (2001): Das große Erziehungshandbuch für die ersten sechs Lebensjahre. Düsseldorf
Greenspan, S. I./Wieder, S. (2001): Mein Kind lernt anders. Ein Handbuch zur Begleitung förderbedürftiger Kinder. Zürich
Greenspan, S. I./Shanker, S. G. (2007): Der erste Gedanke. Frühkindliche Kommunikation und die Evolution menschlichen Denkens. Weinheim, Basel
Heimlich, U. (1989): Soziale Benachteiligung und Spiel. Ansätze einer sozialökologischen Spieltheorie und ihre Bedeutung für die Spielforschung und Spielpädagogik bei sozial benachteiligten Kindern. Trier
Krenz, A. (o. J.): Das Spiel ist der Beruf des Kindes: das kindliche Spiel als Grundlage der Persönlichkeits- und Lernentwicklung von Kindern im Kindergartenalter. www.lernwelt.at/downloads/das-spiel-ist-der-beruf-des-kindes.pdf (12.12.2011)
Lenz, A./Wörster W. (2008): Spielend gut eingebunden. In: Frühförderung interdisziplinär, H. 2, S. 79-86
Müller, Th. (2008): Innere Armut. Kinder und Jugendliche zwischen Mangel und Überfluss. Wiesbaden
Oerter, R. (1997): Psychologie des Spiels. 2. Aufl., Weinheim
Papoušek, M./Gontard, A. (Hrsg.) (2003): Spiel und Kreativität in der frühen Kindheit. Stuttgart
Partecke, E. (2002): Kommt, wir wollen schön spielen. Praxishandbuch zur Spielpädagogik im Kindergarten. Weinheim
Weiß, H. (2007): Frühförderung als protektive Maßnahme. In: Opp, G./Fingerle, M. (Hrsg.): Was Kinder stärkt. Erziehung zwischen Risiko und Resilienz. 2. völlig neu bearbeitete Aufl., München, Basel

Kapitel 4

Ahnert, L. (2007): Herausforderungen und Risiken in der frühen Bildungsvermittlung. In: Frühförderung interdisziplinär Jg. 26, H. 2, S. 58-65
Berth, F. (2008): James Heckman über Chancen. In: Süddeutsche Zeitung vom 29./30.03.2008, Nr. 74, Wochenend-Beilage, S. VIII
Bronfenbrenner, U. (1981): Die Ökologie der menschlichen Entwicklung. Stuttgart
Ellinger, S. (2002): Lösungsorientierte Elternarbeit in der Ganztagsschule. In: Zeitschrift für Heilpädagogik Jg. 53, H. 12, S. 486-493
Farah, M. J./Noble, K. G./Hurt, H. (o. J.): Poverty, privilege, and brain development: empirical findings and ethical implications. www.psych.upenn.edu/~mfarah/farah_SES_05.pdf (07.02.2012)
Haupt, U. (2001): Leben ist Jetzt. Spiritualität in der Zusammenarbeit mit körperbehinderten Kindern. Düsseldorf
Henderson, A. T./Mapp, K. L. (2002): A New Wave of Evidence. The Impact of School, Family, and Community Connections on Student Achievement. Austin, Texas: National Center for Family and Community Connections with Schools
Holz, G./Richter, A./Wüstendörfer, W./Giering, D. (2006): Zukunftschancen für Kinder!? – Wirkung von Armut bis zum Ende der Grundschulzeit. Zusammenfassung des Endberichts der 3. Phase der AWO-ISS-Studie. www.familienhandbuch.de/cms/Kindheitsforschung_Zukunftschancen.pdf (07.02.2012)
Klein, G. (2002): Frühförderung bei Kindern mit psychosozialen Risiken. Stuttgart

Lampert, Th./Richter, M. (2010): Armut bei Kindern und Gesundheitsfolgen. In: Holz, G./Richter-Kornweitz, A. (Hrsg.): Kinderarmut und ihre Folgen. Wie kann Prävention gelingen? München, Basel, S. 55–65

Largo, R.H. (1995): Kindliche Entwicklung und psychosoziale Umwelt. In: Schlack, H.G. (Hrsg.): Sozialpädiatrie. Stuttgart, Jena, New York, S. 7–22

MASGF Brandenburg (Hrsg.) (2007): Wir lassen kein Kind zurück. Soziale und gesundheitliche Lage von kleinen Kindern im Land Brandenburg. Potsdam

Oppenheim, C./Lister, R. (1998). Armut und Familienleben am Beispiel der britischen Gesellschaft. In: Klocke, A./Hurrelmann, K. (Hrsg.), Kinder und Jugendliche in Armut. Opladen, Wiesbaden: Westdeutscher Verlag, S. 205–224

Sacher, W. (2008): Elternarbeit. Gestaltungsmöglichkeiten und Grundlagen für alle Schularten. Bad Heilbrunn

Weiß, H. (1996): Eltern und Fachleute: zwei unterschiedliche Wirklichkeiten und ihre Bedeutung für die Zusammenarbeit in der Erziehung und Therapie behinderter Kinder. In: „Gemeinsam leben" Jg. 4, H. 1, S. 4–9

Werning, I. (2011): Zusammenarbeit mit Eltern. In: Neuß, N. (Hrsg.): Grundwissen Krippenpädagogik. Berlin, S. 250–262

Wissenschaftlicher Beirat für Familienfragen (2005): Familiale Erziehungskompetenzen. Beziehungsklima und Erziehungsleistungen in der Familie als Problem und Aufgabe. Weinheim, München

Kapitel 5

6. Familienbericht der Bundesregierung (2000): Familien ausländischer Herkunft in Deutschland. Leistungen – Belastungen – Herausforderungen. www.bmfsfj.de/BMFSFJ/Service/Publikationen/publikationsliste,did=3114.html. (23.02.2012)

Bender-Szymanski, D. (2010): Interkulturelle Kompetenz bei Lehrerinnen und Lehrern aus der Sicht der empirischen Bildungsforschung. In: Auernheimer, G. (Hrsg.): Interkulturelle Kompetenz und pädagogische Professionalität. 3. Aufl., Wiesbaden, S. 202–228

Bertelsmann-Stiftung (Hrsg.) (2006): Familie im Zentrum. Öffentliche Erziehung und Bildung zwischen Angebot und Nachfrage. Gutachten. Gütersloh

DJI Zahlenspiegel 2007: www.bmfsfj.de/Publikationen/zahlenspiegel2007/6-kinder-mit-migrationshintergrund-in-kindertageseinrichtungen,did=107702,render=renderPrint.html. (23.02.2012)

Forschungsgruppe Weltanschauungen in Deutschland (fowid) (2006): Migranten in Deutschland – Herkunftsland und Religionszugehörigkeit. http://fowid.de/fileadmin/datenarchiv/Migranten-Herkunftsland-Religionszugehoerigkeit_2006.pdf. (23.02.2012)

Frey, T. u.a. (1995): Begegnen – Verstehen – Handeln. Handbuch für interkulturelles Kommunikationstraining. (hgg. vom Amt für multikulturelle Angelegenheiten der Stadt Frankfurt a.M.) Frankfurt a.M.

Hessisches Sozialministerium und Hessisches Kultusministerium (2011): Bildung von Anfang an – Bildungs- und Erziehungsplan für Kinder von 0 bis 10 Jahren in Hessen. 3. Aufl., Wiesbaden

Nemazi-Lofink, P./Aazami Gilan, D./Haydaroglu, H. (o.J.): „Entwicklung interkultureller Kompetenzen: Vertiefung – Weiterbildendes Studium Europäische Migration" – Arbeitsmaterial, Universität Mainz

Sikcan, S. (2008): Zusammenarbeit mit Eltern: Respekt für jedes Kind – Respekt für jede Familie. In: Wagner, P. (Hrsg.): Handbuch Kinderwelten. Vielfalt als Chance – Grundlagen einer vorurteilsbewussten Bildung und Erziehung. Freiburg, S. 184–202

SINUS SOCIOVISION (2010): Die Sinus-Milieus. www.sinus-institut.de/de/loesungen/sinus-milieus.html (23.02.2012)

Statistisches Bundesamt (2011): Bevölkerung und Erwerbstätigkeit – Bevölkerung mit Migrationshintergrund – Ergebnisse des Mikrozensus 2010. Wiesbaden

Statistisches Bundesamt (2011): Statistisches Jahrbuch 2011 für die Bundesrepublik Deutschland mit Internationalen Übersichten. Wiesbaden

Westphal, M. (2009): Interkulturelle Kompetenzen als Konzept der Zusammenarbeit mit Eltern. In: Fürstenau, S./Gomolla, M. (Hrsg.): Migration und schulischer Wandel: Elternbeteiligung. Wiesbaden, S. 89–105

Wippermann, C./Flaig, B. B. (2009): Lebenswelten von Migrantinnen und Migranten. In: APuZ – Aus Politik und Zeitgeschichte, H. 5, 2009, Beilage zur Wochenzeitung Das Parlament. S. 3–11

Kapitel 6

Blankennagel, J. (2010): Eltern fühlen sich oft schuldig. Interview mit Susanne Meffert, Geschäftsführerin Verein Lebenshilfe Brandenburg. 31.07.2009. www.berliner-zeitung.de/archiv/eltern-fuehlen-sich-oft-schuldig,10810590,10656550.html (21.01.2012)

Frank, C. u. a. (2001): Ergebnisse aus dem Elternforum. In: Kobelt Neuhaus, D. (Hrsg.): Qualität aus Elternsicht. Gemeinsame Erziehung von Kindern mit Behinderung und Kindern ohne Behinderung. Seelze, S. 145,159

Kobelt Neuhaus, D. (2002): Der Fall Mensch. Wertvolle Lebenswürde oder bei Nichtgefallen Geld zurück? In: Theorie und Praxis der Sozialpädagogik. H. 7, S. 40–43

Kobelt Neuhaus, D. (2010 a): Inklusion – Konsequenzen für die Praxis in Kindertageseinrichtungen. In: Deutsche Liga für das Kind. Frühe Kindheit. Jg. 13, H. 2, S. 18–23

Kobelt Neuhaus, D. (2010 b): Partnerschaftlich mit Eltern zusammenarbeiten. Bild 3: Finden Sie die Kompetenzen ihrer Eltern heraus. In: Kindergarten heute. Jg. 40, H. 8, S. 28–31

Kobelt Neuhaus, D. (2011a): Im Dialog mit den Eltern 0–3jähriger. Berlin

Kobelt Neuhaus, D. (2011b): Die unheilige Allianz zwischen Fachkräften und Eltern. In: Bergmoser + Höller (Hrsg.): Kinderleicht!? Worauf es wirklich ankommt. Entwicklungsangemessene Bildung. CD 5/2011. Aachen

Kobelt Neuhaus, D. (2011c): Kindertageseinrichtungen exklusiv inklusiv. Praxis zwischen Anspruch und Wirklichkeit. In: Deutsche Liga für das Kind. Frühe Kindheit. Jg. 14, H. 6, S. 29–33

Lange Ernst, M. E. (2010): Schwangerschaftskonfliktgesetz – Was ist neu – was hat sich verändert? www.frauenaerzte-im-netz.de/de_news_652_1_820.html (22.01.2012)

Lebenshilfemagazin Unser Kind (2007): Eine Achterbahn der Gefühle. www.lebenshilfe.de/de/leben_mit_behinderung/Unser-Kind/100-Achterbahn.php?listLink=1 (04.01.2012)

Milani Comparetti, A. (1985): Von der „Medizin der Krankheit" zu einer „Medizin der Gesundheit". In: Janssen, E./Lüpke von, H. (Hrsg) (1996): Von der Behandlung der Krankheit zur Sorge um Gesundheit. Konzept einer am Kind orientierten Gesundheitsförderung von Prof. Adriano Milani Comparetti. Heidelberg, S. 16–27

Roth, S. (2012): Der Stuhl meiner Tochter. In: ZEITmagazin vom 12.1.2012, Nr. 03

Schuchardt, E. (1985): Warum gerade ich? Leben lernen in Krisen, Leiden und Glaube. Schritte mit Betroffenen und Begleitenden. 3. Aufl. (2004 in 12. Aufl. ersch.)

Sozialgesetzbuch (SGB) Neuntes Buch (IX) (2001): Rehabilitation und Teilhabe behinderter Menschen. www.gesetze-im-internet.de (22.01.2012)

Whalley, M./Pen Green Centre Team (2008): Eltern als Experten ihrer Kinder. Berlin

Winnicott, D. W. (1976): Von der Kinderheilkunde zur Psychoanalyse

Wolf-Stiegemeyer, D.: Die Trauerspirale von E. Schuchardt. In Epikurier, H. 4, 2002; Heft 1, 2, 3, 4, 2003. www.epikurier.de/Archiv.130.0.html (4.1.2012)

Kapitel 7

Behindertenpädagogik (2011). Heft 2, Gießen

Bretherton, I. (Hrsg.) (1984): Symbolic Play. The Development of Social Understanding. London u. a.

Bruner, J. (1997): Sinn, Kultur und Ich-Identität. Heidelberg

Gardner, H./Wolf, D. (1979): Style and sequence in Early Symbolic Play. In: Smith, N. R./Franklin, M. B. (Hrsg.): Symbolic functioning in childhood. New Jersey, S. 117–138

Göhlich, M. (2007): Kindliche Mimesis und pädagogische Muster. Zum Performativen als Ebene der Praxis pädagogischer Institutionen. In: Wulf, C./Zirfas, J.: Performative Pädagogik. Theorien, Methoden, Perspektiven. Weinheim, Basel, S. 137–148

Honig, M.-S. (1999): Entwurf einer Theorie der Kindheit. Frankfurt a. M.

Konrad, F.-M. (Hrsg.) (2001): Kindheit und Familie. Beiträge zu einer interdisziplinär und kulturvergleichenden Sicht. Münster u. a.

Maier-Höfer, .C. (2011a): Dialog und Leidenschaft. In: Behindertenpädagogik. H. 2, Gießen, S. 169–196

Maier-Höfer, Claudia (2011b): Eine Mutter hat einen Geruch, ein Vater fühlt sich an ... – Familiengeschichten jenseits des Mythos. In: Schwendemann, W./Puch, H.-J. (Hrsg.): Familie(n) Geschichte(n). Evangelische Hochschulperspektiven, Band 7. Freiburg, S. 192–204
Nelson, K./Seidman, S. (1984): Playing with Scripts. In: Bretherton, I. (Hrsg.): Symbolic Play. The Development of Social Understanding. London u. a., S. 62–75
Nelson, K. (1986): Event Knowledge. Structure and Function in Development. Hillsdale und London
Schwendemann, W./Puch, H.-J. (Hrsg.) (2011): Familie(n) Geschichte(n). Evangelische Hochschulperspektiven, Band 7. Freiburg
Seidman, S./Nelson, K./Gruendel, J. (1986): Make Believe Scripts. The Transformation of ER's in Fantasy. In: Nelson, K.: Event Knowledge. Structure and Function in Development. Hillsdale und London, S. 161–188
Smith, N. R./Franklin, M. B. (Hrsg.) (1979): Symbolic functioning in childhood. New Jersey
Thiersch, R./Thiersch, H. (2001): Dimensionen der Sozialraumorientierung, Entwicklungsperspektiven für Kindereinrichtungen. In: Konrad, F.-M. (Hrsg.): Kindheit und Familie. Beiträge zu einer interdisziplinär und kulturvergleichenden Sicht. Münster u. a., S. 139–160
Wulf, C./Zirfas, J. (2007): Performative Pädagogik. Theorien, Methoden, Perspektiven. Weinheim und Basel

Kapitel 8

Beck, U./Sopp, P. (1997): Individualisierung und Integration. Neue Konfliktlinien und neuer Integrationsmodus. Opladen
Bertram, H. (1997): Kulturelles Kapital in individualisierten Gesellschaften. In: Ebert, S. u. a. (Hrsg.): Kinderstandort Deutschland. München, Wien, S. 55–83
Diller, A. (2006): Eltern-Kind-Zentren. Grundlagen und Recherceergebnisse. München
BMFSFJ – Pressemitteilung vom 23.11. 2011: Das Elterngeld ist ein beliebter Baustein der Familienförderung (Abruf: 22.01.2012)
Frankfurter Agentur für Innovation und Forschung/Prognos (im Auftrag der Commerzbank AG) (2009): Evaluationsstudie Modellprojekt Kids & Co. – Kindertagesstätte. Frankfurt a. M.
Fthenakis, W. E./Minsel, B. (2002): Die Rolle des Vaters in der Familie. Schriftenreihe des Bundesministeriums für Familie, Senioren, Frauen und Jugend, Band 213. Stuttgart
Geißler, R. (2011): Die Sozialstruktur Deutschlands. Zur gesellschaftlichen Entwicklung mit einer Bilanz zur Vereinigung. 6. Aufl., Wiesbaden
Grunwald, K./Thiersch, H. (2001): Lebensweltorientierung. In: Otto, H.-U./Thiersch, H. (Hrsg.): Handbuch Sozialarbeit – Sozialpädagogik. 2. Aufl., Neuwied, Kriftel
Mankau, G./Seehausen, H./Wüstenberg, W. (2010): Kinder- und Familienzentren als neue Orte frühkindlicher Bildung. Kronach
Merkle, T./Wippermann, C. (2008): Eltern unter Druck. Selbstverständnisse, Befindlichkeiten und Bedürfnisse von Eltern in verschiedenen Lebenswelten. Stuttgart
Peukert, R. (2008): Familienformen im sozialen Wandel. 7. Aufl., Wiesbaden
Preissing, C. (Hrsg.) (2003): Qualität im Situationsansatz. Weinheim u. a.
Rinken, B. (2010): Spielräume in der Konstruktion von Geschlecht und Familie? Alleinerziehende Mütter und Väter mit ost- und westdeutscher Herkunft. Wiesbaden
Seehausen, H. (2005): Zwischen Pädagogik und Ökonomie. Flexible Modelle in der Kinderbetreuung. In: Esch, K./Mezger, E./Stöbe-Blossey, S. (Hrsg.): Kinderbetreuung – Dienstleistung für Kinder. Wiesbaden, S. 173–199
Seehausen, H./Sass, J. (2007): Die Väterthematik im Unternehmen: Salonfähig aber nicht „betriebsfähig"? Explorative Studie bei der Commerzbank. Imagebroschüre. Frankfurt a. M.
Seehausen, H. (2010): Bildungsorientierte Eltern unter Druck. Im Spannungsfeld von Individualisierung und Globalisierung. In: KiTa aktuell, H. 12, S. 244–246
Stöbe-Blossey, S. (2005): Arbeitszeit und Kinderbetreuung: Differenzierte Bedarfe – differenzierte Lösungen. In: Esch, K./Mezger, E./Stöbe-Blossey, S. (Hrsg.): Kinderbetreuung – Dienstleistung für Kinder. Wiesbaden, S. 151–171

Thiersch, H. (2009): Lebensweltorientierte Soziale Arbeit. Aufgaben der Praxis im sozialen Wandel. 7. Aufl., Weinheim, München

Verlinden, M./Külbel, A. (2005): Väter im Kindergarten. Weinheim, Basel

Kapitel 9

Altgeld, T. (im Erscheinen 2012): Gesundheitsfördernde Settings: Kindertagesstätten, Schulen, Stadtteile: Theorie und Praxis des Settingansatzes in der Gesundheitsförderung. Bern

AWO-Bundesverband e. V. (2010): Familien in benachteiligten und von Armut bedrohten oder betroffenen Lebenslagen als Adressaten von Elternbildung und Elternarbeit – Expertise. Berlin. (kostenfreie Zusendung und Online)

Evers, M. (1994): Das Spielgruppenbuch. Beschäftigungen, Spiele und Lieder für Kinder ab 2 Jahren, Weinheim

Griebel, W./Niesel, R. (2004): Transitionen. Fähigkeiten von Kindern in Tageseinrichtungen fördern, Veränderungen erfolgreich zu bewältigen. Weinheim

Hess, S. (2011): Die Eltern-Kind-Gruppe als Unterstützung beim Übergang von Kindern aus sozial benachteiligten Familien in die Kindertagesstätte. In: Bleher, W.: Transfer – Übergänge im Bildungssystem: biografisch – institutionell – thematisch. Baltmannsweiler, S. 9–20

Höhn, K./Lutz, C./Baumann, A. (2008): Konzeption für die Eltern-Kleinstkind-Gruppe des Kinder- und Familienzentrums Sebastian-Kneipp-Straße, Reutlingen

Leuzinger-Bohleber, M. (2009): Studien und Projekte zur Frühprävention. In: diess.: Frühe Kindheit als Schicksal? Trauma, Embodiment, Soziale Desintegration. Psychoanalytische Perspektiven. Stuttgart, S. 170–210

Lösel, F. u. a. (2006): Bestandsaufnahme und Evaluation im Elternbildungsbereich. Online: www.bmfsfj. de/doku/elternbildungsbereich/html/01einleitung/einleitung01.html (31.01.2012)

Tracy, R./Lemke, V. (Hrsg.) (2009): Sprache macht stark. Berlin

Mengel, M. (2007): Familienbildung mit benachteiligten Adressaten: Eine Betrachtung aus adragogischer Perspektive. Wiesbaden

Thiessen, B. (2010): Alles Krippe oder was? Impulse zur Zukunft der Eltern-Kind-Gruppen (Vortrag, Tagung des Netzwerkes der evang. und kath. Eltern-Kind-Gruppen Deutschlands, 9/2010). Online: Zukunft-Eltern-Kind_Gruppen_Thiessen-09-10[1].pdf

Tuschhoff, A./Daude, R. (2010): Das Grundkonzept der Eltern-Kind-Gruppenarbeit in Familienbildungsstätten. Online: www.familienhandbuch.de/familienbildung/formen/das-grundkonzept-der-eltern-kind-gruppenarbeit-in-familienbildungsstätten

Kapitel 10

Dockett, S./Perry, B. (2007): Transitions to School. Perceptions, Expectations, Experiences. Sydney

Dockett, S./Perry, B.(2001): Starting School. Effective Transitions. University of Western Sydney. http://ecrp.uiuc.edu/v3n2/dockett.html (28.08.2009)

Griebel, W. (2004): Übergänge zwischen Familie und Bildungssystem als Herausforderung für die Familienbildung. In: Das Familienhandbuch des Staatsinstituts für Frühpädagogik (IFP). München. www.familienhandbuch.de/familienbildung/grundlagen/ubergange-zwischen-familie-und-bildungssystem-als-herausforderung-fur-die-familienbildung (25.03.2011)

Griebel, W./Niesel, R. (2011): Übergänge verstehen und begleiten. Transitionen in der Bildungslaufbahn von Kindern. Berlin

Griebel, W./Niesel, R. (2004): Transitionen. Fähigkeit von Kindern in Tageseinrichtungen fördern, Veränderung erfolgreich zu bewältigen. Weinheim und Basel

Kron, M. (2009): Übergänge von der inklusiven Kindertageseinrichtung zur Schule – Übergänge in disparaten Landschaften der Erziehung und Bildung. In: Heimlich, U./Behr, I. (Hrsg.): Inklusion in der frühen Kindheit. Internationale Perspektiven. Berlin, S. 215–229

Lingenauber, S. (2009): Einführung in die Reggio-Pädagogik. Kinder, Erzieherinnen und Eltern als konstitutives Sozialaggregat. 5. Aufl., Bochum und Freiburg, 2009

Lingenauber, S. (2008): Übergang Kindertageseinrichtung/Grundschule. In: Lingenauber, S. (Hrsg.): Handlexikon der Integrationspädagogik (Band 1: Kindertageseinrichtungen). Bochum und Freiburg, S. 198-203

Lingenauber, S./Niebelschütz, J.L. von/Thüringer Institut für Lehrerfortbildung, Lehrplanentwicklung und Medien (ThILLM) (Hrsg.) (2010): Übergangskonzeptionen. Abschlussbericht des Forschungsprojektes TransKiGs-Thüringen. Bad Berka

Lingenauber, S./Niebelschütz, J.L. von (2010): Das Übergangsbuch. Kinder, Eltern und Pädagoginnen dokumentieren den Übergang von der Kindertageseinrichtung in die Schule. Berlin

Kapitel 11

Ahlheim, R. (2009): Elternschaft – Entwicklungsprozess und Konfliktpotential. In: Haubl, R. u. a. (Hrsg.): Riskante Kindheit. Psychoanalyse und Bildungsprozesse. Göttingen, S. 15-35

Behr, H./Hearst, L. (2009): Gruppenanalytische Psychotherapie. Menschen begegnen sich. Eschborn bei Frankfurt a. M.

Brandes, H. (1999): Individuum und Gemeinschaft in der Sozialen Gruppenarbeit: Der gruppenanalytische Ansatz. www.gruppenanalyse-muenster.de/images/stories/individuum_und_gemeinschaft.pdf?phpMyAdmin=s6UgtvjhoXopiLyobVOHZUPw3c4 (20.12.2011)

Brandes, H. (2009): Die Kindergruppe als Übergangsraum. www.ehs-dresden.de/fileadmin/uploads_profs/Brandes/download/Brandes_-_Kindergruppe_als_Uebergangsraum.doc. (20.12.2011)

Dornes, M. (2007): Frühe Kindheit: Entwicklungslinien und Perspektiven. In: Frühe Kindheit – die ersten sechs Jahre, Zeitschrift der Deutschen Liga für das Kind in Familie und Gesellschaft e. V. H. 6, S. 15-21

Figdor, H. (2006): Praxis der psychoanalytischen Pädagogik I. Gießen

Foulkes, S. H. (1974): Gruppenanalytische Psychotherapie. München

Gerspach, M. (2004): Die Idee vom Kind und seine Behinderung. In: Mainkrokodile gGmbH (Hrsg.): Die gespiegelte Behinderung. Gelungene Integration in Krabbelstube und Kindergarten. Lüneburg, S. 9-100

Leuzinger-Bohleber, M. u. a. (2006): Die Frankfurter Präventionsstudie. Zur psychischen und psychosozialen Integration von verhaltensauffälligen Kindern im Kindergartenalter. In: Leuzinger-Bohleber, M. u. a. (Hrsg.): ADHS – Frühprävention statt Medikalisierung. Theorie, Forschung, Kontroversen. Göttingen, S. 238-255

Lorenzer, A.(1973): Sprachzerstörung und Rekonstruktion. Frankfurt a. M.

Metzger, H.-G.(2009): Der Vater und die frühe Kindheit. In: Haubl, R. u. a. (Hrsg.): Riskante Kindheit. Psychoanalyse und Bildungsprozesse. Göttingen, S. 36-48

Naumann, T. (2010): Beziehung und Bildung in der kindlichen Entwicklung. Psychoanalytische Pädagogik als kritische Elementarpädagogik. Gießen

Naumann, T. (2011): Eltern heute – Bedürfnisse und Konflikte. Psychoanalytisch-pädagogische Elternarbeit in der Kita. Gießen

Pedrina, F. (2008): Konflikte der frühen Elternschaft – Verarbeitungsprozesse in einer Mutter-Säuglings-Gruppe. In: Hirsch, M. (Hrsg.): Die Gruppe als Container. Mentalisierung und Symbolisierung in der analytischen Gruppenpsychotherapie. Göttingen, S. 168-192

Perner, A. (2010): Zur Bindung von Angst und Aggression im adoleszenten Ablösungsprozess. In: Ahrbeck, B. (Hrsg.): Von allen guten Geistern verlassen? Aggressivität in der Adoleszenz. Gießen, S. 213-236

Potthoff, P. (2008): Mentalisierung und gruppenanalytische Behandlungstechnik. In: Hirsch, M. (Hrsg.): Die Gruppe als Container. Mentalisierung und Symbolisierung in der analytischen Gruppenpsychotherapie. Göttingen, S. 86-116

Sikcan, S. (2008): Zusammenarbeit mit Eltern: Respekt für jedes Kind – Respekt für jede Familie. In: Wagner, P. (Hrsg.): Handbuch Kinderwelten. Vielfalt als Chance – Grundlagen einer vorurteilsbewussten Bildung und Erziehung. Freiburg, Basel, Wien, S. 184-202

Steinhardt, K. (2006): Kinder zwischen drei und sechs – eine „neue" Herausforderung für die Psychoanalytische Pädagogik? In: Steinhardt, K. u. a. (Hrsg.): Kinder zwischen drei und sechs. Bildungsprozesse und Psychoanalytische Pädagogik im Vorschulalter. Gießen, S. 9-14

Stern, D. N. (1998): Die Mutterschaftskonstellation. Eine vergleichende Darstellung verschiedener Formen der Mutter-Kind-Psychotherapie. Stuttgart
Trescher, H.-G. (2001): Handlungstheoretische Aspekte der Psychoanalytischen Pädagogik. In: Muck, M./Trescher, H.-G. (Hrsg.): Grundlagen der Psychoanalytischen Pädagogik. Gießen, S. 167–201
Winnicott, D. W. (2006): Vom Spiel zur Kreativität. Stuttgart

Kapitel 12

Angstmann, A. (1978): Elternarbeit im Vorschulbereich und ihre Erneuerung als gemeinwesenorientierte Erwachsenenbildung. Frankfurt a. M.
Bernitzke, F./Schlegel, P. (2004): Das Handbuch der Elternarbeit. Troisdorf
Dusolt, H. (2001): Elternarbeit. Ein Leitfaden für den Vor- und Grundschulbereich. Weinheim, Basel
Giesecke, H. (1987): Pädagogik als Beruf. Grundformen pädagogischen Handelns. Weinheim, München
Huppertz, N. (1976): Elternarbeit vom Kindergarten aus. Didaktische und methodische Möglichkeiten in der Sozialpädagogik. Freiburg
Lindner, U. (2010): Elternabend in Kita und Krippe mal anders! Einfach vorbereiten – professionell durchführen – lebendig gestalten. Mühlheim an der Ruhr
Thomann, Ch./Schulz von Thun, F. (1988): Klärungshilfe: Handbuch für Therapeuten, Gesprächshelfer und Moderatoren in schwierigen Gesprächen. Theorien, Methoden, Beispiele. Hamburg
Neuß, N. (2010): Beratung von Eltern. In: (ders.): In Grundwissen Elementarpädagogik, Berlin, S. 267–274
Neuß, N. (2011): Der Computer spielt mit! Medien in der Lebenswelt von Kindern – und die Aufgaben der Kita. In: Klein und Gross, H. 10, S. 50–53
Roboom, S./Eder, S./Orywal, Ch. (2010): ‚Pixel, Zoom und Mikrofon' Medienbildung in der Kita: Ein medienpraktisches Handbuch für Erzieher/-innen
Schlösser, E. (2004): Zusammenarbeit mit Eltern – interkulturell. Informationen und Methoden zur Kooperation mit deutschen und zugewanderten Eltern in Kindergarten, Grundschule und Familienbildung. Münster
Textor, M. R. (2005): Elternarbeit im Kindergarten. Ziele, Formen, Methoden. Norderstedt
Werning, I. (2011): Zusammenarbeit mit Eltern. In: Neuß, N.: Grundwissen Krippenpädagogik. Berlin, S. 250–262

Abbildungsverzeichnis

Abb. 1.1, 5.1, 8.1: Kinder- und Familienzentrum Fechenheim; Harald Seehausen
Abb. 2.1, 3.1, 11.1, 12.1: Katharina Lorber, Lich
Abb. 4.1, 6.1: Kindertagesstätte Kiki – Kinder treffen Kinder e. V., Wiesbaden
Abb. 6.2: nach Schuchardt, E. (1985): Warum gerade ich? Leben lernen in Krisen, Leiden und Glaube. Schritte mit Betroffenen und Begleitenden. 12. Auflage 2004. Vandenhoeck & Ruprecht, Göttingen.
Abb. 7.1.: Kirsten Höhn, Wiesbaden
Abb. 9.1: Kinder- und Familienzentrum Reutlingen
Abb. 10.1: Lingenauber, S./Niebelschütz, J. L. von (2010): Das Übergangsbuch. Kinder, Eltern und Pädagoginnen dokumentieren den Übergang von der Kindertageseinrichtung in die Schule. Berlin